本书为湖北省社会科学基金项目"农村中小学布局调整与义务教育均衡发展问题研究"（2013138）成果

农村中小学布局调整与
义务教育均衡发展

曾新 著

中国社会科学出版社

图书在版编目（CIP）数据

农村中小学布局调整与义务教育均衡发展/曾新著. —北京：中国社会科学出版社，2017.6

ISBN 978 - 7 - 5161 - 9244 - 3

Ⅰ.①农…　Ⅱ.①曾…　Ⅲ.①农村学校—中小学教育—义务教育—研究—中国　Ⅳ.①G639.21

中国版本图书馆 CIP 数据核字（2016）第 266521 号

出　版　人	赵剑英
责任编辑	田　文
特约编辑	陈　琳
责任校对	张爱华
责任印制	王　超

出　　　版	中国社会科学出版社
社　　　址	北京鼓楼西大街甲 158 号
邮　　　编	100720
网　　　址	http://www.csspw.cn
发 行 部	010 - 84083685
门 市 部	010 - 84029450
经　　　销	新华书店及其他书店

印　　　刷	北京君升印刷有限公司
装　　　订	廊坊市广阳区广增装订厂
版　　　次	2017 年 6 月第 1 版
印　　　次	2017 年 6 月第 1 次印刷

开　　　本	710×1000　1/16
印　　　张	14.75
插　　　页	2
字　　　数	238 千字
定　　　价	58.00 元

凡购买中国社会科学出版社图书，如有质量问题请与本社营销中心联系调换
电话：010 - 84083683

目　录

第一章　导论

一　研究缘起

20世纪末，中国如期实现了"两基"的战略目标，这是中国教育发展史上一个辉煌的里程碑。但是，由于我国各地经济社会发展很不平衡，城乡二元结构矛盾突出。作为处于二元社会的中国，教育发展最突出的问题之一，就是城乡之间、地区之间，甚至同一社区范围内教育发展不均衡。这种不均衡一方面体现在各级各类教育的普及率上；另一方面，也是更重要的，是教育质量的差异，农村中小学无论是办学条件还是师资水平都无法与城市相比。

进入21世纪以来，伴随着我国经济社会的不断发展和教育观念的不断更新，人民群众的教育需求从"有学上"转向"上好学"，对义务教育阶段学校教育质量提出了更高要求，对教育公平问题给予了前所未有的关注。与此相适应，中央政府开始注意教育发展和资源投入过程中的差距，重视义务教育的均衡发展，使义务教育学校在办学经费投入、硬件设施、师资力量、办学水平和教育质量等方面大体上处于一个比较均衡的状态，与义务教育的公共性、普及性和基础性相适应。推进义务教育的均衡发展就是要促进教育公平和提高学校教育质量，努力办好人民满意的教育。

早在2002年2月，教育部就在《关于加强基础教育办学管理若干问题的通知》中要求"积极推进义务教育阶段学校均衡发展"，这是中央政府教育主管部门首次提出"义务教育均衡发展"问题。2005年5月，教育部又颁布了《关于进一步推进义务教育均衡发展的若干意见》，更加明确地将推进义务教育均衡发展摆上了重要议事日程，要求各地把义务教育工作重心进一步落实到办好每一所学校和关注每一个孩子健康成长上来。2006 年 6 月，全国人大常委会新修订的《义务教育法》第六条规定："国务院和县级以上地方人民政府应当合理配置教育资源，促进义务教育均衡发展，改善薄弱学校的办学条件，并采取措施，保障农村地区、民族地区实施义务教育，保障家庭经济困难的和残疾的适龄儿童、少年接受义务教育。"这是我国首次以法律的形式提出"促进义务教育均衡发展"思想。2007 年 10 月，党的十七大报告中明确提出："优化教育结构，促进义务教育均衡发展。"这是在党的代表大会的政治报告中第一次提出"促进义务教育均衡发展"思想。2010年颁布的《国家中长期教育改革和发展规划纲要（2010—2020 年）》（以下简称《教育规划纲要》）则将推进义务教育均衡发展提升到义务教育战略性任务的高度，要求建立健全义务教育均衡发展保障机制，均衡配置教师、设备、图书、校舍等各项资源，切实缩小校际差距，加快缩小城乡差距，努力缩小区域差距，到 2020 年基本实现区域内义务教育均衡发展，并且要求义务教育均衡发展要率先在县域范围内进行。同年，教育部印发《关于贯彻落实科学发展观，进一步推进义务教育均衡发展的意见》，对合理配置教育资源、提高经费保障水平、加强制度建设和机制创新、提高教育教学水平等方面提出了指导意见。2011 年，根据《教育规划纲要》的要求，教育部制定义务教育分规划、教师队伍建设分规划，启动义务教育学校标准化建设工程，深化义务教育经费保障机制、中小学教师特岗计划、教师国培计划、农村薄弱学校改造计划、中小学校舍安全工程，加大对各地义务教育均衡发展的支持力度。2011 年，教育部与 27 个省份和新疆生产建设兵团签署推进义务教育均衡发展备忘录。2012 年，教育部印发《关于县域义务教育均衡发展督导评估暂行办法》，决定建立县域均衡发展督导评估制度，提供监督制度的保障。由此可见，促进义务教育均衡发展，已成为党和国家确立的我国在新的历史时期教育发展的战略方针，充分体现了党和国家对促进义务教育均衡发展的高度重视。

根据我国的国情、义务教育发展的实际，促进义务教育均衡发展的重点和难点都在农村义务教育。为此，不少专家学者进行了大量研究和有益探索，提出了不少好的主张和建议；各级政府更是进行了大量的工作并采取了许多行之有效的措施，其中，最重要的措施就是大力推进农村中小学布局调整，试图通过学校布局调整，合理配置好教育资源，适当集中办学，调整和撤销一批生源不足、办学条件差和教育质量低的中小学，实现区域（县、市、区）内或更大范围内义务教育的均衡发展。2001年5月29日国务院颁布《关于基础教育改革与发展的决定》，要求"因地制宜调整农村义务教育布局，按照小学就近入学、初中相对集中、优化教育资源配置的原则，合理规划和调整学校布局。农村小学和教学点要在方便学生就近入学的前提下适当合并，在交通不便的地区仍需保留必要的教学点，防止因布局调整造成学生辍学。学校布局调整要与危房改造、规范学制、城镇化发展、移民搬迁等统筹规划。调整后的校舍等资产要保证用于发展教育事业。在有需要又有条件的地方，可举办寄宿制学校"。同年7月，教育部公布《全国教育事业第十个五年计划》，提出"适应城镇化进程和适龄人口波动的需要，合理规划和调整中、初等学校布局"。自此以后，我国农村地区，特别是中西部农村地区开始了新一轮中小学布局的大调整。

随着我国城镇化和现代化的快速发展以及学龄人口大量减少，农村人口大规模向城市流动，农村学校生源严重不足，社会上出现了促进城镇化和现代化发展就是要取消农村学校和农村教育，以及向城镇集中等错误观念。受这些错误观念和地方政府教育财政压力的影响，持续了十多年的农村中小学布局调整主要采取了大量撤销小规模学校、大量建立寄宿制学校、学校布局向县镇集中的教育资源配置方式，由此导致了农村学生"上学远"、"上学难"问题和巨大的安全隐患。尤其是在我国中西部地区，农村中小学校和城镇学校的教育差距进一步拉大，部分偏远贫困地区、山区、牧区社会弱势群体失去受教育机会等，可以说，农村中小学布局调整为了促进教育公平却同时制造了新的教育不公平。为了促进义务教育均衡发展，促进城乡一体化的发展，在我国农村，当务之急是要切实解决农村中小学布局调整过程中出现的突出问题，合理规划并办好每一所农村学校，做到保障每一位农村适龄儿童、少年的受教育权利，缩小县域内学校间教育差距，促进县域内义务教育均衡发展。

基于此，根据我国城镇化快速发展的国情，从我国城乡教育的实际出发，本研究将农村中小学布局调整和促进义务教育均衡发展作为一个整体，在大量实地调查的基础上，分析农村中小学布局调整与义务教育均衡发展的互动机制，揭示农村中小学布局调整对促进义务教育均衡发展所起的作用以及如何通过解决农村中小学布局调整过程中出现的问题来促进义务教育均衡发展，以推动我国农村中小学布局调整的顺利进行和义务教育的均衡发展。

二　文献综述

在农村中小学布局调整的过程中，如何促进义务教育均衡发展是一个重大的现实问题。相关的学术研究从一开始单方面地关注农村中小学布局调整或义务教育均衡发展，转向探索二者之间的关系。为了充分了解已有研究成果，并为进一步探讨农村中小学布局调整与区域内义务教育均衡发展的关系奠定坚实基础，以下从农村中小学布局调整、义务教育均衡发展及学校布局调整与义务教育均衡发展的关系等方面对已有研究进行综合述评。

（一）关于农村中小学布局调整问题的研究

随着农村中小学布局调整工作的不断深入，有关这一问题的学术研究也呈逐年上升趋势，研究内容涉及农村中小学布局调整的理论探讨、农村中小学布局调整的动因、农村中小学布局调整的方式、对农村中小学布局调整的结果评价、农村中小学布局调整中出现的问题、原因以及解决问题的对策等。

1. 关于农村中小学布局调整的理论探讨

学界一开始就对农村中小学布局调整的理论问题进行了探讨，旨在探寻学校布局调整的合理性。相关研究从片面地考察农村中小学布局调整的经济效益，到理性地思考农村学校与社区文化的关系及学校布局调整给农村教育发展带来的影响，使得相关研究从经济和效率的视角逐步回归到教育的视角。

（1）关于农村中小学布局调整与规模经济理论的研究

学界普遍认为规模经济理论是农村中小学布局调整的理论依据。葛敬义（1992）认为，实行几个村联办小学，适度规模办学势在必行。规模办学有利于集中教育投资，改善办学条件；有利于优化人员组合，提高干部教师素质；有利于学校管理和教育教学研究，提高教育质量；实现规模办学，便于建立校际以及教师、学生间的竞争机制，更有利于形成科学的教育、教学、行政管理体系，从而实现学校的科学管理；还有利于教育"转轨变型"，更好地为农育人。① 张盛仁等（1998）认为，与学校布局相联系的是学校规模问题。一所学校的适度规模就是教育平均成本曲线最低点所确定的规模。所以要提高教育资源的使用效率就必须同时考虑学校布局合理性和学校规模适度性问题。② 周春红（2007）撰文认为：为了使培养出质量相同的学生所花费的教育成本最低、生均成本最低，按照规模经济理论，就要扩大学校规模，产生规模经济效益。农村中小学布局调整，可以降低生均教育成本，促进教师的专业发展，从而产生规模效益，提高资源的使用效率，最终提高办学水平，推动教育的均衡发展。③

但随着农村中小学布局调整的推进，部分学者对农村中小学布局调整中由于强调规模办学和教育资源利用效益而出现的现象进行了反思。万明钢等（2010）认为，农村教育布局调整工作中由于对"规模效益"过度追求，出现了一批"巨型学校"，引起了规模不经济的问题，也滋生出新的不公平。④ 雷万鹏（2010）的研究也印证了这一点：在经济理性价值观主导下，义务教育学校撤并标准过于推崇教育规模效益，"一刀切"式的撤点并校行为导致农村大量小规模学校被合并或关闭，引发了新的社会矛盾。⑤ 秦玉友等（2011）指出，学校布局调整可能导致

① 葛敬义：《实现规模办学 提高办学效益——关于农村一般小学布局调整和学校建设问题的思考》，《教育理论与实践》1992 年第 5 期。

② 张盛仁、雷万鹏：《贫困地区义务教育投资效率分析》，《教育与经济》1998 年第 4 期。

③ 周春红：《我国农村中小学布局调整政策的规模经济分析》，《辽宁教育研究》2007 年第 11 期。

④ 万明钢、白亮：《"规模效益"抑或"公平正义"——农村学校布局调整中"巨型学校"现象思考》，《教育研究》2010 年第 4 期。

⑤ 雷万鹏、张婧梅：《学校布局调整应回归教育本位——对学校撤并标准的实证分析》，《教育研究与实验》2010 年第 3 期。

社区经济文化要素流失、教育管理成本增加、家长参与机会减少、家庭教育负担增加、学生上学时间延长以及教育公平难以实现等问题。①

总之，作为指导农村中小学布局调整理论依据，规模经济理论在初期受到人们的推崇。随着近年来农村教育发展中频繁出现问题，规模经济理论在教育领域的应用逐渐受到质疑。

（2）关于农村中小学布局调整与利益相关者的理论研究

农村中小学布局调整涉及各级政府、农村学校、农民家庭、教师、学生等利益相关者，不同利益主体的价值追求不同，有时甚至存在利益冲突。农村中小学布局调整的过程就是不同利益主体利益博弈的过程。通过对各利益主体在农村中小学布局调整中利益受益或受损情况的考察，相关研究逐渐得出结论：农村中小学布局调整过程中必须处理好各主体的利益关系，尽量做到利益均衡。

郭建如（2005）运用教育政治学的理论，从国家—社会的视角剖析了农村中小学布局调整中利益格局的变化。他认为，中小学的空间布局是社会力量所塑造的，也是一种社会结构的反映。中小学的空间布局调整在一定意义上是利益格局的调整，在调整过程中贯穿着有关方面的利益分配及权力运作，这使得布局调整的整个过程呈现出教育政治的特点。② 张洪华（2011）撰文指出：在学校布局调整过程中，各利益相关者如学生、教师、合并校校长、中心校校长、村委会、学校管理委员会、地方政府、中央政府、各部委、某些产业或服务部门等都可以成为利益博弈的主体。然而，由于不同利益主体表达、争取自我利益的能力、组织方式以及占有社会资源的数量不同，在利益博弈过程中并不经常处于对等的地位。在博弈过程中，处于弱者的一方经常会利用不合作、阳奉阴违、暗中抵制等方式进行博弈。③ 正因如此，农村中小学布局调整必须处理好各主体的利益关系，否则就会障碍重重，最终危及农村教育本身的发展。

---

① 秦玉友、孙颖：《学校布局调整：追求与限度》，《教育研究》2011 年第 6 期。

② 郭建如：《国家—社会视角下的农村基础教育发展：教育政治学分析》，《北京大学教育评论》2005 年第 3 期。

③ 张洪华：《农村中小学布局调整中的利益博弈——基于苏镇个案的实地研究》，华东师范大学 2011 年版，第 65 页。

在大量实地调查的基础上，贾勇宏（2008）认为，农村中小学布局调整"强制性制度变迁"的特点使村民和地方政府之间的利益博弈与冲突表现得尤为突出。由于利益不同，地方政府与村民作为两个独立的利益主体以"讨价还价"形式出现的政策博弈就在所难免。协调双方利益冲突的关键是要适度满足村民的正当利益，实现利益均衡。①

姜荣华（2010）也认为，农民作为学校布局调整的利益主体之一，处于最大受益与受困的平衡冲突中。从长远的角度考虑，学校布局调整政策有利于农民子女的发展，改善贫困地区教育条件是教育最该优先考虑的任务；但如果从近期的利益考虑，学校布局调整政策在条件不充分的情况下执行，造成农民的实际困难增加。学校布局调整政策本身在执行过程中的价值取向影响农民对政策的选择与认同。②

总之，对农村中小学布局调整中利益相关者的研究使得学界和各级政府开始关注学生和学生家庭的利益，开始关注他们在利益博弈中的弱势地位以及学生受教育权利保障的问题，这既是对教育公平的关注，也为农村中小学布局调整朝着促进义务教育均衡发展的方向发展奠定了理论基础。

（3）关于农村中小学布局调整对农村社会及文化的影响的研究

部分学者研究在农村中小学布局调整中，农村中小学大量撤并后新校点向城镇集中这一现象背后折射出的对农村学校、农村教育以及农村的价值判断，强调指出农村学校对农村社会和农村文化发展的不可或缺的、特殊的意义和价值。

白中军（2002）认为，集中办学，尽量向城市、县镇等发达地区靠拢的政策明确传达出一个信号：农村的孩子一定要到城里才能享受到优质教育资源。这些现象和问题的背后是对城乡差距的清醒的现实认识，是对城乡差距无可弥补的无奈，是对农村社会和农村文化的歧视和忽略。城市才是最好的。这种一切以"城市"为核心的价值观使得没

---

① 贾勇宏：《教育政策执行中的村民与地方政府利益博弈——以中西部6省区农村中小学布局调整为例》，《教育科学》2008年第2期。

② 姜荣华：《农村学校布局调整：农民选择与农民认同》，《东北师大学报》（哲学社会科学版）2010年第5期。

有人愿意留在农村，更没有人愿意建设农村。① 王晓慧（2011）也认为，农村中小学布局调整中普遍采用的集中办学方式表明乡村教育坚决地摒弃乡村经验，一味地向城市化、抽象化、普遍化进发，中国社会因此越发走向一种单面社会，这也势必会给中国的未来社会带来一定风险。更意味着国家权力从村落中的退出，这对于建构现代民族国家所需要的农民的国家观念的形成是不利的，它至少也意味着失去了有效联系农民与国家的一座桥梁。②

王玉国等（2011）认为，农村学校布局调整并不是简单的撤点并校、空间转移的过程，这里面包含了历史的、文化的、教育的、甚至情感性的因素。农村中小学布局调整后的某些村落学校的撤销，不仅意味着该村落内部适龄儿童上学困难了，农村学校的消失，也使农村文化传承受到影响，造成乡村文化断裂和乡土认同的迷失。③

李桂荣等（2011）还认为：调整农村社区建设中的中小学布局是实现城乡教育均衡发展、缩小城乡教育差距的一项重要措施。农村社区建设与中小学布局调整的耦合关系主要表现在：农村社区建设对中小学布局调整的促进作用，农村中小学布局调整对社区建设的支持作用。现阶段的农村中小学布局调整要顺应农村社区建设这个社会背景，与农村社区建设协调进行。④

总之，农村学校和农村教育在特定的农村文化背景下有着特殊的价值，这种认识对促进城镇化的快速发展和新农村建设的健康顺利进行意义重大。

2. 关于农村中小学布局调整动因的研究

有关研究从教育自身发展和社会变革等角度对农村中小学布局调整的动因进行了较深入的探讨。

---

① 白中军：《农村教育资源的使用要走出"多重浪费"的误区——论区域农村教育资源的使用效益问题》，《泰安师专学报》2002年第4期。

② 王晓慧：《农村中小学布局调整的三个问题：一种教育社会学分析的视角》，《长春市委党校》2011年第1期。

③ 王玉国、翟慎娟：《农村学校布局调整的认识、省思及政策建言》，《江苏教育》2011年第14期。

④ 李桂荣、魏杏杏：《论农村社区建设与中小学布局调整的耦合关系》，《天中学刊》2011年第3期。

从教育自身发展的视角，范先佐（2009）全面地指出，追求效益是各级政府进行农村中小学布局调整的初始动力；方便教育管理是地方政府进行学校布局调整的迫切要求；追求教育质量的提高是各级政府进行学校布局调整的最终动力。他指出，追求义务教育均衡发展本身就是促使各级政府进行学校布局调整的动因。[①] 柳海民等（2008）则从农村中小学布局调整的背景出发，认为，学校生源逐步减少导致教育资源的闲置与浪费客观上要求对农村中小学进行布局调整；城乡教育差距明显存在，促进教育均衡发展给学校布局调整赋予了新的使命；农村对优质教育资源需求明显提高是推动学校布局调整前行的强劲动力。[②] 从教育财政的视角，万明钢等（2010）分析指出，我国实行农村税费改革后，基础教育经费缺口凸显，各级地方政府财政压力增大，县及县以上政府希望通过农村中小学布局调整，提高资源利用效率，减轻财政压力。[③]

从经济社会发展的角度来看，新一轮学校布局调整契合了国家推动城镇化和新农村建设的发展战略。城镇化有助于推动中小学布局调整和农村教育的转型，反过来，中小学布局的合理调整以及农村教育的顺利转型也有助于城镇化的健康持续发展。[④] 侯龙龙等（2010）指出，农村中小学布局调整动因之一是适龄人口的自然减少。[⑤] 此外，刘蓉等（2010）还指出，适龄人口迁移变动也是促使农村中小学布局调整的原因之一。而项目建设是学校布局调整筹集资金的重要来源，也是推动学校布局调整不断深入的动力。[⑥]

总之，已有研究普遍认为，农村中小学布局调整的应然前提是通过

---

① 范先佐：《中国中西部地区农村中小学合理布局结构研究——基于对中西部地区6省区38个县市177个乡镇的调查分析》，中国社会科学出版社2009年版，第6页。

② 柳海民、娜仁高娃、王澍：《布局调整：全面提高农村基础教育质量的有效路径》，《东北师大学报》（哲学社会科学版）2008年第1期。

③ 万明钢、白亮：《"规模效益"抑或"公平正义"——农村学校布局调整中"巨型学校"现象思考》，《教育研究》2010年第4期。

④ 张洪华：《城镇化进程中的农村中小学布局调整问题及反思》，《教育理论与实践》2010年第8期。

⑤ 侯龙龙、张鼎权、卢永平：《西部五省区农村学校布局调整与学生发展》，《教育学报》2010年第6期。

⑥ 刘蓉、李建荣、符丽园：《城乡结合部学校布局调整与资源配置研究——以湖南省株洲县为例》，《中国教育学刊》2010年第4期。

教育资源的重新分配，提高教育资源的使用效率，减轻教育经费压力。同时，期望通过农村中小学布局调整提高农村地区义务教育质量，推进城乡义务教育均衡发展是更深层次的动力。另外，已有研究还阐述了农村中小学布局调整与我国城镇化快速发展、适龄人口的减少以及适龄人口的迁移之间的关系。

3. 关于农村中小学布局调整方式的研究

在农村中小学布局调整实践中调整模式的选择是村民、家长与政府围绕各自的利益相互博弈的结果。各地在实践中具体采取哪种模式，有赖于各地政府对本地实际情况的把握和利益的协调。已有研究对各地农村中小学布局调整过程中采取的调整方式进行了总结归纳。

依据农村中小学撤并过程中政府与乡村社会之间的关系，郭建如（2005）将学校布局调整的方式划分为三种。第一种是采取强制性的行政方式。在这种方式中，政府处于主导地位，群众没有参与到决策过程中。第二种是采取诱导方式。具体的做法是政府制定较长时期的学校布局规划，有意识地加强规划内定点学校的建设，使这些学校具有吸引力，逐渐吸引周边学生过渡到这些定点学校。第三种是采取行政推动与诱导相结合的方式，给予布局调整的学校相应好处，出现了"挪椅子"现象。①

在大量实证研究的基础上，范先佐（2009）将农村中小学布局调整方式具体归纳为四种，即完全合并式、兼并式、交叉式、集中分散式。完全合并式是将两所学校或多所学校合并为一所学校，学生按年级整体上加以合并和重新编班，校产和师资集中在一起；兼并式就是由一所社会声誉和教学质量都比较高的学校兼并另外一所或几所相对薄弱的学校，将校产、师资集中，学校规模扩大，实现以强扶弱、共同发展的目的；交叉式是指几个年级在甲村，另外几个年级在乙村，彼此独立运行的学校布局调整模式；集中分散式是在中心学校的统一管理下设置一个或几个教学点的形式。②

---

① 郭建如：《国家—社会视角下的农村基础教育发展：教育政治学分析》，《北京大学教育评论》2005 年第 3 期。

② 范先佐：《中国中西部地区农村中小学合理布局结构研究——基于对中西部地区 6 省区 38 个县市 177 个乡镇的调查分析》，中国社会科学出版社 2009 年版，第 87—111 页。

总之，采取哪种农村中小学布局调整方式是同地方政府面临的行政环境（如上级政府的压力大小、地方群众的认同程度）、习惯使用的行政方式和可用的资源以及一些偶然的机会有关。

4. 关于农村中小学布局调整结果评价的研究

任何事物的出现都具有两面性。农村中小学布局调整的初衷是整合有限的教育资源，提高农村学校教育质量，促进义务教育均衡发展。大量实证研究有力地证明了这一目标已经初步实现。但是，伴随着农村中小学布局调整而出现的负面效应也是客观存在的，在肯定这一政策正面效应的同时不能忽视现实存在的问题。已有研究从正反两方面做了深入探讨。

（1）关于农村中小学布局调整成效的研究

现有研究多采用实地调查的方式，论证了农村中小学布局调整所取得的成效。这些研究成果表明，农村中小学布局调整后，农村中小学办学条件得到进一步改善，办学质量得以提高，对于促进农村地区义务教育均衡发展起到了积极作用。

孙艳霞（2004）认为，农村学校进行布局调整后，一批"麻雀学校"被撤并，优质教育资源得以共享，提高了办学效益。首先，提高了教育资源使用效益。其次，优化了农村教师队伍。再次，农村寄宿制学校得以发展。这解决了农村学生每天走十几里路上学的困境，给农村孩子争取了更多的学习时间。通过学校里的集体生活，农村学生独立生活能力明显增强，更容易养成现代社会的文明习惯。最后，村小合并后，减轻了村社办学的负担。农民不必再为改善村小办学条件、修缮校舍、添置设备等集资和投工投劳，孩子住校也让父母有了更多的劳动时间，有利于农民增加收入。[①]

利用对中西部地区的湖北、河南、广西、云南、陕西和内蒙古等6个省（自治区）38个县市177个乡镇实地调查的资料，郭清扬等（2008）对农村中小学布局调整进行了总体评价，认为此次农村中小学布局调整力度较大，中小学的服务人口和服务范围都有显著增加和扩大，学校规模的扩大更加明显，以前存在的学校规模过小、学校布局分

---

① 孙艳霞：《农村中小学校布局调整的得失》，《人民教育》2004年第22期。

散、教育资源利用效率低的问题得到了相当程度的改善；小学师生比的提高使小学师资配置状况有所改善，有利于农村小学教育质量的提高，这些都表明学校布局调整取得了良好的成效。[①] 马佳宏等（2011）认为，新一轮农村中小学布局调整工作经过近十年的推行，其成效可概括为两"改善"两"提高"，即改善了农村学校的办学设施条件，改善了师资队伍状况，提高了学校规模效益，提高了教育教学质量。[②]

总之，农村中小学布局调整带来的益处是显而易见的。

（2）关于农村中小学布局调整负面效应的研究

随着农村中小学布局调整的深入开展，由于各种原因，比如缺乏科学合理的规划、缺乏对学校规模效益的正确认识、政策执行中的盲目、冒进、"一刀切"等，农村中小学布局调整也给教育本身及社会带来了一系列负面影响。已有研究对此展开了积极讨论。

王颖等（2008）在调研后得出结论：农村中小学布局调整的负面效应具体表现在四个方面：一是农村中小学布局调整后学校服务半径过大，农村中小学生遭遇"求学难"，从而出现"农村中小学生人身安全、身体健康受到影响"、"农村中小学生辍学率上升"、农村中小学寄宿生"问题学生"有所增加及农村学前班幼儿求学受到极大影响等具体现象。二是农村中小学布局调整后家庭教育成本上扬，农民负担加重。"农民负担"既包括学生家长要承担的心理负担和体力、时间上的付出，还包括日益加重的经济负担。三是农村中小学布局调整后学校管理难度增加，教育质量难以保证。这主要表现在班额陡增，教学条件未得到及时改善；教师工作任务繁重，师资素质难以提升；大部分寄宿学校后勤配套设施滞后，管理混乱等负面效应。四是农村中小学布局调整后，国家、集体财产蒙受损失，学校布局调整的公平性受到质疑。[③]

从效率和公平的视角，周芬芬（2008）评价了农村中小学布局调

① 郭清扬、王远伟：《我国农村中小学布局调整的总体评价》，《河北师范大学学报》（教育科学版）2008 年第 3 期。

② 马佳宏、卢梅春、李良：《新一轮农村中小学布局调整的成效与问题分析——基于广西的调查与思考》，《广西师范大学学报》（哲学社会科学版）2011 年第 2 期。

③ 王颖、杨润勇：《新一轮农村中小学布局调整后的负面效应：调查反思与对策分析》，《教育理论与实践》2008 年第 34 期。

整对教育公平的影响，认为，以效率与公平兼顾为目标的农村中小学布局调整并没有使得农村教育更加公平，相反还使得原本脆弱的农村教育公平受到伤害。[①]

从农村学校的社会价值视角，安晓敏等（2011）指出，当前大规模的学校布局调整是把学校重新从乡村社会中抽离出来，这种教育发展趋势对乡村社会有着重要的影响。首先，大量撤并农村学校使当地居民无法再从学校感受到先进文化的引领。其次，学校布局调整后，许多孩子不得不远离熟悉的生活环境住校上学，乡村社会文化对他们来说逐渐变得疏远与陌生。最后，学校布局调整削弱了乡村学校的文化传承功能。[②]

总之，农村中小学布局调整的负面影响主要是：农村学生出现"上学远"、"上学难"、"上学贵"问题；农村教师教学负担加重，精神压力加大；同时，农村学校的减少不利于农村文化的传承以及农村社会的健康发展。此外，也有研究表明，由于农村中小学布局调整缺乏科学规划，造成学校撤并后的遗留资产空置或转让，形成巨大的教育浪费。这些问题还有待进一步研究。

5. 关于解决农村中小学布局调整中存在问题的对策研究

农村中小学布局是否合理，不仅关系到教育资源的合理配置，而且直接涉及农村教育能否健康顺利发展。因此，必须采取切实可行的措施，克服农村中小学布局调整带来的负面影响，促进义务教育均衡发展。学界对解决目前存在的问题提出了很多有益的政策建议。

从地方政府对农村中小学布局调整认识角度，庞丽娟等（2005）和高学贵（2011）都提出，要克服农村中小学布局调整的负面影响，应正确认识、科学理解农村学校布局调整，并破除一些政府部门持有的"集中办学必然节约经费、提高质量"的思想。[③] 庞丽娟等（2005）还认为，必须科学统筹规划农村中小学布局调整；因地、因时制宜，逐步

① 周芬芬：《农村中小学布局调整对教育公平的损伤及补偿策略》，《教育理论与实践》2008 年第 19 期。

② 安晓敏、田茂：《学校布局调整对乡村社会的影响及相应对策》，《湖南师范大学教育科学学报》2011 年第 5 期。

③ 高学贵：《农村学校布局调整的效应及对策分析》，《中国教育学刊》2011 年第 5 期。

过渡，积极稳妥地推进中小学布局调整工作；要积极推进中心寄宿学校各种后勤配套设施与管理制度的健全与落实；必须加大力度切实解决布局调整后凸现的交通安全问题。① 郭清扬（2008）进一步指出，"加强农村中小学师资队伍建设，巩固布局调整成果"，以及"加大对农村贫困地区学生资助的力度，减轻部分贫困家庭的经济负担"② 也非常必要。

从义务教育均衡发展的角度，范先佐（2008）一针见血地指出，应正确认识农村教学点的作用，慎重对待教学点的撤留问题；对保留下来的教学点给予适当支持。③

针对农村中小学布局调整实践中，"一刀切"式的大量撤并农村小规模学校，王玉国等（2011）提出撤并学校的标准：农村中小学布局调整应该"有所为，有所不为"，对于有历史沉淀的学校、偏远和交通不便的学校应该予以保留；在学校布局调整过程中，1—3 年级的学生尽量不要调整，保存村（社区）必要的教学点，虽然在管理上会出现一些问题，但从长远的孩子发展的角度来看，是非常必要的。与此同时，对于撤并之后学生上学远的问题，应该采取寄宿制学校与校车系统建设齐头并进的办法，降低学生上学的困难程度。④

总之，现有研究大都强调农村中小学布局调整必须摆脱纯粹经济学思维方式，回归教育本位，关注学生的发展及农村和谐社会的构建。实际操作中要适当照顾弱势地区及弱势群体，确保教育公平的实现。分析发现，已有研究对学校布局调整与教育均衡发展的问题给予了一定关注，但是，有关这方面的研究深度尚显不够。

（二）关于义务教育均衡发展问题的研究

在构建和谐社会的大背景下，教育公平成了人们关注的热点，追求

---

① 庞丽娟、韩小雨：《农村中小学布局调整的问题、原因及对策》，《教育学报》2005年第 4 期。

② 郭清扬：《我国农村中小学布局调整问题、原因及对策》，《华中师范大学学报》（人文社会科学版）2008 年第 1 期。

③ 范先佐：《农村学校布局调整与教育的均衡发展》，《教育发展研究》2008 年第 7 期。

④ 王玉国、翟慎娟：《农村学校布局调整的认识、省思及政策建言》，《江苏教育》2011年第 14 期。

义务教育均衡发展成了促进教育公平的重要途径。学界围绕义务教育均衡发展的内涵、义务教育均衡发展的理论基础、义务教育发展不均衡现象及其原因、促进义务教育均衡发展的对策、义务教育均衡发展指标体系等问题展开激烈讨论，并从不同角度提出了独到见解，业已形成多学科、多领域、多层次的良好研究格局。

1. 关于义务教育均衡发展内涵的研究

大部分学者认为，教育均衡发展是涉及地区之间、学校之间、群体之间、个体之间的问题，是涉及受教育者平等受教育权利的保障和教育的民主与公平问题。

翟博（2002）对义务教育均衡发展有较系统的研究，他认为，教育均衡实质上是指在平等原则的支持下教育机构、受教育者在教育活动中平等待遇的实现，其最基本的要求是社会在正常的教育群体之间平等地分配教育资源和份额，达到教育需求与教育供给的相对均衡，并最终落实在人们对教育资源的支配和使用上。[①] 李连宁（2002）认为，教育均衡应包括三个层面：区域之间，即地区之间、城乡之间的教育均衡发展；学校之间，即区域内不同学校的均衡发展；受教育群体之间，特别是弱势群体的教育问题。[②]

顾明远（2002）则认为，教育均衡发展是教育平等问题，是人权问题。[③] 申仁洪（2003）认为，教育均衡发展是一个以人的发展和人的自由自觉生命存在的实现为出发点和归属点，包括物质、制度和意识三个层面的动态均衡过程。在他看来，物质层面的均衡主要表现为优质教育资源的均衡配置；制度层面的均衡主要表现为受教育权利平等的实现；意识层面的均衡主要表现为人的潜能最大程度的发展。[④]

随着对义务教育均衡发展内涵的深入研究，学者们发现，义务教育

---

① 翟博：《教育均衡发展：现代教育发展的新境界》，《教育研究》2002 年第 2 期。

② 李连宁：《要从教育发展战略上思考和促进基础教育的均衡发展》，《人民教育》2002 年第 4 期。

③ 顾明远：《教育均衡发展是教育平等的问题，是人权问题》，《人民教育》2002 年第 4 期。

④ 申仁洪：《教育均衡发展的困境与对策》，《华南师范大学学报》（社会科学版）2003 年第 2 期。

均衡发展是全面的发展、动态的发展、协调的发展和特色发展①；义务教育均衡发展既反映了社会权利和教育公平的价值体系需求，也是基础教育自身发展观念的转型与变革，因此义务教育均衡发展就蕴含着三个方面的政策内涵和结构范畴：配置均衡是公民基本教育权利的机会与质量保障；供需均衡是教育公平正义的政策实践与战略调整；动态均衡是教育可持续发展的生态观与系统管理。②另有学者指出，教学正义才是义务教育均衡发展的内蕴价值。教学正义关涉人的价值、尊严以及人的发展等根本问题，体现了对学生人格的平等尊重、学生生命价值的平等关怀和学生基本权利的平等保护。③

义务教育均衡发展的理论和实践在经济社会的不断发展中得到拓展和创新，"优质均衡"、"内涵式发展"、"高质量均衡"等概念的提出，表明我国义务教育均衡发展研究与时俱进。吕寿伟（2011）探讨了义务教育优质均衡发展的内涵，认为优质均衡是均衡发展的高级阶段，包括三个方面的含义：第一，优质均衡是指教育质量均衡，它包括质量目标的进一步提升，也包括质量结构的进一步优化，是以质量结构优化为基础、以人的发展为目标的内涵式发展。第二，优质均衡是指"区域内"的教育质量均衡。虽然区域内并不一定能够在短时间内实现优质均衡，但优质均衡必然是首先在部分教育发展水平较高的区域内实现。第三，义务教育优质均衡发展追求不同学校之间的质量均衡，但要极力避免同质化的发展，而要依据自身特殊条件形成具有自身特色的均衡发展。④

总之，义务教育均衡发展，从个体角度看，是指受教育者的受教育权利得到保障和受教育机会均等；从学校角度看，是指在区域、城乡、校际间各类学校教育资源配置的均衡；从社会角度看，是指全社会对于

---

① 王建容、夏志强：《我国义务教育均衡发展的内涵及其指标体系构建》，《理论与改革》2010 年第 4 期。

② 刘新成、苏尚锋：《义务教育均衡发展的三重意蕴及其超越性》，《教育研究》2010 年第 5 期。

③ 王彦明：《教学正义：义务教育均衡发展内蕴价值》，《中国教育学刊》2011 年第 9 期。

④ 吕寿伟：《从均衡到优质均衡：义务教育均衡发展目标的转换》，《教育导刊》2011 年第 12 期。

教育所培养的劳动力是否与社会经济发展需求达到相对均衡。

2. 关于义务教育发展不均衡状况及其原因分析

近年来，我国各地积极探索，寻找有针对性的措施和办法，对义务教育均衡发展有不同程度的推动。但从总体来看，推进义务教育均衡发展仍面临一些困难和挑战。很多研究针对目前促进义务教育均衡发展中的问题进行了深刻剖析，并对其形成原因进行了探讨。

（1）关于义务教育非均衡发展的具体表现的研究

从各民族的教育状况来看，白杰瑞等（1996）研究发现，受各民族传统文化与不同聚居地社会经济发展状况等因素的影响，中国各民族的教育状况也存在重要的差异。总体而言，少数民族儿童入学率低于汉族儿童，尤其是在农村地区；然而，这一民族差异对不同少数民族、在不同聚居程度下可能呈现不同的特征。少数民族聚居的地理位置、聚居程度以及文化与制度等因素对少数民族教育差异存在突出影响。[①]

运用历史主义的方法，对城乡教育进行了 60 年跨度的数据研究后，李春玲（2003）指出，教育发展的城乡非均衡性经历了先缩小、后扩大的变化过程。在新中国成立之初，受"普及农村教育"与"有意识地向农民提供中高等教育机会"思想的指导，城乡居民的教育差异经历了显著的下降过程，这一趋势一直持续到 20 世纪 70 年代。从 20 世纪 80 年代开始，随着市场经济发展以及一系列教育制度改革的实施，城乡教育差距开始出现扩大趋势；到 21 世纪初，随着义务教育的进一步推行，城乡教育差异开始呈现新的特征。[②]

赵庆华（2005）对全国义务教育发展水平进行考察，认为我国义务教育非均衡发展的现实状况主要表现在五个方面：一是义务教育发展呈现地域间的非均衡形态；二是义务教育发展呈现城乡间的非均衡形态；三是义务教育发展呈现校际的非均衡形态；四是义务教育非均衡发展呈现进一步扩大的趋势；五是农村受教育者学业成功概率大大低于城

---

① 白杰瑞、滕星：《中国边疆民族地区的基础教育与辍学问题》，《民族教育研究》1996年第 1 期。

② 李春玲：《社会政治变迁与教育机会不平等——家庭背景及制度因素对教育获得的影响（1940—2001）》，《中国社会科学》2003 年第 3 期。

市。[1] 郑真真等（2008）补充指出，教育状况的地区差异不仅表现在省际差异中，而且突出地反映在同一省份的不同地区、县市之间。[2]

从教育制度和教育政策层面，国家发展改革委社会发展司（2011）对当前义务教育均衡发展面临的挑战及对策建议进行了全面总结，认为目前义务教育均衡发展中存在三个方面的问题：一是资源配置不均普遍存在，具体表现为硬件配置不均、经费标准不均、师资水平不均等方面；二是生源总量减少但流动趋势分化，均衡发展复杂性加剧，出现了随迁子女问题、留守儿童问题、择校学生问题等；三是评价体系不健全和督导力度不够，均衡发展的政策执行力亟待加强。[3]

总之，现有研究对我国义务教育发展状况及特点做了较为全面和客观的研究。

（2）关于义务教育非均衡发展原因的研究

学者们从不同的角度分析了我国义务教育发展中的差距及产生差距的原因，认为影响我国义务教育均衡发展的主要因素有我国各地经济社会发展的不平衡、教育政策对不同地区的影响、传统文化价值观念和人口特点等差异性因素。

有研究认为，经济发展状况是影响教育供给、造成不同省份适龄儿童入学率差异的重要原因。Tsang 与 Ding（2005）利用1997 年和1999 年县级数据分析指出，不同地区义务教育阶段生均支出存在很大的差异。地区间教育财政支出的不平等主要来源于各省之间（约占2/3 到3/4），而省内县级水平上生均教育支出分布的两极差异也相当大，且这一差异随时间呈不断扩大趋势。[4] 不仅是地区间的差距，经济因素也是导致中国城乡居民教育差距的主要原因。张海峰（2006）研究指出，在宏观层次上，城乡经济发展水平、公共资源与财政支付能力等方面存

---

① 赵庆华：《义务教育均衡发展问题研究》，东北师范大学，2005 年6 月。

② 郑真真、牛瑞琴：《从两次人口普查结果看中国的教育发展》，《人口与经济》2008 年第4 期。

③ 国家发展改革委社会发展司：《当前推进义务教育均衡发展面临的挑战及对策建议》，《宏观经济管理》2011 年第3 期。

④ Tsang, Mun C, Yanqing Ding. "Resource Utilization and Disparities in Compulsory Education in China" *China Review*, Vol. 5, 2005, pp. 1 – 31.

在重要差异，生均教育经费不同，农村居民可及的教育机会、软硬件条件与教育质量明显不及城市居民。[①]

从教育制度的视角，张放平（2011）认为，义务教育发展失衡的根源在于教育管理体制的二元分割与条块分割。教育管理体制的二元分割源于我国经济社会的二元结构，表现为城乡教育的相互隔离。其实质是教育资源配置政策的城市偏向，反映了特定经济社会发展时期政府甚至全社会对优质教育资源稀缺性的无奈。[②]

从社会、文化、财政等多方面，董泽芳等（2010）对区域内义务教育均衡发展的阻碍因素进行了深刻剖析，在此基础上提出了造成义务教育发展失衡的六个方面：一是分级办学体制的障碍；二是财政总量投入不足；三是既得利益群体的阻碍；四是配套制度政策的滞后；五是文化心理与价值观念的掣肘；六是教育均衡发展政策本身固有的局限性。[③]

总之，不仅是教育性因素，包括经济、文化、财政等多方面因素都影响和制约着义务教育的发展程度。探讨义务教育非均衡发展的原因应有更宽广的视域。

3. 关于推进义务教育均衡发展建议的研究

学者们从造成义务教育发展不均衡的不同因素出发对促进义务教育均衡发展策略进行了探索，提出了各种解决办法，此类的研究成果颇多，概括起来主要集中在加大教育投入，均衡配置教育资源方面。

纵观我国义务教育非均衡发展全貌，要推进义务教育均衡发展，学者认为，应该向中西部地区倾斜，努力推进区域均衡；向农村牧区倾斜，加快推进城乡均衡；向薄弱学校倾斜，着力推进校际均衡；向薄弱环节倾斜，切实推进群体均衡；向弱势群体倾斜，推进就学机会均衡。[④] 具体的，要推进义务教育均衡发展，"必须建立经费保障机制，

[①] 张海峰：《城乡教育不平等与收入差距扩大——基于省级混合截面数据的实证分析》，《山西财经大学学报》2006 年第 2 期。

[②] 张放平：《区域内义务教育均衡发展的制度瓶颈及其破解》，《中国教育学刊》2011 年第 6 期。

[③] 董泽芳、杨海松、陈文娇：《区域内义务教育均衡发展的阻碍因素分析》，《教育研究与实验》2010 年第 5 期。

[④] 王凤玲：《落实责任 应对挑战 推进义务教育均衡发展》，《教育研究》2010 年第 9 期。

确保义务教育均衡发展资金需求";"推进区域内教育资源均衡配置，改善学校办学条件";"大力实施教育信息化工程，提高教育现代化水平";"高度关注弱势群体的教育，努力实现教育公平"[1];"制定城乡教育质量均衡发展的教育质量国家标准"[2];等等。

随着农村中小学布局调整深入，农村学校教师队伍建设受到越来越多学者们的关注。潘军昌等（2010）认为，教育公平面临的最大问题是城乡之间、区域之间、学校之间存在的义务教育师资差异，可采用名校集团化模式、学区管理模式、捆绑发展模式、学校托管模式和自由结对帮扶模式来消除师资差异。[3] 丁光富（2011）也认为，要引领义务教育均衡发展走向纵深，就必须通过大面积提高教师素质来促进教育教学质量的提高，而实施教学研一体化就是一条有效途径。[4]

范先佐等（2011）更深刻地指出，义务教育均衡发展决不能忽视农村教学点的建设。该研究提出有针对性的措施，如通过加大公共财政的投入力度，促进农村义务教育均等化；改革经费分配与管理方式，保证农村教学点有独立的教育经费；实行农村教师特殊津贴制度，鼓励优秀教师到教学点任教；正确面对农村教育的现实，妥善解决教学点代课教师的工资待遇问题；改善教学点的办学条件，保证教育质量等。[5]

与此同时，学者们认为，针对我国农村教育实际情况，促进义务教育均衡发展需要重新规划和调整义务教育阶段学校布局。

在国家政策层面，《国务院关于基础教育改革与发展的决定》针对"我国基础教育总体水平还不高，发展不平衡"的实际和农村义务教育面临的突出问题，提出了一系列具有重大意义的政策措施，包括"调整学

---

① 王和山:《优化教育资源配置 推进义务教育均衡发展》,《中国财政》2010 年第 20 期。

② 胡定荣、朱京曦:《缩小教学质量差距与促进城乡教育均衡发展》,《教育研究与实验》2011 年第 5 期。

③ 潘军昌、陈东平:《协作互动促进城乡义务教育均衡发展模式分析》,《教育发展研究》2010 年第 20 期。

④ 丁光富:《教学研一体化：县域义务教育均衡发展的有效途径》,《当代教育科学》2011 年第 16 期。

⑤ 范先佐、郭清扬、赵丹:《义务教育均衡发展与农村教学点的建设》,《教育研究》2011 年第 9 期。

校布局，优化教育资源配置，改造薄弱学校，扩大优质教育资源"等。这些措施的贯彻落实，将有力地促进基础教育的均衡发展。[①] 为积极响应中央政策精神，学者们有针对性地提出："在学校的布局结构调整上，要能够体现均衡发展思想。我们要鼓励撤并薄弱学校，强校带弱校，强校合并弱校"[②]；"学校布局的调整，教育投入的增加，大大推进了办学条件的标准化，同时为区域教育均衡发展奠定了坚实的物质基础。"[③]

总之，学者们对如何促进区域间、城乡间、学校间教育均衡提出建议，并针对我国农村义务教育在新的历史时期的实际发展状况，提出通过农村中小学布局调整促进区域内义务教育均衡发展的思路。

4. 关于义务教育均衡发展指标体系的研究

推进义务教育均衡发展已成为新时期我国教育改革与发展的一项基本政策。判断义务教育发展均衡状况及其程度，需要一把科学合理、易于测度的"尺子"，它也是制定有关政策的依据，已有研究尝试建立义务教育均衡发展的指标体系。

国家推进义务教育均衡发展的相关政策、各级政府进行义务教育均衡发展监测的实践探索、义务教育均衡发展监测指标体系研究的理论成果为构建区域义务教育均衡发展监测指标体系提供了现实条件。在依据一定理论和实践经验的基础上，翟博（2006）设计了一个涵盖教育机会均衡指数、教育资源配置均衡指数、教育质量均衡指数和教育成就均衡指数共 4 个子领域的教育均衡指数。每个子领域下又分设若干一级指标和二级指标，由此构成了教育均衡指数监测指标体系。庞晶等（2011）以义务教育均衡发展的科学内涵为基础，从投入、过程、结果三个角度综述了义务教育均衡发展的各种指标体系，建立了以过程为核心，综合其他两方面重要指标，并根据专家打分赋予权重的衡量地区义务教育均衡发展的指标体系。[④]

---

① 王湛：《努力促进基础教育均衡发展》，《人民教育》2002 年第 9 期。
② 李连宁：《要从教育发展战略上思考和促进基础教育的均衡发展》，《人民教育》2002 年第 4 期。
③ 华国荣：《推进区域教育的均衡发展的策略与实践》，《教育发展研究》2003 年第 1 期。
④ 庞晶、毕鹏波、鲁瑞娟：《义务教育均衡发展评价指标体系的评述与构建》，《当代教育科学》2011 年第 16 期。

县级政府是义务教育均衡发展的责任主体，针对县域义务教育均衡发展指标体系的建构，任春荣（2011）认为，现有县域内校际均衡发展评估指标的选择方法单一、指标间关系不明确，其评估结果信度难以保障。基于对全国 14 个省 42 个县中小学相关数据的分析得出，要完善县域义务教育均衡发展评估体系，各地政府需注意以下几方面：县域义务教育均衡发展评估指标的选择应综合运用多种方法；教学仪器设备、图书和骨干教师配置应成为义务教育均衡发展工作的重点；资源的多寡不是均衡程度的决定性因素；要避免新一轮的学校撤并。① 于发友等（2011）认为，县域义务教育均衡发展的标准建构首先应明确优先超前原则、协调统筹原则、政府为主原则、资源均享原则、重在普及原则、质量第一原则，然后可以从环境均衡度、城乡均衡度和结果均衡度三个维度考虑，整合三个指标的总体均衡情况为综合均衡度。②

在义务教育均衡发展实践中，使用这些监测指标体系，完善指标体系，再监测、再完善，形成监测与实践的良性互动状态。这是义务教育均衡发展研究的新动向，更是义务教育均衡发展向纵深推进的必然要求。

综合上述国内的研究成果不难看出，不少研究者、研究机构及相关部门已经对农村中小学布局调整和义务教育均衡发展做了大量的考察和研究工作，并对相关问题进行了较深入的分析和讨论，得出了不少有价值的研究结论，也提出了很多很好的研究建议。这些结论和建议，不仅有助于本研究对农村中小学布局调整和义务教育均衡发展有一个更全面的了解，也为本研究的进一步深入探讨提供了理论参考和实践指导。然而，这些研究在取得很大进展和成果的同时，也存在着不足和缺憾，即只是将农村中小学布局调整和义务教育均衡发展分别作为一个单独问题进行研究，对农村中小学布局调整和义务教育均衡发展的互动关系，即农村中小学布局调整通过什么机制促进义务教育均衡发展的探讨不足。正是由于缺少对两者互动关系的理论探讨导致在农村中小学布局调整实

---

① 任春荣：《县域义务教育均衡发展评估指标的选择方法》，《中国教育学刊》2011 年第 9 期。

② 于发友、赵慧玲、赵承福：《县域义务教育均衡发展的指标体系和标准建构》，《教育研究》2011 年第 4 期。

践中出现了各种阻碍和制约义务教育均衡发展的现象。正确认识农村中小学布局调整和义务教育均衡发展的关系，并在具体实践中根据两者的互动原理解决好农村中小学布局调整过程中出现的突出问题，以促进义务教育均衡发展和农村义务教育的长效发展，是非常紧迫的理论和现实问题。

三　研究方法和数据来源

（一）研究方法

本书以实证研究和文献研究有机结合为研究方式，对我国农村中小学布局调整的整体状况及其对义务教育均衡发展的影响进行阐述和探讨，对造成问题的制度根源进行分析，进而在此基础上提出解决问题的对策思路。主要运用了以下几种研究方法：

1. 文献法

一是对已有的研究进行再研究，主要是通过查阅影响较大的文献，从中提炼出现有研究中能够反映农村中小学布局调整和义务教育均衡发展方面的真实问题和背后原因的主要结论；二是在此研究上，通过对其他相关文献的分析，结合笔者的研究经历和参与的调研，对农村中小学布局调整和义务教育均衡发展做延伸分析。

2. 实证研究法

本书实证资料来源于"中西部地区农村中小学合理布局结构研究"课题组，"我国义务教育均衡发展改革研究"课题组等多个课题组的实证调研。主要采用了问卷调查、访谈、案例调查等调查方法来收集资料，了解事实。

（1）问卷调查

问卷调查是社会科学研究中最基本的原始资料收集方法。在实地调查过程中用以收集和了解农村中小学布局调整和教育均衡发展的真实情况，特别是各地农村中小学布局调整的具体做法、经验及其存在的问题，教育均衡发展的状况等。

（2）访谈

在实地调查过程中，我们选择部分家长、学生、教师、校长、学校部门负责人、教育部门行政人员等，进行访谈，获得了大量的一手资料。例如，通过组织教师、家长及监护人、学生对农村中小学布局调整所带来的一系列问题进行讨论，了解了他们的真实想法。通过对主要知情人的访谈，收集到了县市概况、乡镇概况和学校基本情况等大量的资料。

（3）案例调查

案例调查是对典型案例进行客观地收集、记载、整理和分析研究的方法。在实地调查过程中用以对所调查地区具有代表性的个案进行深入的了解和分析。

（二）数据来源

本书的主要数据和资料来自以下调查：

1. "中西部地区农村中小学合理布局结构研究"课题组对中西部地区湖北、河南、陕西、广西、云南、内蒙古 6 个省（自治区）、38 个县（市）、177 个乡（镇）986 所农村中小学（包括教学点）的实地调查。本调查共发放问卷 39210 份（其中县（市）、乡（镇）教育行政负责人卷 210 份，校长教师卷 15000 份，家长卷 12000 份，学生卷 12000 份）；收回问卷 32476 份（其中县（市）、乡（镇）教育行政负责人卷 194 份，校长教师卷 12490 份，家长卷 7995 份，学生卷 11997 份），回收率 83%；有效问卷 31055 份（其中县（市）、乡（镇）教育行政负责人卷 181 份，校长教师卷 11463 份，家长卷 7421 份，学生卷 11990 份），有效率 79.2%。通过问卷调查、访谈以及实地观察等多种形式了解我国中西部地区农村中小学校布局调整的整体情况，包括农村学校的办学条件、师资水平、经费状况以及地方政府政策规划等，分析农村中小学布局调整过程中出现的突出问题，以便合理规划并办好每一所农村学校，促进农村教育质量和教育公平的提高。

2. "我国义务教育均衡发展改革研究"课题组对东部地区的广东、山东，中部地区的湖北、河南、江西、湖南、山西，西部地区的广西、四川、重庆、甘肃 11 个省（市、自治区）60 个县（市、区）420 余所中小学（包括教学点）的实地调查。截至 2012 年，本调查共发放问卷 4500 份，回收有效问卷 4105 份，有效回收率 92.22%。同时访谈样本县（区）学校教师、校长等 100 余人次。主要采用问卷调查、访谈以及实地观察等多种形式进行，客观把握我国义务教育均衡发展改革的真实情况，全面了解义务教育均衡发展改革的成效及其存在的主要问题，分析造成这些问题的深层次原因，以便提出我国义务教育均衡发展进一步改革的对策建议。此外，在整个调查过程中，还收集到不少县市有关推进义务教育均衡发展的文献资料。

3. "农村中小学布局调整对教育公平的损伤与补偿研究"课题组对中西部地区湖北、湖南、江西、河南、河北、广西、四川、西藏、山东 9 个省（自治区）21 个县（市）58 所农村中小学（包括教学点）的调查。本调查共发放教师卷 744 份，回收有效问卷 614 份，有效问卷率 82.52%；发放学生卷 4492 份，回收有效问卷 3933 份，有效回收率 87.56%；发放家长卷 3895 份，回收有效问卷 2994 份，有效回收率 76.87%。主要采用问卷调查和访谈形式进行，了解和分析农村中小学布局调整在取得规模经济效益的同时，对教育公平尤其是义务教育起点公平造成的负面影响，研究负面影响是如何造成的以及怎么去解决。

此外，本研究还对湖北省、广东省 5 个县 13 所寄宿制中小学进行了调查，获得了第一手数据和资料。

本书中未注明出处的数据和资料均出自这些调查。

第二章　农村中小学布局调整与义务教育均衡发展的概念辨析

对概念或范畴的正确理解直接影响着人们的理论思考和实践过程。同样，对农村中小学布局调整与义务教育均衡发展的内涵进行界定，将有助于人们科学合理地实施农村中小学布局调整，扎扎实实地推进义务教育均衡发展。为了便于研究和减少争议，本章将对农村中小学布局调整和义务教育均衡发展等核心概念进行界定，并从理论上分析农村中小学布局调整与义务教育均衡发展的关系。

一　农村中小学布局调整

农村中小学布局是一个国家或地区农村学校在地理空间上的分布结构，它与当地社会经济发展水平、人口数量及人口分布状况、文化传统等密切相关。农村中小学布局是否科学，直接关系到公共教育资源的利用效率和义务教育的发展。

农村亦称"乡村"，是指城市以外的一切区域。它不同于农业，不是一个产业概念，而是一个同城市相对的区域。① 农村人口密度相对稀少，人口分布较城市分散。随着经济社会的发展，城市与农村的本质差别将会逐步消失。根据《中国基础教育统计指标解释》对学校所在地分类，各类学校可分为城市、县镇、农村。城市、县镇、农村的划分以国务院关于市镇建制的规定和我国行政区划为基础，以民政部门确认的居民委员会和村民委员会为最小划分单元。城市是指在市辖区和不设区

---

① 秦志华等主编：《中国农村工作大辞典》，警官教育出版社1993年版。

（包括不设区的地级市和县级市）的市中，街道办事处所辖的居民委员会地域；城市公共设施、居住设施等连接到的其他居民委员会地域和村民委员会地域。县镇是指在城市以外的镇和其他区域中，镇所辖的居民委员会地域；镇的公共设施、居住设施等连接到的村民委员会地域；常住人口在 3000 人以上独立的工矿区、开发区、科研单位、大专院校、农场、林场等特殊区域。农村是指城市、县镇以外的其他区域。农村义务教育经费保障机制实施后，其农村范围拓展到整个县域（包括县城）范围，因此，农村中小学布局调整是指包括整个县域范围内中小学校点布局的调整。

任何一个教育区域的中小学布局都是在一定的历史条件、经济发展水平、人口状况、地理环境、民族文化传统等因素的作用下形成的。因此，影响中小学布局的因素主要有：

第一，地理环境。地理环境主要是指"一个地区的山川、气候等自然环境及物产、交通、居民点等社会经济因素的总的情况"[①]。在我国东南沿海地区，由于自然地理环境优越，中小学布局一般较为集中。但是在中西部地区，自然条件复杂多样，交通状况更大不相同，受自然环境和交通状况的制约，中小学布局较分散。所以，地理环境对中小学布局起着较大的制约作用。

第二，经济发展水平。经济发展水平是指一个国家或地区经济发展的规模、速度和所达到的水准。反映一个国家或地区经济发展水平的常用指标有国民生产总值、国民收入、人均国民收入、经济发展速度、经济增长速度等。在经济发展水平高的国家和地区，可以通过多建学校、改善交通、提供教育补助、改善办学条件等来改善学校的布局。但是在经济发展水平低的国家和地区，学校的布局往往更多是从财政供给能力而不是教育需求角度出发，因而学校的布局就不会很合理。因此，经济发展水平会影响和制约中小学布局。

第三，人口因素。人口因素通常指包括人口数量、质量、人口的构成、人口的发展、人口的分布和迁移等多种因素的综合范畴。人口因素

---

① 中国社会科学院语言研究所词典编辑室编：《现代汉语词典》（修订本），商务印书馆2001 年版，第 273 页。

对中小学布局起着较大的影响，主要体现在区域内学校的数量和学校之间的距离。在人口数量较多、人口密度较大的地区，学校的数量往往较多且较为集中；在人口稀少的地区，学校分布就比较分散，而且学校规模较小，如我国中西部农村地区存在许多"一师一校"。随着区域内人口的迁移，区域内学校布局会做相应调整。人口流入地会因生源增加而扩建或新建学校；人口流出地会因生源逐渐减少而合并或关闭学校。

第四，文化因素。文化是人的生产劳动或者说实践活动的产物，是人类生活的反映，活动的记录，历史的沉积，是人们对生活的需要和要求、理想和愿望，是人们的高级精神生活，是人们认识自然，思考自己，精神得以承托的框架。它包含了一定的思想和理论，是人们对伦理、道德和秩序的认定与遵循，是人们生活生存的方式方法与准则。文化包括宗教、信仰、风俗习惯、道德情操、学术思想、文学艺术、科学技术、各种制度等。在不同的文化体系中，由于对教育的重视程度、价值认同存在不同的看法，对兴办教育的积极性也就不同，因而直接或间接地影响着学校的建立和布局。因此，文化是影响学校布局的一个特殊因素。

第五，政治因素。政治是上层建筑领域中各种权力主体维护自身利益的特定行为以及由此结成的特定关系。它是人类历史发展到一定时期产生的一种重要社会现象，它对社会生活各个方面都有重大影响和作用，无疑也会对中小学布局产生重要影响和作用。政治对学校布局的影响往往从教育政策中体现出来。如国家、省、地区等所规定的学校在校生数等就对学校的布局有很大的影响。

以上可以说是影响中小学布局的重要因素，在考虑农村中小学布局时，必须充分考虑以上因素，确定合理的学校布局。

中小学布局一旦形成，就具有相对的历史继承性和稳定性，其对特定区域的影响也就稳定下来，除非人为地进行学校布局调整，否则，中小学布局是不会发生太大的变化的。但由于影响农村中小学布局的社会经济发展水平和人口数量、分布是不断变化发展的，因而农村中小学布局的调整是不可避免的。

正因为学校布局要受到多种复杂因素的影响，因此，农村中小学布局调整要做到科学合理，就必须遵循一些基本原则。

1. 统筹规划。所谓统筹规划，是指农村中小学布局调整，必须有一个科学长远的规划。按照实事求是、因时制宜、因地制宜的原则，在学校布局调整前，各教育主管部门和地方政府应分析各地经济发展水平、人口状况、地理环境、民族文化传统以及各个具体学校的特殊性等，对农村中小学的撤并进行可行性、必要性研究。严格按教育规律办事，不能把农村中小学布局调整简单等同于农村学校数量的减少，或是"撤"、"并"学校；更不可贪功冒进，追求一时的政绩。在学校布局调整规划中要切实保障每位适龄儿童、少年受教育权利和广大农民群众及其子女的根本利益。在一个区域范围里，农村中小学布局应该形成一个有机联系的网络，在哪一级区域设置什么类型和层次的学校，设置多少学校，都要充分考虑影响中小学布局的多种因素，进行统筹规划，使农村中小学布局协调统一，结构合理，从而使区域教育发挥整体功能，进而促进义务教育均衡发展。而不是像过去一样，农村中小学布局往往凭管理者的主观意志，显得杂乱无章，"条块分割、各自为政"，导致学校主体之间难以形成有机联系，也使区域中小学教育难以发挥整体功能和实现均衡发展。

2. 就近入学。"就近入学"是世界各国义务教育阶段推行的一项基本政策，也是义务教育必须遵循的一条基本原则。2001年5月颁发的《国务院关于基础教育改革与发展的决定》第十三条要求地方政府"因地制宜调整农村义务教育学校布局"，要"按照小学就近入学、初中相对集中、优化教育资源配置的原则，合理规划和调整学校布局。农村小学和教学点要在方便学生就近入学的前提下适当合并，在交通不便的地区仍需保留必要的教学点，防止因布局调整造成学生辍学"。2006年修订的《中华人民共和国义务教育法》第十二条明确要求："适龄儿童、少年免试入学。地方各级人民政府应当保障适龄儿童、少年在户籍所在地学校就近入学。"《中华人民共和国义务教育法实施细则》第二十六条规定，实施义务教育学校的设置，由设区的市级或者县级人民政府统筹规划，合理布局。小学的设置应当有利于适龄儿童、少年就近入学。2010年颁布的《教育规划纲要》再次明确提出，"适应城乡发展需要，合理规划学校布局，办好必要的教学点，方便学生就近入学"。这一系列政策文件都明确指出，就近入学是适龄儿童、少年接受义务教育的合法权利，地方政府有责任为适龄儿童、少年提供就近入学的基本条件。因此，农村中小学布局调整必须坚持就近入学的原则。

3. 效益原则。农村中小学布局调整的目的之一，就是要提高学校的规模效益。效益原则也是农村中小学布局调整的一条根本性原则。效益原则的实质就是力求以最少的人力、物力和财力取得最大的经济效益和社会效益。它要求要根据不同地区和不同性质学校的特点确定相应的学校规模，使教育投资的效益最大化。过大或过小的学校规模都是不经济的。适当的学校规模才能最大程度地发挥其办学效益，同时，学校规模要符合教育规律，以促进学生发展为目标。学校规模以不同方式影响不同学校的办学效益。

农村中小学布局调整是一项系统工程，是对农村中小学校点在地理空间上的重新规划和调整，这种规划和调整会有多种表现形式，既包括"撤点并校"，也包括在某些地区根据实际发展需要新建学校、新设教学点，或是原有学校的"迁校移址"等。

综上所述，本书中的农村中小学的布局，就是指农村中小学在哪里办学的问题。农村中小学布局调整，是指各地区根据各自农村所在地的经济社会发展状况、地理环境、人口因素、文化因素、政治因素、当地群众对教育的普遍要求以及当地农村中小学的具体情况等，在教育资源有限的条件下，将比较分散的农村中小学校适当的集中起来，合理配置教育资源，优化教育资源利用效率，重新设置区域内农村中小学校校点分布和格局，其目的在于提高农村中小学的教育质量、促进区域内义务教育均衡发展；保障每位适龄儿童、少年的受教育权利，促进教育公平。在农村中小学布局调整过程中，要处理好学校教育供给与社会教育需求的关系，尤其是社会对优质教育资源需求的关系，处理好集中办学和教育公平的关系，处理好学校办学效益与教育发展规律的关系，处理好学校教育当前需要和长远发展的关系，使区域内学校布局趋于合理。

二　义务教育均衡发展

人类历史发展表明，国家的强弱、综合国力的竞争，最根本的取决于国民素质的高低。国民素质高低的关键在于教育的普及程度和质量水平。义务教育是国民素质提高的起点、人力资源强国的基点、中国教育跨越发展的接点、国家富强和民族振兴的基石，是实现中华民族伟大复兴的奠基工程。没有义务教育的强大，就不可能有国家的真正强大。义务教育，是根据法律规定，适龄儿童、少年都必须接受，国家、社会、家庭必须予以保证的国民教育。其实质是国家依照法律的规定对适龄儿童、少年实施的一定年限的强迫教育的制度。义务教育又称强迫教育和免费义务教育。义务教育具有强制性、免费性、普及性的特点，是最应体现教育公平的领域。但长期以来，我国义务教育发展中存在的突出问题是，城乡、区域之间发展差距较大，区域内校际之间资源配置不均衡、优质教育资源短缺、辐射面窄等，因而对于我国教育发展中存在的不公平问题，人们感受最直接、反映最强烈的，是义务教育发展的不均衡。所以，从一定意义上讲，抓好义务教育均衡发展，就抓住了促进教育公平的关键。

中华人民共和国成立后，特别是改革开放以来，经过全党和全国人民的共同努力，我国义务教育取得了举世瞩目的成就。20 世纪末，在教育资源十分有限的情况下，我国基本实现了普及九年义务教育和基本扫除青壮年文盲的"两基"宏伟目标，为广大适龄儿童、少年提供了公平接受义务教育的机会，这是在一个人口众多的发展中大国第一次实现了教育的普及化目标。目前我国义务教育已经全面普及，进入了巩固普及成果、着力提高质量、促进内涵发展的新阶段，面对全面建设小康社会和加快推进社会主义现代化的新任务，面对将人力资源大国建设成人力资源强国的新形势，面对人民群众要求接受更加均衡和更高质量教育的新期待，全面推进义务教育均衡发展是当前和今后相当长一个时期我国教育事业发展的战略选择，是贯彻落实科学发展观和实施《义务教育法》的重要举措，是办好人民满意教育的现实需要，是实施素质教育的重要保证。

在我国，义务教育的非均衡发展主要表现为城乡间、区域间、同一地区不同学校间义务教育发展的不均衡，不同群体和个人间享受的义务教育质量水平差距较大。教育差距的存在使得受教育者由于处在不同地区、不同学校而非个人原因接受到的教育质量和教育服务差别较大，有的适龄儿童、少年甚至无法接受义务教育。义务教育的非均衡发展有违教育公平，为社会公平埋下隐患。

促进义务教育均衡发展首先是政府的责任。根据义务教育的性质和公民的权利，政府有责任在保障每位适龄儿童、少年受教育权利的基础上，为他们提供大致相当的义务教育，即通过合理配置教育资源，不仅保障每位适龄儿童、少年"有学上"，而且要使义务教育阶段的各级学校在办学经费投入、硬件设施、师资调配、办学水平和教育质量等方面大体上处于一个比较均衡的状态，与义务教育的公共性、普及性和基础性相适应。各级政府要把全面推进义务教育均衡发展作为贯彻落实科学发展观的重要方面，作为今后一段时期义务教育改革和发展的战略性任务，强化政府对义务教育的投入责任，切实把推进义务教育均衡发展作为履行政府公共职能的重要任务落到实处。要将义务教育均衡发展纳入经济社会发展规划，不断提高公共财政保障水平，为义务教育阶段公办学校提供均衡的办学条件。要统筹规划，确保教育资源在区域之间、城乡之间、学校之间和不同受教育群体之间合理有效的均衡配置，形成公平配置公共教育资源的长效机制。以继续大力支持革命老区、民族地区、边疆地区、贫困地区义务教育发展为重点，积极推进区域义务教育均衡发展。以建立城乡一体化的发展机制为重点，大力推进城乡义务教育均衡发展。以义务教育标准化建设和提高薄弱学校教育水平为重点，大力推进区域内学校之间义务教育均衡发展。

加强制度建设是促进义务教育均衡发展的重要保障。分析我国义务教育非均衡发展状况的原因，既有经济社会发展差距的影响，也有历史形成的机制、体制等方面的原因。根据对教育制度和体制的历史分析来看，属地化教育财政与管理体制，公共教育资源配置的不公与失衡，学校办学理念中对教育本质追求的缺失等，是造成我国义务教育非均衡发展的主要原因。为此，各级教育主管部门要坚持依法治教，着力推进教育体制机制改革与创新，建立推进义务教育均衡发展的有效工作机制，为义务教育均衡发展提供长远保障。如：探索建立区域城乡义务教育共同发展机制；建立健全城乡教师交流机制；实施和完善义务教育阶段教师绩效工资制度；建立和完善义务教育质量监测评估机制；建立和完善对县（市、区）义务教育均衡发展督导评估和表彰奖励机制；针对偏远贫困地区建立"以省为主"的义务教育管理制度等。

促进义务教育均衡发展是我国教育发展的重要方针。近年来，各地在推进义务教育均衡发展的实践中积极探索，积累了丰富的经验，全国涌现了大量注重义务教育均衡发展的先进地区和优秀实践的先进典型，站在新的历史起点上，推动义务教育均衡发展再上新台阶，需要我们不断改革创新，把推进义务教育均衡发展的重点放到着力促进内涵发展上来，以适龄儿童、少年接受更加均衡更高质量的义务教育为目标，合理配置教育资源，全面提高教育质量和保障水平。根据我国义务教育的发展现状，促进义务教育均衡发展必须继续把农村义务教育的发展作为均衡发展的重点，积极推进县（市、区）域内率先实现义务教育均衡发展。

总之，所谓义务教育均衡发展，是指在保障每位适龄儿童、少年受教育权利的基础上，教育资源在城乡间、地区间、学校间以及群体间配置均衡，各级学校和教育机构在教育教学活动中为每位受教育者提供大致相当的教育和发展机会。

三　农村中小学布局调整与义务教育均衡发展的关系

促进义务教育均衡发展的主要内容就是根据经济、社会、教育发展实际，分阶段、有步骤地缩小城乡之间、地区之间、校际之间的教育差距，其最终的目标，就是要通过合理配置教育资源，为每一位学生提供相对平等的教育条件，办好每一所学校，教好每一位学生。根据我国义务教育的发展状况，义务教育均衡发展包括三个层次和阶段：区域间义务教育均衡发展，城乡义务教育均衡发展和区域内学校间义务教育均衡发展。推进区域间义务教育的均衡发展，就是要提高中西部教育水平；推进城乡义务教育的均衡发展，就是要城乡一体化发展、逐步缩小城乡差别；推进区域内义务教育的均衡发展，就是要缩小学校之间办学水平差异、整体提升教育质量。我国义务教育均衡发展第一步就是缩小区域内学校间教育质量差距。

学校是学生接受义务教育的最基本单位，学校教育是实现个体之间教育公平最主要的环节和途径，学校之间发展的不平衡会直接制约教育公平实现的程度。从某种程度上说，无论是区域间教育差距还是城乡间教育差距，其最直接、最基本的表现形式都是学校间的教育差距。因此，缩小学校间教育差距是促进义务教育均衡发展的第一步，也是最关键的一步。要缩小学校间的教育差距，就要着力改造薄弱学校，确保所有学校达到国家规定的基本办学标准，让每位适龄儿童、少年，不管他生活在城市还是农村，不管他有怎样的家庭背景，都能接受大致不相上下的义务教育。但必须明确的是，促进学校间教育差距缩小的前提是保障每位适龄儿童、少年受教育机会，即确保每位适龄儿童、少年"有学上"。

促进义务教育均衡发展，教育资源的合理配置是核心。"教育均衡实质上是指在平等原则的支配下教育机构、受教育者在教育活动中平等待遇的实现（包括建立和完善确保其实际操作的教育政策和法律制度），其最基本的要求就是在正常的教育群体之间平等的分配教育资源和份额，达到教育需求与教育供给的相对均衡，并最终落实在人们对教育资源的支配和使用上。""教育均衡的目标是教育需求和教育供给的相对均衡，教育资源配置的均衡是教育均衡的基础和前提。"① 因此，要解决目前义务教育非均衡发展的问题，首先从合理配置教育资源做起，通过合理配置教育资源，缩小学校间办学条件和教育质量差距，提升区域内整体教育质量。

在我国，义务教育的难点和重点在农村。农村义务教育落后状况的形成既有自然条件形成的天然限制，也有政策及其制度后天造成的困境。要改变这种落后面貌不是一朝一夕的工夫。20 世纪 90 年代以来，农村适龄人口的不断减少和城镇化步伐的不断加快，我国农村地区，特别是中西部农村地区不少中小学校生源不足，学校布局分散、规模小、质量低等问题日益突出。农村学校这种"小"、"散"、"弱"的办学格局，造成有限的教育资源不能有效使用、教育资源严重不足和浪费同时存在，农村学校办学条件和教育质量低下。这与我国新形势下希望通过义务教育提高国民素质和实现国家富强、民族振兴的根本方针不相符合；也和新时期以来广大人民群众对教育的期望越来越高，尤其是对于

---

① 翟博：《教育均衡发展：现代教育发展的新境界》，《教育研究》2002 年第 2 期。

优质教育资源的需求越来越强烈的现状不相符合。那么，如何在教育资源有限的条件下，改善农村义务教育办学条件和办学质量？撤点并校，集中教育资源并合理配置、高效使用教育资源的思路被不断运用到实践中。2001 年以前，我国就有两次较大规模的农村中小学布局调整，在调整中农村学校数量大量减少，教育资源利用效率得到提高，农村学校的办学条件和办学效益得到改善。2001 年以农村适龄人口减少和城镇化加快为契机，国家颁布了《国务院关于基础教育改革与发展的决定》，正式确定将农村中小学布局调整作为一项重大措施用以促进农村义务教育发展，缩小城乡间义务教育差距。

　　在我国，农村义务教育发展水平低下的主要原因，除了教育投入严重不足造成相当多的农村学校办学条件差外，与农村中小学校点的县、乡、村"三级布点"的布局特点有密切关系。农村学校校点过多、过散稀释了本就有限的教育资源，造成了教育投入不能高效利用，师资不能优化配置，办学不能形成合力。因此，在不可能大规模投入的硬性条件约束下，应该突破"三级布点"办学思路的束缚，以县、乡"两级布点"推进农村学校的合理布局。这不仅符合义务教育办学体制、管理体制、投资体制改革的根本方向，也有利于摆脱当前存在的经费、师资、合格学校建设项目难以到达村小等突出问题。农村中小学布局调整就是要改变过去人、财、物等教育资源平均分配的方式，采取撤点并校、合并迁校、新建扩建学校、保留或新设校点等调整形式，在现有经济条件和政策条件约束下，将师资、生源、办学物资等相对集中，合理配置有限的教育资源，实现教育资源的最优配置，从而改善农村学校办学条件和办学效益，提高农村学校教育质量。可见，农村中小学布局调整通过合理配置教育资源，缩小区域内学校间在教学条件、教学能力、教学质量和水平上的差距，促进区域内学校间的义务教育均衡发展。学校间的均衡发展也是实现义务教育均衡发展的基础和关键，即通过农村中小学布局调整可以直接促进义务教育的均衡发展，其核心是合理配置义务教育资源。通过农村中小学布局调整，可以实现义务教育资源的合理配置，从而促进义务教育均衡发展。如果在农村中小学布局调整中，教育资源配置不公平、不均衡、不合理，义务教育发展则可能出现学校教育质量两极分化，使得受教育者的受教育权利得不到保障，并进一步损害教育公平和社会公平。农村中小学布局调整与义务教育均衡发展的关系用简图表示（见图2—1）。

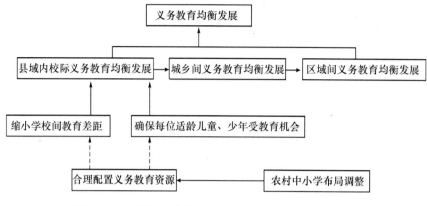

图2—1　农村中小学布局调整与义务教育均衡发展关系

　　综上所述，农村中小学布局调整不仅仅是撤并学校，其目的是促进义务教育的均衡发展。因此，在学校布局调整中要充分体现义务教育均衡发展的理念。可以说，新的历史时期，义务教育均衡发展的过程也是伴随着农村中小学布局调整的过程，合理调整学校布局将有力地促进义务教育均衡发展。

第三章　农村中小学布局调整的
宏观背景和目的

农村中小学布局调整是一个持续的、渐进的过程，但每一次布局调整都有其特定的社会背景。20 世纪 90 年代中后期开始的我国新一轮农村中小学布局大调整，既可以说是税费改革的重要组成部分，也可以说是我国社会转型与发展过程中的一种必然现象，具有其特定的行为预期和动力。

一　农村中小学布局调整的宏观背景

中小学校点设在哪里并不是静止不变的，而是要随着经济社会的发展，特别是人口的年龄结构和空间分布结构的变化而不断调整，并且这种调整不是一个突变过程，而是一个渐进的、长期的过程，每一次大规模的农村中小学布局调整都是在特定的历史背景下进行的。20 世纪 90 年代中后期开始的我国新一轮农村中小学布局的大调整也有其特殊的历史背景。

（一）农村适龄人口减少的必然选择

20 世纪下半叶以来的半个多世纪中，我国人口增长方式发生了历史性转变，由高出生率、高死亡率、低自然增长率，过渡到高出生率、低死亡率、高自然增长率，再转变到目前的低出生率、低死亡率和低自然增长率。促使这种人口增长方式转变的主要因素是经济发展、社会转型和计划生育政策，特别是计划生育政策，在这种人口增长方式转变中发挥了重要作用。

20 世纪 70 年代初期，我国开始实行计划生育政策，人口控制由宣传教育转变为计划生育。1978 年 10 月，中共中央批转的《关于国务院计划生育领导小组第一次会议的报告》提出，"提倡一对夫妇生育子女数最好一个、最多两个"。同年，将"国家提倡和推行计划生育"第一次写入《宪法》。20 世纪 80 年代初期，在城市户籍人口中开始严格实施"一对夫妇生一个孩子"的生育政策，这些政策所追求的目标，就是力争在 20 世纪末将总人口控制在 12 亿之内。但由于多种因素的影响，这一目标一再被突破，1987 年就改为"控制在 12.5 亿之内"，"七五"和"八五"计划进而改为"在 2000 年将总人口控制在 13 亿内，在 2010 年将总人口控制在 14 亿内"。到 2006 年，中国总人口达到 13.1448 亿人，出生率降低到 12.09‰，死亡率降低到 6.81‰，自然增长率降低到 5.28‰。2001 年以来，我国人口出生率、死亡率、自然增长率一直呈下降趋势。[①]

根据 2010 年第六次全国人口普查主要数据公报，全国总人口为 1370536875 人。与 2000 年第五次全国人口普查相比，从大陆 31 个省、自治区、直辖市和现役军人的人口数来看，十年增加 73899804 人，增长 5.84%，年平均增长 0.57%。这个数字比 1990 年到 2000 年的年平均增长率 1.07% 下降 0.5 个百分点。[②] 这表明我国人口过快增长的势头继续得到有效的控制，十年来我国人口增长处于低生育水平阶段。1990 年到 2000 年的十年间，中国人口净增长 1.3 亿，两个十年相比，后一个十年比前一个十年人口净增长减少了约 5600 万人，表明中国计划生育的基本国策得到了较好的执行，这也缓解了人口增长对资源环境的压力。由于生育率不断下降，我国 0—14 岁人口数量也在逐渐下降。相较于 1990 年的 31659 万人和 2000 年的 27947 万人，2010 年我国 0—14 岁人口下降至 22558 万人，2010 年比 2000 年减少了 5389 万人，我国 0—14 岁人口占全国总人口比重由 1990 年的 27.7% 下降至 2010 年的

---

① 《改革开放 30 年：社会政策的调整变化——访中国社科院社会学所所长、研究员李培林》，《中国社会科学报》2008 年 9 月 22 日，人民网（http://theory.people.com.cn/GB/49154/49156/8081896.html）。

② 《2010 年第六次全国人口普查主要数据公报》，中央人民政府门户网站（http://www.gov.cn）。

16.8%（见表3—1）。

表3—1　　1990—2010年我国年末总人口、0—14岁人口、人口出生率、
人口死亡率和人口自然增长率

时间	年末总人口 （万人）	0—14岁人口 （万人）	人口出生率 （‰）	人口死亡率 （‰）	人口自然增 长率（‰）
2010年	134091	22558	11.90	7.11	4.79
2009年	133450	22329	11.95	7.08	4.87
2008年	132802	22287	12.14	7.06	5.08
2007年	132129	22164	12.10	6.93	5.17
2006年	131448	22259	12.09	6.81	5.28
2005年	130756	24659	12.40	6.51	5.89
2004年	129988	25166	12.29	6.42	5.87
2003年	129227	25660	12.41	6.40	6.01
2002年	128453	25961	12.86	6.41	6.45
2001年	127627	26504	13.38	6.43	6.95
2000年	126743	27947	14.03	6.45	7.58
1999年	125786	28559	14.64	6.46	8.18
1998年	124761	28774	15.64	6.50	9.14
1997年	123626	28716	16.57	6.51	10.06
1996年	122389	29012	16.98	6.56	10.42
1995年	121121	31950	17.12	6.57	10.55
1990年	114333	31659	21.06	6.67	14.39

注：1990年、2000年、2010年数据为当年人口普查数据推算数；其余年份数据为年度人口抽样调查推算数。总人口中包括现役军人。

资料来源：中华人民共和国国家统计局（http：//data.stats.gov.cn）。

　　0—14岁人口的减少，义务教育阶段学校在校学生数也相应减少。从教育的供求关系上看，生育率下降，适龄人口减少，可以缓解教育总供给不能满足教育总需求的状况。以小学在校学生数为例，全国普通小

学在校学生数由 2000 年的 13013.25 万减少到 2010 年的 9940.70 万人①，2010 年比 2000 年减少 23.61%。从农村来看，农村普通小学在校学生数从 1990 年的 9595.60 万人减少至 2000 年的 8503.71 万人再到 2010 年的 5350.22 万人②，2010 年的农村普通小学在校学生数只有 2000 年的 62.92%。农村普通小学在校学生数占全国普通小学在校学生总数的比例由 2000 年的 65.35% 减少到 2010 年的 53.82%。普通初中的情况也是如此。2010 年全国初中在校学生数为 5279.33 万人，比 2000 年的 6256.30 万人减少了 976.97 万人。③

农村适龄人口的减少也导致农村中小学校生源不足，有部分农村中小学甚至只能隔年招生，造成教育资源不足和浪费共存的矛盾。在此背景下，对农村中小学校点进行重新规划和调整成为必然之举。从全国整体情况来看，2010 年农村普通小学学校数 210894 所比 2000 年的 416198 所减少了 205304 所，减少幅度达 49.32%，更比 1990 年的 697228 所减少了 68.74%；农村普通初中学校数 2010 年为 28670 所比 2000 年的 41942 所减少了 31.64%。④

我们课题组对中西部 6 省（区）的调查结果也证实了这一点。6 省（区）0—14 岁年龄段的儿童数量在普遍减少，在总人口中所占的比例持续降低，其中，河南由 2001 年的 25.94% 下降到 2008 年的 21.14%，下降了 4.8%；陕西由 25% 下降到 19.76%，下降了 5.24%；内蒙古由 21.28% 下降到 17.1%，下降了 4.18%；广西和云南由于少数民族比较集中和准生二胎，人口下降的幅度尽管要小一些，但也呈下降趋势，2008 年比 2001 年分别下降了 2.48% 和 1.95%。农村适龄人口减少必然导致学校规模萎缩，进行学校校点布局调整在所难免。我们将包括"适龄人口减少"、"税费改革导致的经费不足"、"城镇化的要求"、"行政区划的变化"、"上级政府的要求"以及"其他"六项，作为问卷选项以考察农村中小学布局调整背景因素，对问卷的统计结果显示，"适龄人口减少"一项占被选总次数的 45.6%。根据对行政卷（地方教

---

① 中华人民共和国国家统计局（http://data.stats.gov.cn）。
② 同上。
③ 同上。
④ 同上。

育行政人员）和学校卷（校长与教师）问卷作单独分析的结果来看，地方教育行政人员选择这一项的比例达 53.5%，学校校长和教师选择的比例占到 46.1%，均占大多数（见表 3—2、表 3—3）。

表3—2　农村中小学布局调整的背景（行政卷和学校卷综合分析结果）①

选项	频数（人次）	人次百分比（%）	样本百分比（%）
适龄人口减少	7586	45.6	77.9
税费改革导致的经费不足	2573	15.5	26.4
城镇化的要求	2048	12.3	21.0
行政区划的变化	1337	8.0	13.7
上级政府的要求	2837	17.1	29.1
其他	245	1.5	2.5
总计	16626	100.0	170.8

注：n=9735（在回收的有效问卷中由于存在部分题项没有作答或不符合要求而被剔除的数据，因此具体到某一题项其实际有效问卷数有时会小于有效问卷数，在表中用"n ="表示某一题项的实际有效问卷数。在下文中若不加说明，其有效问卷数均指针对具体题项实际作答的有效数据份数，用备注"n –"加以说明）。

表3—3　农村中小学布局调整的背景（行政卷和学校卷单独分析结果）

选项	行政卷（%）	学校卷（%）
适龄人口减少	53.5	46.1
税费改革导致的经费不足	13.7	15.3
城镇化的要求	10.9	12.4
行政区划的变化	6.7	8.3
上级政府的要求	14.1	17.0
其他	1.1	0.9
总计	100.0	100.0

注：行政卷 n=168；学校卷 n=9562。

———————————

① 本题为多项选择题，人次百分比是指应答频数占全部人次的百分比；样本百分比是指应答人次占全部有效样本数的百分比，因此百分比合计超过 100%。下文若不加说明，均同此处。

从各地中小学布局调整实践也可看出，农村中小学生源减少是农村进行中小学布局调整的背景之一。如《安徽省谯城区中小学布局调整方案》（2008 年）中指出："随着我区人口出生率的下降和农村人口向城镇流动的加快，加速了农村中小学校生源萎缩，出现班级规模小、教育质量差等问题，难以满足广大人民群众对优质教育资源的需求。为彻底改变农村中小学'散（校点分散）'、'小（办学规模小）'、'弱（基础设施薄弱）'、'缺（专业教师缺）'、'低（办学效益低）'的局面，我区调整农村中小学布局势在必行。"

由此可见，农村中小学布局调整是农村适龄人口减少的必然要求。

（二）农村税费改革的自然选择

进入 20 世纪 90 年代以来，"三农"问题引起党和政府的高度关注，农村税费改革提上议事日程。2000 年中共中央在《关于进行农村税费改革试点工作的通知》中指出，要通过税费改革，从根本上解决农村的问题。所谓农村税费改革，就是为了切实减轻农民负担，规范农村税费制度，其主要内容可以概括为："三取消、两调整、一改革。""三取消"是指取消乡统筹和农村教育集资等专门向农民征收的行政事业性收费和政府性基金、集资；取消屠宰税；取消统一规定的劳动积累工和义务工。"两调整"是指调整现行农业税政策和调整农业特产税政策。"一改革"是指改革现行村提留征收使用办法。在启动农村税费改革之前，农民负担不仅复杂、繁重，还十分"乱"，表现在对农民征收税费的主体乱、项目乱、标准乱、程序乱、监督乱等。农村税费改革试图以法治的方式规范农村的分配制度，遏制面向农民的乱收费、乱集资、乱罚款和各种乱摊派，从根本上解决农民负担过重的问题。农村税费改革的实质是要按照市场经济与依法治国的要求，规范国家、集体与农民之间的分配关系，因而是整个国家层面分配领域的重大改革。

实践证明，中央关于农村税费改革的决策是完全正确的，它大大减轻了农民的负担，得到了亿万人民的衷心拥护。但税费改革也引发了一些新的问题。由于取消乡统筹、农村教育集资等专门面向农民征收的行政事业性收费和政府性基金和集资，导致地方各级政府出现不同程度的教育经费短缺。例如，1994 年至 1998 年，安徽省农村教育费附加平均每年为 7.1 亿元，约占按税费改革方案匡算的同时期农业税和农业特产税收入的 1/4；1994 年至 1998 年全省农村教育集资平均每年为 3.84 亿元，上述两项平均约 11 亿元。2000 年安徽省实行农村税费改革，导致 11 亿元的教育费附加和教育集资无法弥补，而这两项费用占农村义务教育投入总量的 30%，致使农村义务教育经费严重短缺。1998 年至 2002 年，全省农村义务教育公用经费占总支出的比例分别为 25.2%、23.13%、21.64%、19.37% 和 18.17%，五年间下降 7.03 个百分点；全省农村义务教育阶段学校基建经费分别占 13.06%、8.2%、4.44%、5.45% 和 4.95%，五年间下降 8.11 个百分点。公用经费连年下降，直接导致农村中小学运转日趋艰难。① 农村税费改革后，湖南省教育经费严重不足，全省拖欠中小学教师工资、生活补贴等超过 12 亿元。据了解，2001 年，湖南省拖欠中小学教师基本工资 2.96 亿元，午餐费和生活补贴 9.2 亿元。② 西部某县是革命老区、库区、贫困山区，连续两年县财政可用财力只有 7100 万元，而 6300 名教师（包括离退休人员）按全额工资计算，需要 7950 万元。税费改革前，教师工资主要来源于四个方面：一是县级财政预算；二是农村教育费附加；三是从学生中收取；四是中央转移支付资金。2002 年，该县年初财政预算 1940 万元，农村教育费附加平调 630 万元，教师工资统筹（从学生收取）930 万元，转移支付 1870 万元，合计 5372 万元，教师工资缺口尚有 461 万元。农村税费改革和教育"一费制"试行后，教师工资统筹的 930 万元和教育费附加 630 万元，共计 1560 万元落空，再加上缺口 461 万元，教师工资缺口 2021 万元，即使县级财政将可用财力调整到 35%（即财政供给 2485 万元），教师"四块"工资仍然差 1476 万元，地方财力有限，教师工资难兑现，地方政府感到无能为力。③

　　1985 年中共中央发布的《关于教育体制改革的决定》明确提出，

---

　　①《农村税费改革的成效与政策选择》（http：www. 17stu. com/lunwen/78/160/lw_20518. html. 2006 - 9 - 23）。

　　②《农村义务教育面对税费改革：教师工资谁来发》（http：//www. hzedu. net/Template/exaMessage3. asox?id = 163711，2001 - 8 - 27）。

　　③《长江日报》2010 年 9 月 2 日第 10 版教科委新闻。

"义务教育事业，在国务院领导下，实行地方负责，分级管理"的管理体制。在后来的实践中，义务教育的管理权和举办责任基本上采用的是"县办高中，乡办初中，村办小学"的做法。税费改革前，农村义务教育的投入责任，主要由乡、村承担，通过乡、村两级基层组织向农民收取教育费附加和教育集资来维持。税费改革后，教育费附加和教育集资被取消，本就经济基础薄弱但又是义务教育办学主体和经费投入主体的乡镇政府，收入更少，农村义务教育经费投入处于极端短缺状态，农村学校办学条件极其落后，城乡间和地区间义务教育差距非常大。为了解决乡镇财力不足造成的教育不公平，2001 年，国务院对农村义务教育管理体制做出重大调整，实行"在国务院领导下，由地方政府负责，分级管理，以县为主"的管理体制。"以县为主"明确了县级政府在义务教育管理和投入中的主要地位和责任，有利于保证教师工资的发放。然而，在不少县（市）财政吃紧的条件下，农村地区义务教育发展仍然存在很大困难。据统计，全国 2872 个县级单位中，有 974 个县（市）级人均财力低于基本支出需要，约占县级单位数的 1/3。其中，人均财力低于工资性支出的县 291 个，占 10%；人均财力低于工资性支出和公用经费支出之和的县 362 个，占 12.6%。也就是说，人均财力只能保工资和维持一般性运转，处于"勉强度日"的县占 1/4。如果考虑支出成本差异的因素，还有一部分县处于较为困难的状况。[①] 许多不发达地区，只能做到财政预算原则下的"保工资、保运转、保安全"中的"一保安全、二保吃饭"的财政水平，难以承受义务教育事业的正常运行和发展。如：湖北省英山县是一个国家级贫困县，2005 年全县财政收入 4000 多万元，可是仅教育支出就高达 6000 多万元；2004 年陕西省宜川、富县、黄龙 3 县财政收入分别为 1320 万元、2813 万元、681 万元，该年 3 县仅教师工资就分别为 2606 万元、3243 万元、1772 万元。这几个县的地方财政收入全部用于发放教师工资尚有成倍的缺口，严重制约了农村义务教育的发展。

我们课题组在四川省布拖县实地调查了解到：布拖县 2007 年到 2008 年为了完成"两基"攻坚任务，全县共需要资金 7153.4064 万元，

① 李萍主编：《中国政府间财政关系图解》，中国财政经济出版社 2006 年版，第 174 页。

而全县倾尽可用财力，最大限度地动用学校公杂费，也只能筹集到 786
万元（其中县财政筹集 300 万元，学校公杂费挤出 45% 即 486 万元），
占所需经费的 11.0%。县委政府打算申请长期贷款 2000 万元用于"两
基"工作，即使如此，缺口资金仍高达 4367.5 万元。仅凭该县的自身
实力（2006 年全县本级财政收入为 1715 万元，2007 年约为 2100 万
元），根本无法解决这一巨大缺口。县里打算争取上级硬件建设和教学
设备购置资金以及成人教育工作经费 1906 万元，中英西南基础教育项
目帮助解决 30 万元，争取州县联乡单位捐助资金 99 万元，争取社会慈
善机构资助 120 万元，尽管如此，缺口资金仍达 3512.242 万元，需要
县级财政解决。除了"等、靠、要"，布拖县别无他法。这种"等、
靠、要"的拼凑式解决义务教育经费不足的方式，造成经费来源极不
稳定，不利于义务教育长期健康发展。

　　我们课题组对河南省许昌市调查发现：在许昌市 6 县（市、区）
2004 年农村中小学生均公用经费发放中，6 个县（市、区）中只有 3
个县（区）保证了预算内教育经费，另外 3 个县（市）预算内公用经
费没有投入一分钱（见表 3—4）。河南省是我国中部地区的人口大省和
经济大省，其经济总量在 2002 年排在全国第 5 位，许昌市属于河南省
内经济比较发达的县市之一，其农村教育经费投入情况尚且如此，中西
部地区农村学校公用经费到位情况可见一斑。

表 3—4　　　　2004 年河南省许昌市农村中小学生均公用经费和
预算内生均公用经费拨款情况

县（市、区）	生均公用经费（元）	预算内生均公用经费（元）
魏都区	小学 110 初中 160	小学 10 初中 20
许昌县	小学 100 初中 130	小学 10 初中 10
鄢陵县	小学 105 初中 135	小学 15 初中 15
襄城县	小学 90 初中 120	小学 0 初中 0

续表

县（市、区）	生均公用经费（元）	预算内生均公用经费（元）
禹州市	小学 90 初中 120	小学 0 初中 0
长葛市	小学 90 初中 120	小学 0 初中 0

资料来源：《河南省许昌市教育局关于落实农村教育工作会议精神的情况汇报》，2004 年 4 月 1 日。

不难发现，税费改革后，县乡财政收入减少。"以县为主"的义务教育管理体制使得县级财政面临更大的财政压力，中西部地区贫困县财政力量薄弱，无力扛起义务教育的大旗，在这样的情况下，各地县及县以上政府均希望通过压缩校点，扩大学校规模，来减轻财政压力，于是农村中小学布局调整就成为农村税费改革后政府的一种自然选择。

（三）城镇化的必然结果

所谓城镇化，是指人类生产与生活方式由乡村型向城市型转化的历史过程，具体表现为乡村人口向城市转移及城市不断改革和完善的历史过程。进入 20 世纪，城市化成为全世界的一种最为普遍的社会变迁态势。"20 世纪是一个发生巨大变化的时代，最大的变化是全球人口数量剧增和城镇化水平不断提高。1950 年以来，全球人口高速增长，从 25 亿人增加到 60 亿人，60% 的增长人口都来到了城市地区，特别是发展中国家的城市地区。50 年中城市人口的增长超过了 6 倍。"[1] 如果说 20 世纪前半叶是发达国家主导城市化的时代的话，那么 20 世纪后半叶特别是晚期则是发展中国家主导城市化的时代；如果说 20 世纪是发达国家完成城市化的世纪，那么 21 世纪将是发展中国家实现城市化的世纪。"世界正处于'高速的最大城市化'中，欧洲和北美洲、南美洲已经基本完成城市化。因此今后大部分人口增长都将被发展中国家的城市吸

---

① 联合国人居署编著：《贫民窟的挑战——全球人类住区报告 2003》，于静等译，中国建筑工业出版社 2006 年版，第 5 页。

收，到 2030 年新增人口将增加一倍。"①

　　进入 21 世纪，我国城镇化保持快速发展的态势。2010 年我国居住在城镇的人口为 66557 万人，占总人口的 49.68%，居住在乡村的人口为 67415 万人，占 50.32%。同 2000 年全国人口普查相比，城镇人口比重上升 13.46 个百分点。② 这表明 2000 年以来我国经济社会的快速发展极大地促进了城镇化水平的提高。根据 2012 年 1 月底统计局公布的数据，2011 年年末我国城镇人口占总人口比重达到了 51.27%，首次超过 50%，这标志着我国从此进入以城镇化为主的新成长阶段。

　　随着我国城镇化进程加快，越来越多的农民进入城市。根据 2010 年第六次全国人口普查主要数据公报，居住地与户口登记地所在的乡镇街道不一致且离开户口登记地半年以上的人口为 26139 万人，其中市辖区内人户分离的人口为 3996 万人，不包括市辖区内人户分离的人口为 22143 万人。同 2000 年人口普查相比，居住地与户口登记地所在的乡镇街道不一致且离开户口登记地半年以上的人口增加 11700 万人，增长 81.03%；其中不包括市辖区内人户分离的人口增加 10036 万人，增长 82.89%。③ 这主要是多年来我国农村劳动力加速转移和经济快速发展促进了流动人口大量增加。农村劳动力从农村向城镇流动，在 20 世纪 90 年代，农村平均每年向城镇转移劳动力超过 100 万；而在 2000 年之后，这一数字则达到 2000 万以上。④

　　农村进城务工人员增多，随迁子女数量也呈现出越来越多的趋势。以 12—14 岁适龄人口为例，"据 2000 年第五次全国人口普查 0.95% 的数据推算，2000 年流动人口规模为 1.023 亿，12—14 周岁的初中阶段流动儿童规模为 275.2 万人。从流动儿童的户籍属性看，2000 年，12—14 周岁流动儿童中有 69.6% 是农业户籍，即 12—14 周岁农民工随

---

　　① 联合国人居署编著：《贫民窟的挑战——全球人类住区报告 2003》，于静等译，中国建筑工业出版社 2006 年版，第 3 页。

　　② 《中国人口九大特点》（http：//blog.sina.com）。

　　③ 《2010 年第六次全国人口普查主要数据公报》，中央人民政府门户网站（http：www.gov.cn）。

　　④ 俞可平：《新移民运动、公民身份与制度变迁：对改革开放以来大规模农民工进城的一种政治学解释》，《新华文摘》2010 年第 10 期。

迁子女规模达到191.58万人。另据2005年国家统计局1%人口抽样数据推算，全国流动人口达1.4735亿人，12—14周岁的初中阶段流动儿童规模为361.3万人。从流动儿童的户籍属性看，2005年，12—14周岁流动儿童中，78.64%是农业户籍，其规模达到284.19万人。五年的时间内，初中阶段的流动儿童增加了近100万，且数量还在不断增加。"① 越来越多的农村适龄人口加入了城镇化的流动大军，农村中小学生源则进一步减少（见表3—5）。

表3—5　　　　12—14周岁流动青少年儿童与农民工随迁子女规模

年龄/时间	流动青少年儿童规模（人）		农民工随迁子女规模（人）	
	2000 年	2005 年	2000 年	2005 年
12 岁	905263	1236059	626316	979962
13 岁	963842	1161369	650526	900088
14 岁	909474	1215641	638947	961839
合计	2751579	3613069	1915789	2841889

资料来源：吴霓：《农民工随迁子女异地中考政策研究》，《教育研究》2011年第11期。

由于城镇化进程的加快，城镇化过程中农村经济社会发展程度、农村人口数量、集聚程度以及相应的文化事业发展程度均发生了很大变化，以往农村中小学以行政区划为基础的布局不再能适应城镇化迅速发展背景下的形势需要，"乡办高中、村办初中、小学办到家门口"的学校布局方式早已淘汰，就连"县办高中，乡办初中，村办小学"的格局也受到城镇化和计划生育政策后农村适龄人口减少的严重冲击。如今绝大部分行政村的适龄人口不足以办一所完全小学。在这种情况下，如果继续沿用以往的学校校点布局就会造成人力、物力和财力的巨大浪费。因此，调整以往的学校校点布局，在人群居住集中的中心镇设置中学，在乡镇或交通便利、集贸发达的行政村办小学，即按人口规模和转移的趋势来重新规划中小学布局就成为历史的必然。

我们课题组对部分县（市）的实地调查也证实了这一点。例如，

---

① 吴霓：《农民工随迁子女异地中考政策研究》，《教育研究》2011年第11期。

　　近年来，江西省分宜县进城务工人员随迁子女和农村孩子在城区就读的数量一直在飙升。分宜三小原本是县城东部城乡接合部的一所不足200名学生的学校，为了满足进城务工人员随迁子女上学和农村孩子进城读书的需要，2008年分宜三小搬迁到县城北环路分宜三中整体搬迁后留下的空校。随着该校基础设施的完善和教学质量的提升，进城务工人员随迁子女和农村适龄儿童纷纷到该校就读，有些农村家长为了能让自己的孩子进城读书，甚至在学校附近租房陪读。到了2011年，该校的学生已经达到了2900多名，不到3年的时间，学生数量就比以往多了15倍。而该县农村适龄儿童的数量剧减，很多村小及教学点仅仅只有几名学生，人数在100人以内的初中的数量也占了相当大的比例。可见，城镇化的快速发展导致该县农村中小学在校学生数持续减少。

　　同样，湖北省恩施市近年来进城务工人员及其子女的数量剧增。有些进城务工人员为了满足子女"上好学"的需要，纷纷就近在恩施市区或郊区务工，甚至还有一部分远在深圳、广州等沿海地区打工的进城务工人员，也不惜一切代价让自己的家人带着孩子进城就读，目前该市城区中小学已经远远不能满足实际需要。同时，由于大量进城务工人员随迁子女到市区就读，该市农村中小学出现了"空校"或学生数量严重不足的状况。随着恩施市城镇化的快速发展，原有的农村中小学布局格局已经不能适应新时期的需要，农村中小学布局调整势在必行。

　　我们课题组对中西部6省（区）的问卷调查结果显示，当问到"农村中小学布局调整的背景"时，内蒙古自治区有12.3%的被调查者认为是"城镇化的要求"，相对排序占第三。从分省（区）统计结果来看，6省（区）农村学校布局调整受城镇化影响最大的是内蒙古自治区，其次是云南省。在影响本省农村中小学布局调整的全部因素排序中，内蒙古自治区问卷中选择"城镇化的要求"的比例达到19.4%，与排第二位的"税费改革导致的经费短缺"仅差0.2个百分点。云南省问卷中选择"城镇化的要求"的比例为17%。未来城镇化水平还会进一步提高，这是我国现代化的必然趋势。因此，农村常住人口还会进一步减少，适龄人口也会随之持续减少，农村中小学布局调整应充分考虑到这一因素。

　　可见，无论是实地调查的情况还是问卷调查的结果都证实，农村中小学布局调整是城镇化快速发展的必然结果。

（四）乡镇行政区划改变的直接影响

行政区划即行政区域划分。国家根据经济发展和行政管理的需要，将全国划分为大小不同、层次不同的行政区划，并设立相应的地方国家机关，以便于管理。1998 年以来，全国大多数省份都相继开展了以"并乡、并村、并校"和"减人、减事、减支"为核心内容的乡镇机构改革，农村税费改革后，原有的乡镇机构在财政上无力维持。为了缓解乡镇财政危机，减员增效，撤乡并镇被提上了日程，截至 2004 年 9 月 30 日，全国乡镇数量减少为 37166 个，平均每天撤并 4 个乡镇。2005 年，乡镇总数减少至 35473 个，2006 年乡镇总数减少到 33276 个。按照相关部门的规划，乡镇一级的最终数量将减少到 3 万个，乡镇平均人数接近 3 万人。国家民政部的统计数据显示，2010 年全国乡镇数量减少到 3 万个左右。[①]

以个别省为例，湖北省 2001 年以来共有乡镇 1339 个，行政村 32456 个，截至 2005 年乡镇总数减少到 943 个，行政村减少到 26283 个，5 年间累计减少乡镇 396 个，减少行政村 6173 个。

河南省是人口大省，2001 年开始乡镇撤并工作。当年全省共有乡镇 2125 个，其中镇 860 个，乡 1265 个，截至 2005 年 12 月 31 日，全省共有乡镇 1907 个，其中镇 841 个，乡 1066 个，5 年累计减少乡镇 218 个。

截至 2003 年广西壮族自治区共撤并乡镇 37 个，在这个基础上，还要再撤并乡镇 300 个左右，计划保留乡镇 1000 个左右。2005 年全区乡镇数量已经减少到 1126 个。

2001 年，内蒙古自治区全区苏木、乡镇总数为 1227 个，截至 2006 年 11 月，全区苏木、乡镇撤并即将完成，苏木、乡镇减少到 641 个，5 年累计减少 586 个。

---

① 转引自中西部地区农村中小学合理布局结构研究课题组：《我国农村中小学布局调整的背景、目的和成效——基于中西部地区 6 省区 38 个县市 177 个乡镇的调查与分析》，《华中师范大学学报》（人文社会科学版）2008 年第 4 期。

长期以来，由于农村中小学是依据行政区划来设置的，因此当行政区划发生变化时，农村学校数量和分布就不可避免地会受到影响。根据以往村村办小学、每乡办1—2所初中的指导思想，随着"撤乡并镇"后乡镇数量的减少，中小学的数量自然也会相应减少。如，内蒙古自治区呼和浩特市武川县2002年实施撤乡并镇之前共有20个乡镇，123个行政村，968个自然村；2006年撤并为8个乡镇，93个行政村。与此相对应，初中学校数量由原来的22所减少为2006年的15所，小学保留了11所，另有87个小学教学点分布在一些自然村和行政村。又如，陕西省利用移民搬迁为突破口，实行"高山移民"和"退耕还林"政策，鼓励贫困村的农民自愿搬迁，有些村插队落户，有些村整体搬迁。在这一过程中，一些村的建制被撤销，搬迁村的学校多被并入其他村学校，或者学校被撤销，学生分散到周边村子的小学里。

农村适龄人口的持续减少和农村人口向城镇的大规模流动使得农村中小学办学规模日渐萎缩，撤乡并镇、并村带来的行政区划改变更直接打破以往农村中小学校点分布格局，农村中小学布局调整成为必然选择。

（五）义务教育均衡发展的客观要求

《教育规划纲要》将义务教育均衡发展提升为义务教育战略性任务的高度，要求建立健全义务教育均衡发展保障机制，均衡配置教师、设备、图书、校舍等各项资源，切实缩小校际差距，加快缩小城乡差距，努力缩小区域差距，到2020年基本实现区域内义务教育均衡发展。然而，由于种种原因，一直以来，我国义务教育城乡间、地区间和学校间的差距十分明显，并且有些差距还在进一步扩大。目前我国义务教育的非均衡发展集中体现在学校办学条件、师资配置和经费投入上的差距。

第一，办学条件的差距。学校"办学条件的好坏决定着学校存在的可能性，制约着学校办学质量的高低"[①]。对每位学生而言，均衡的

---

① 　但武刚：《试论中小学办学质量评价》，《华中师范大学学报》（人文社会科学版）1999年第5期。

学校办学条件，就是给每位在校学生提供一个公平的教育起点。但是，长期以来，我国城乡间、地区间、学校间办学条件的差距巨大。

从城乡义务教育阶段学校办学条件来看，近几年，城乡学校办学条件都在不断改善，这与我国越来越重视义务教育息息相关，但是城乡间差距依然很大。这里用小学人均危房面积、人均图书藏量、人均固定资产总值来说明义务教育阶段学校办学条件的城乡间差距（见表3—6，表3—7）。

表3—6　　　　2004年城市、县镇、农村小学人均教育资源

	人均校舍面积（平方米）	危房面积（平方米）	当年新增（平方米）	人均危房（平方米）	人均图书藏量（册）	人均固定资产总值（万元）	计算机配置（人/台）
城市	5.02	1189986	2654857	0.06	15.17	0.43	17.51
县镇	4.78	3252114	3016304	0.16	13.52	0.31	26.71
农村	4.97	27941152	8244369	0.38	11.64	0.23	55.04

资料来源：根据教育部网站公布教育统计数据计算得出。

表3—7　　　　2009年城市、县镇、农村小学人均教育资源

	人均校舍面积（平方米）	危房面积（平方米）	当年新增（平方米）	人均危房（平方米）	人均图书藏量（册）	人均固定资产总值（万元）	计算机配置（人/台）
城市	5.37	5082995	2793011	0.29	17.20	0.7299	14.30
县镇	5.07	16674245	5510520	0.63	14.52	0.4253	23.95
农村	6.21	73219774	11554231	1.29	13.81	0.3304	37.60

资料来源：根据教育部网站公布教育统计数据计算得出。

以义务教育阶段学校危房为例。学校危房的存在给学生上学带来安全隐患，在我国，不少中小学生至今还在危房中学习。我国小学危房主要呈现出以下特征：第一，危房大量存在。根据2009年的统计，新增危房面积不断增加，2009年全国学校危房总面积是2004年的9.498倍。第二，危房主要存在于农村，新增危房一半在农村。近几年农村学

校危房的比例略有下降。农村学校危房占全国危房总数从 2004 年的占 86%，下降到 2009 年的 77.09%。但值得注意的是，在全国的新增危房中，农村新增学校危房占了一半。2004 年农村新增危房占全国新增危房的比例为 59.2%，2009 年为 58.18%。也就是说，农村孩子上学的安全隐患增大。第三，人均危房面积差距仍很大。2009 年农村学校人均危房面积是 1.297 平方米，比 2004 年的 0.38 平方米增加了近 3.4 倍。农村和城市学校的人均危房面积比值由 2004 年 3.82 倍扩大到 2009 年的 4.45 倍。可以看出，同样坐在教室里读书，农村孩子的人身安全隐患较大。

随着社会经济的快速发展、科学技术的不断创新，学校教学设备和仪器更新对学校教育质量提高和激发适龄儿童、少年发展潜力有很大帮助。但目前我国农村学校在教学设备、仪器的拥有量和更新上都不能满足时代飞速发展的需要。据统计，按城市、县镇和农村分类，近年来农村小学人均图书藏量绝对值上略有增加，但 2009 年的统计数据表明，人均图书藏量城市与农村比值仍有 1.245 倍的差距。按城市、县镇和农村分类，近年来小学人均固定资产总值差距均有所增加，2009 年小学人均固定资产总值城市是农村的 2.21 倍，而 2004 年为 1.87 倍。按城市、县镇和农村分类，2004 年农村小学每 55 个人拥有一台计算机，2009 年 38 人就能有一台计算机，与城市差距进一步缩小，城市与农村的比值从 2004 年的 3.14 倍减少到 2009 年的 2.63 倍。

我国义务教育阶段学校办学条件的差距，不仅通过城乡学校状况可以看出，同一地区不同学校间办学条件差距也很大。我们课题组在山西省隰县调查发现，隰县县城学校的教学楼、图书馆、计算机房和体育设施、设备等，所有的指标基本上都能符合该地区或国家相关规定，而在当地农村，许多学校的学生连计算机都没有摸过，图书室、电教室、实验室、卫生室就更不能与县城学校相比。在我们实地调查中，当问到"你所在地区义务教育存在的主要问题是什么？"时，85.2% 的受访者认为是县城学校和农村学校办学条件差距显著。调查发现，就硬件设施而言，2008 年隰县仪器设备值县城小学是农村小学的 6.25 倍，县城初中是农村初中的 7.23 倍。2009 年的资料显示，隰县农村学校仅有 8% 的学校配有多媒体教室，而且仅有一间教室；而县城学校多媒体教室的拥有率则是 100%，且每所小学的多媒体教室至少在 3 间以上。不难看出，农村学校要达到县城学校现在的办学条件还需要大量的资金投入。

第二，师资配置上的差距。义务教育均衡发展的关键是学校间的均衡，学校间均衡发展的关键在于教师资源的合理配置。但长期以来我国义务教育阶段学校教师资源配置严重不均衡，学校间师资水平差距不断拉大，主要表现在以下几个方面：

一是从年龄结构上看，农村中小学教师严重老龄化。50 岁以上的老教师居多，30 岁以下的年轻教师很少，一些农村偏远学校教师的平均年龄达到 50 岁以上。例如，地处城区的湖北省施州民族小学尽管属于新成立的一所小学，但因为隶属于市教育局，政府投入力度很大，办学条件非常优越，学校成立之初通过公开招考的方式从下面乡镇和农村小学教师中抽调了大量青年骨干教师，教师平均年龄仅 32 岁；与此形成巨大反差的是位于龙凤镇某个教学点，据龙凤镇中心学校方校长介绍，那里最年轻的教师已经 58 岁了。由于生存环境和生存压力等多方面的原因，农村年龄偏大的教师大都出现了职业倦怠和健康状况不佳的情况，很难接受新的教学理念和新的教育技术。

二是从学历结构和职称结构来看，农村学校教师与城市和县镇学校教师的差距也很明显，教师专业不对口问题农村比城市更严重。据调查，2006 年，农村初中教师初始学历合格率仅为 58.8%，2007 年农村小学大专及以上、初中本科及以上学历的教师分别为 63.4% 和 41.4%，分别比城市低 22 个和 30 个百分点，初中中高级职称教师所占比例城市比农村高 19.2 个百分点。[1] 另根据国家教育督导团的抽样调查表明，初始学历不合格的初中教师，取得合格学历的专业与所教课程对口率为 58.2%，农村低于城市。[2]

从职称结构来看，农村中小学教师中高级职称的人数明显低于城市和县镇，校际差距也很大。如江西省分宜县很多农村学校中级以上职称的教师数量很少，大部分教师只有初级职称，还有一部分不够评职称条

① 《国家教育督导报告 2008（摘要）——关注义务教育教师》（http：//gov.cn/zwgk/2008-12/16/content_ 1178668. htm）。

② 同上。

件。很多评上了中级以上职称的教师都纷纷调往县城或乡镇中心学校，农村中小学几乎没有高级职称的教师。对山西省隰县的调查发现，2010年隰县乡村小学高级及以上的教师比例为28%，县城为44%；乡村初中中学一级以上教师比例为36%，县城为41%。

三是从学科结构来看，农村学校教师学科结构性短缺。在中西部地区农村学校，国家规定的英语、音乐、体育、美术和信息技术等学科教师严重不足，有些农村小规模学校根本无法开设上述课程，有些学校即使开设上述课程，也多由其他学科教师兼任。据统计，2006年全国有508个县每县平均5所小学不足一名外语教师；西部山区平均10所农村小学才有一名音乐教师；中西部贫困地区、少数民族地区农村初中音乐、美术、信息技术三门学科教师平均每校不足一人，甚至部分学校无法正常开设规定课程。① 在我国，义务教育阶段学校教师配置的不均衡是导致我国义务教育发展不平衡的关键原因。

第三，教育经费投入上的差距。教育活动的开展需要经费的支撑。教育经费投入对学校教育的影响虽然不是绝对的，但其影响是明显和巨大的。学校办学经费多，学校办学条件、教师待遇、学校各种教学活动开展等都会受益。在我国，教育经费投入的差距也反映出义务教育不均衡发展的必然性。无论是城乡间、地区间以及同一地区不同学校间教育经费投入的差距都很明显，这一差距是历史形成的，也有政策造成的。

从全国范围看，义务教育经费城乡间差距大。"2001年，我国城镇小学生均教育经费平均为1484元，农村为798元，城镇是农村的1.86倍。初中生均教育经费城镇平均为1955元，农村为1014元，城镇是农村的1.93倍。"②农村学校的经费情况远达不到全国平均水平。进入21世纪，尽管义务教育经费相对差距在缩小，但绝对差距仍很大。

从全国范围看，义务教育经费地区间差距也很突出。分地区看，东、中、西部教育经费差距明显。以全国2001—2009年小学生均预算内教育事业费和小学生均预算内公用经费东部、中部、西部比值为例，

---

① 《国家教育督导报告2008（摘要）——关注义务教育教师》（http: // gov. cn/zwgk/ 2008 - 12/16/content_ 1178668. htm）。

② 袁振国：《缩小差距——中国教育政策的重大命题》，《北京师范大学学报》（社会科学版）2005年第3期。

可见一斑（见表3—8）。2001 年东部地区小学生均预算内事业费是西部地区的 1.8 倍，之后差距有所扩大，其中，2006 年东西部差距扩大到 2.14 倍，2009 年为 1.9 倍，均比 2001 年大。同样，东中部的差距也很大，2001 年东部地区小学生均预算内事业费是中部地区的 2.4 倍，之后基本保持在 2.1 倍左右。2001 年东部地区小学生均预算内公用经费是西部地区的 4 倍，是中部的 6.5 倍，之后年份这一差距不断下降，到 2009 年小学生均预算内公用经费东部是西部的 1.9 倍，是中部的 2.1 倍。按照经济发展状况，西部地区本来比中部地区更差一点，但由于西部大开发政策对西部地区的各种扶持，所以从数据上看，西部地区的教育经费投入情况反比中部地区要好，与东部地区的差距小于中部地区和东部地区的差距。从教育经费整体情况看，虽然各项投入不断增加，但地区间差距还是不容忽视。

表3—8　　　　　　2001—2009 年小学生均教育经费地区差距　　　　　单位：元

	2001 年生均预算内事业费	2001 年生均预算内公用经费	2004 年生均预算内事业费	2004 年生均预算内公用经费	2006 年生均预算内事业费	2006 年生均预算内公用经费	2007 年生均预算内事业费	2007 年生均预算内公用经费	2008 年生均预算内事业费	2008 年生均预算内公用经费	2009 年生均预算内事业费	2009 年生均预算内公用经费
东部地区平均	1412	200	1598	207	3533	706	4562	1036	5688	1359	6835	1523
中部地区平均	597	31	932	71	1583	224	2161	380	2679	577	3259	775
西部地区平均	776	50	942	90	1647	335	2276	424	2922	704	3648	862

资料来源：《全国教育经费执行情况统计表》（2004—2009）；2001 年数据来源于袁振国：《缩小差距——中国教育政策的重大命题》，《北京师范大学学报》（社会科学版）2005 年第 3 期。

同样，省际教育经费差距也很明显。例如，2004 年小学生均预算内事业费最高的是上海市，最低的是河南省，两者的差距是 10 倍。2009 年小学生均预算内事业费最高的上海市和最低的河南省的差距是

7.6 倍。2004 年小学生预算内公用经费最高的上海市与最低的安徽省的差距是 32 倍，2008 年小学生均预算内公用经费最高的北京市与最低的贵州省的差距是 10.7 倍。虽然我们可以认为教育经费差距正在缩小，但绝对差距仍非常大。省内县际的教育经费差距大于省际教育差距。"生均预算内公用经费县际差距很大。有 2/3 的省县际差距在 10 倍以上，初中尤为严重。相当多的学校生均预算内公用经费严重不足，'保运转'问题依然突出。"[①] "2004 年全国尚有 113 个县（市、区）的小学、142 个县（市、区）的初中生均预算内公用经费为零，其中 85%以上集中在中西部地区。"[②]

综上所述，各地义务教育阶段学校在办学条件、师资配置和经费投入等方面差距较大，尤其是农村地区，义务教育发展水平落后，难以满足广大人民群众及其子女对教育，尤其是高质量教育的需求。各级政府都试图通过农村学校布局调整，优化教育资源配置，改善农村学校办学条件和办学效益，促进义务教育均衡发展。

二　农村中小学布局调整的目的

在科学发展观的指引下，各地政府在构建和谐社会和社会主义新农村的过程中，开始注意到在城乡间、地区间、学校间、群体间义务教育发展的巨大差距，为此，积极推进义务教育均衡发展成为党和国家确立的我国在新的历史时期教育发展的战略重点。但长期以来，我国农村业已形成的过于分散的学校布局特点使政府无法均衡地进行资源投入和师资调配，因此，20 世纪 90 年代以来，在城镇化快速发展，农村适龄人口逐渐减少，税费改革后县级财政支出压力增大等大背景下，各地政府纷纷采取重新规划和调整农村中小学布局的措施，合理配置义务教育资源，提升教育资源利用效率和学校办学质量，促进区域内义务教育均衡发展。

---

① 国家教育督导团：《国家教育督导团报告 2005——义务教育均衡发展：公共教育资源配置状况》，《教育发展研究》2006 年第 9 期。
② 同上。

（一）各级政府出台农村中小学布局调整文件证实学校布局调整目的是促进义务教育均衡发展

各级政府出台的农村中小学布局调整政策文本和颁布的相关文件显示，促进义务教育均衡发展是各级政府进行农村中小学布局调整的直接目的。

义务教育均衡发展作为全面建设小康社会和构建和谐社会的一项重要内容，是落实科学发展观、实现教育公平的必然要求。教育部连续几年都把义务教育均衡发展列入教育部的工作要点，出台了一系列相关的文件，要求实施农村中小学布局调整，改造薄弱学校，力图从政策上、制度上全方位地推动这项工作。

例如，2001 年，国务院召开全国基础教育工作会议，将农村中小学布局调整列入农村义务教育发展的重点工作。同年《国务院关于基础教育改革与发展的决定》明确提出："按照小学就近入学、初中相对集中、优化教育资源配置的原则，合理规划和调整学校布局。农村小学和教学点要方便学生就近入学的前提下适当合并。"

2002 年 5 月 30 日至 31 日，教育部、国家高级行政学院联合举办了主题为"促进基础教育均衡发展"的第三届全国基础教育论坛，会议就基础教育均衡发展的内涵、促进基础教育均衡发展的策略、促进基础教育均衡发展的政策措施三方面进行交流和探讨。时任教育部副部长王湛在开幕式上作了题为《深入贯彻〈国务院关于基础教育改革与发展的决定〉，努力促进基础教育均衡发展》的报告。农村中小学布局调整作为促进基础教育均衡发展的重要措施被纳入议事日程。

2005 年，教育部印发《关于进一步推进义务教育均衡发展的若干意见》，要求各地把推进义务教育均衡发展作为一项重要任务，研究制定本地区推进义务教育均衡发展的目标任务、实施步骤和政策措施。在这个文件中，进行农村中小学布局调整以促进义务教育均衡发展被明确提出来。"把义务教育工作重心进一步落实到办好每一所学校和关注每一个孩子健康成长上来，有效遏制城乡之间、地区之间和学校之间教育差距扩大的势头，积极改善农村学校和城镇薄弱学校的办学条件，逐步实现义务教育均衡发展。采取积极措施，逐步缩小学校办学条件的差距。""要适应各地加快推进城镇化建设、调整乡村建制和人口变动等新的形势，合理配置好公共教育资源，在新建、扩建和改建学校时，适当调整和撤销一批生源不足、办学条件差、教育质量低的薄弱学校，并解决好人口集中的乡镇、县城及周边学校的大班额问题。"①

2010 年 7 月颁布的《国家中长期教育改革和发展规划纲要》(2010—2020 年) 明确指出：教育公平的关键是机会公平，基本要求是保障公民依法享有受教育的权利，重点是促进义务教育均衡发展和扶持困难群体，根本措施是合理配置教育资源，向农村地区、边远贫困地区和民族地区倾斜，加快缩小教育差距。为此，对农村中小学布局进行适当调整，实现教育资源的合理配置，特别是推进农村义务教育的均衡发展，是今后一段时间内农村教育发展工作的重点。

在此基础上，各省市县地方政府积极贯彻中央政府的文件精神，结合本地实际情况，制定本地区的学校布局调整方案，将学校布局调整与推进义务教育均衡发展紧密结合起来。

例如，河南省教育厅在《关于进一步推进义务教育均衡发展的若干意见》(2005 年) 中就明确地将"进一步调整农村中小学布局，缩小学校办学条件差距、实现教育均衡发展"作为本省推进教育均衡发展的主要目标，要求各地政府"按照小学就近入学，初中相对集中、优化教育资源配置的原则，进一步调整农村中小学布局，合理配置好公共教育资源"。

湖北省石首市教育局在《石首市"十一五"学校布局调整规划方案》中将本地布局调整的原则确定为："立足长远，统筹规划，集中办学，合理配置，分步实施，规范管理，促进中小学校均衡发展。"

陕西省蓝田县《义务教育中小学布局调整方案》中指出："我县义务教育中小学布局调整工作，以邓小平理论、'三个代表'重要思想和构建和谐社会为指导，以办好人民满意的教育为宗旨，以建设社会主义新农村为目标，全面落实科学发展观，充分抓住农村义务教育经费保障机制改革这一契机，实事求是、因地制宜、积极创建寄宿制学校、合理科学地设立校点，在人口相对集中的川塬地区校点适量合并，提高规模办学效益。同时正确处理好需求与可能、数量与质量、当前与长远的关

---

① 教育部：《关于进一步推进义务教育均衡发展的若干意见》(教基〔2005〕9 号)。

系，使我县义务教育的办学规模、办学效益和教育教学质量得到全面提高，促进农村义务教育均衡发展。"

内蒙古自治区《达拉特旗2008—2012年学校布局调整暨建设规划》提出："根据我旗实际状况，稳步推进学校布局调整，小学在方便学生就近入学的前提下，逐步合并到苏木镇相对集中的地区，每个苏木镇办好一所小学，确保农村小学教育教学质量；初中、普通高中实行集中办学，全部集中到树林召地区，以利于教育资源的配置，促进中学教育均衡发展。"

《中共恩施州市委州市人民政府关于进一步推进义务教育均衡发展的决定》（2011年第11号）第三条特别提出："按照国家规定标准制定学校设置规划"，"加速推进义务教育办学条件均衡，科学规划义务教育学校布局"。可以看出，该市进行农村中小学布局调整的主要目的在于促进义务教育均衡发展。

江西省铜鼓县农村中小学布局调整文件指出："为了进一步优化义务教育资源配置，促进城乡义务教育相对均衡发展，根据省教育厅工作会议精神，既要考虑中小学布局的必要性，又要考虑山区教育的现实性；既要追求教育的规模和质量，又要考虑山区孩子读书的困难；既要考虑眼前的现状，又要着眼于今后的发展，小学以寄宿制为办学方式，用3年的时间将全县中小学调整为101所，其中小学减少至87所，完小由现在的43所减少到21所，使我县中小学逐步达到结构合理、布局恰当，突出山区特色，提高教育教学质量。"

山西省临汾市隰县教委发布的2009年第8号文件中提出："逐步减少农村学校，适度增加城镇学校，扩大城镇学校规制，进一步整合优化和盘活教育资源，促进城乡各级各类教育均衡发展。"

透过以上各级政府出台的学校布局调整政策文本和颁布的相关文件可以看出，农村中小学布局调整的直接目的是促进义务教育均衡发展。

（二）各地农村中小学布局调整的实际做法也证明促进教育的均衡发展是各级政府进行学校布局调整的直接目的

为积极响应中央政府提出的促进义务教育均衡发展的要求，结合各地经济社会发展和教育发展的实际，各级政府动脑筋想办法，力图通过农村中小学布局调整实践优化配置区域内教育资源，促进义务教育均衡发展。

例如，在江西省铜鼓县，由于山区特殊的自然条件，农村学校校点分散、规模小；办学成本高，财政不堪重负；师资力量分散，教学质量差，教学效率低。这些问题的出现使得城乡间学校办学条件差距越来越大，严重阻碍了义务教育均衡发展。1998 年以前，铜鼓县共有中小学181 所，其中初中 14 所，小学 167 所。11 所农村初中平均在校学生数470 人，西向中学和幽居中学仅 100 多人；165 所农村小学和教学点平均在校学生数 62 人，其中学生不足 50 人的学校 98 所，"一师一校"的教学点达 53 个；港口乡人口仅 4000 人，682 名学生分布在 21 所小学，1 所初中，校均在校学生数仅 31 人。自 2001 年以来，江西省铜鼓县教委秉承"均衡发展义务教育，努力促进教育公平；大力实施素质教育，全面提高教学质量；创新教育督导评估体系，形成鲜明的办学特色"的办学理念，从山区教育的现实出发，兼顾学校规模与质量，适时进行农村中小学布局调整；以寄宿制学校建设为契机，采取一系列措施，力促城乡之间、校际之间在办学条件、师资、生源和经费保障方面均衡发展，取得了显著成效。2001—2003 年，小学由 113 所减少到 86 所，完全小学由 43 所减少到 21 所；2004—2007 年，小学由 86 所调整为 65所，初中由原来的 12 所撤并为 8 所，义务教育阶段学校总数调整为 73所；2008 年进一步撤并村小、教学点 11 所，完小 6 所，学校总数变为56 所。经过 10 多年的努力，截至 2011 年，全县中小学共计 52 所，其中初中 5 所，九年一贯制学校 3 所，小学 44 所。未来 5 年内，铜鼓县还将继续加大学校布局调整力度，计划兴建"教育园区"，在县城再建一所铜鼓三中，将城郊的三都中学和温泉中学并入其中，东河片和西河片各保留一所初中，届时，将有 80% 左右的农村初中生进城学习。学校撤并以后，小学校均在校学生数达到了 227 人；初中学校在生源不断减少的情况下，校均在校学生数仍然保持在 488 人。2004 年，全县小学共有学生 8751 人，专任教师 669 人，到 2011 年，学生数上升到 9970人，而专任教师总数却减少到 584 人，按教师人均年工资 2 万元计算，每年就节约资金 170 万元，这样就大大减轻了财政压力，节约的资金可以投入到改善办学条件和提高教师待遇上。经过农村中小学布局调整，各乡镇精简了部分不合格教学人员，重组了中小学教师队伍，使各门学科基本上有专门人员上课；同时，提高了教师队伍整体素质。这样，通过农村中小学布局调整，该县义务教育资源配置相对均衡，义务教育质量也得到显著提高。

在山西省隰县，针对城镇化进程中出现县城学生增多、农村学生减少的现实情况，县委县政府根据以人为本的原则，充分考虑到该县的教育发展与人口变动情况以及群众的承受能力，按照实事求是、方便就学、统筹兼顾、稳步推进的原则，在逐步减少农村学校数量，适度增加城镇学校的基础上，提出了"县办中学、乡办小学"的学校布局调整思路。2009 年到 2011 年三年间，该县撤并农村 7 人以下教学点、复式教学点及其他类型初中共计 47 所，到 2011 年，全县中小学由 2009 年的 130 所整合为 70 所。农村学校的办学条件和办学规模得到较大改善，初步形成了小学分布在乡镇、初中分布在县城的格局。经过三年不懈的努力，该县义务教育阶段的入学率、毕业率、巩固率大幅提升，小学阶段入学率实现了 100%，初中阶段毛入学率达 98% 以上。全县中考成绩稳中有升。据该县教育局的统计报告显示，2009 年该县先后投资 590 万元，对农村 13 所中小学校舍进行了全面改造，集中资金 3000 余万元，推进午城、下李等乡高标准农村寄宿制学校和县重点城南中学的改建力度，强化了教育资源的合理配置。为了全面促进县域内义务教育的均衡发展，2010 年隰县还启动了城镇学校建设工程，投资 2171 万元新建城北中学；投资 542 万元新建城北小学；投资 624 万元扩建二中、三中等 5 所学校。不仅如此，该县还通过合理配置教师资源，加强了中小学教师队伍建设，隰县义务教育阶段学校的教育教学水平逐步走上了一个新台阶。

在江苏省苏北农村地区一些学校，几个人合用一张破课桌，教室只有一盏白炽灯，整个学校没有一张完整的讲台的现象很常见。为了合理配置义务教育资源，改善农村中小学办学条件，促进城乡间义务教育均衡发展，江苏省教育厅进行了农村中小学布局调整和"三新一亮"工程。从 2003 年起该省农村中小学布局发生了重大变化，两年内江苏省小学调减到 9000 所以内，初中调减到 2200 所以内。省教育厅拿出 1 亿元用于推进农村中小学布局调整工作，对于苏北及苏中少数困难县，按照2000年年底学校基数计算，撤并1所小学补3万元，撤并1所初中补6万元。同时，对学校布局调整后的学校办学条件给予专项资金进行改造。该省通过农村中小学布局调整和"三新一亮"工程，使教育资源得到了优化配置，农村学校办学条件也相应得到改善。

云南省石林县西街口镇为了充分利用初中优质教学资源和相对宽敞的校舍条件，使全镇适龄儿童平等地享受优质教育资源、提前熟悉初中环境，在学校布局调整中将本镇所有小学六年级学生集中到本地唯一的1所初中——西街口中学，由该校统一负责本镇全部初中生和小学六年级学生的教学和管理。该方案实施后，学生家长都广为称赞，因为全镇只有1所中学，这样便于集中师资和教学资源。学校布局调整后，该校教育质量稳步提高，在2003年、2004年石林县教育目标考核中，该校都获得了一等奖，学校的社会信誉也日渐提升。西街口镇政府还打算在此基础上将镇中心小学与西街口中学合并，最终建成1所标准化的九年一贯制学校，以便在更大范围内缩小校际差距，实现教育的均衡发展。

总之，无论是各级政府颁布的农村中小学布局调整文件，还是各地农村中小学布局调整的实践，都证明促进义务教育均衡发展是各级政府尤其是地方政府进行农村中小学布局调整的直接目的。

第四章 农村中小学布局调整的主要成效：促进了区域内义务教育均衡发展

  长期以来，我国义务教育一直处于非均衡发展状态，造成这种状况的原因是多方面的，其中，农村中小学数量多、规模小、布局分散是一个重要的原因。在"普九"期间，为了方便适龄儿童、少年入学，保证每个孩子都有学上，许多农村地区都实行了"村办小学，乡办初中"的办学策略。应该说，这样一种学校布局，对于满足当时适龄儿童、少年上学的需要、方便中小学生就近入学、提高适龄儿童、少年的入学率，起了极为重要的作用。但随着时间的推移，这样一种学校布局已无法适应经济社会的发展和新时期人民群众对教育的需求，区域内有限的教育资源无法得到合理利用，农村学校普遍办学条件差、教育质量低下，严重影响了农村义务教育的长效发展。

  根据我国农村义务教育的实际情况，20世纪90年代中后期，各地开始实施农村中小学布局调整，试图通过学校布局调整，合理配置教育资源，适当集中办学，调整和撤销一批生源不足、办学条件差和教育质量低的学校，实现区域（县、市、区）内或更大范围内义务教育的均衡发展。经过十多年的实践，人们最关注的是我国农村中小学布局调整是否促进了义务教育的均衡发展。本章利用现有文献以及多次大规模实地调查所收集到的资料对此进行总体性评价。

一 判断和评价区域内义务教育均衡发展的主要标准

  要判断和评价农村中小学布局调整是否促进了区域内义务教育的均

衡发展，必须了解判断和评价区域内义务教育均衡发展通常有哪些主要标准。从一定意义上讲，如果农村中小学布局调整使区域内义务教育的发展达到了这些主要标准，那就证明学校布局调整促进了区域内义务教育的均衡发展。

义务教育的均衡发展是一个由不均衡到均衡再到新的不均衡的不断螺旋上升的过程，这种均衡是相对的，不是绝对的。它将是一个长期的、动态的、辩证的历史过程，其评判标准也只能是相对的、历史的。我们认为，判断和评价当前农村中小学布局调整是否促进义务教育均衡发展的标准主要有：

（一）教育资源的合理配置

教育资源是经济学概念在教育领域的科学运用，它指的是教育活动中一切可以动用起来为教育目的服务的积极因素，通常指为保证教育活动正常进行所使用的人力、财力、物力的总和。狭义地说，在学校教育中，教育资源主要是指学校固定资产，如校舍、教学楼、图书馆、实验室等；还指学校人力资本，如教师、教辅人员、行政人员等，另外还包括教育经费的投入。任何教育过程都是教育资源的消耗过程，而任何资源的利用与消耗，都有一个有效性和产生效果大小的问题，都有一个节约和浪费的问题。教育资源利用效率就是教育成果与教育资源消耗之比。[1]如果取得同样的教育成果，教育资源消耗得越少，教育资源的利用效率就越高；消耗同样的教育资源，教育质量越高，教育成果就越大。

在经济学中，资源配置是指以什么方式将社会资源分配到国民经济各个组成部分中去，以保证经济正常运行和社会资源得到最有效的配置和使用，从而满足人们各种不同的需要。教育资源配置是指教育资源在教育系统内部各组成部分或在不同系统之间的分配。教育资源配置包括社会总资源对教育的分配、教育资源在城乡之间的分配、教育资源在教育内部各级各类教育之间的分配、教育资源在教育内部各级各类学校之间的分配。教育资源的合理配置最基本的要求是在教育机构和教育群体

---

① 张焕庭主编：《教育辞典》，江苏教育出版社 1989 年版，第 801 页。

之间，平等地分配教育资源，从而达到教育需求与教育供给的相对均衡，并最终落实在人们对教育资源的分配和使用上。①

面对有限的教育资源，教育资源整合是提高教育资源利用效率的有效途径。"整合"一词最早是由英国哲学家赫伯特·斯宾塞 1862 年在《第一原理》中提出来的，他认为：从哲学的意义上说，整合是指由系统整体性及系统核心的统摄凝聚作用而导致的使若干相关部分或因素合成一个新的统一整体的建构、序化过程。1969 年劳仁斯和罗斯在《组织与环境》中，从组织行为角度对整合加以阐述，认为整合是一个组织内不同部门之间用来协调其活动所采取的行为和所使用的结构。1977年卡尔布雷斯在《组织设计》中提出了整合组织的层次模型。"整合"的含义是既强调事物间的动态作用，又强调事物间结成一个整体的独特性质。整合区域教育资源是指将区域教育资源视为一个系统，通过对系统各要素及系统外要素的加工与重组，使之相互联系、相互渗透，形成合理的结构，实现整体优化，协调发展，发挥整体最大功能，实现整体最大效益。整合优化不仅是使整合结果形成 1 + 1 = 2 的规模效益，而且要通过优化形成 1 + 1 > 2 的效率。教育资源整合是指通过调整、协调、重组现有教育资源实现其配置优化，提高整体效益的一个系统工程。

义务教育均衡发展的核心是合理配置教育资源，教育资源配置不均衡是造成义务教育发展不均衡的直接原因，因此，促进义务教育均衡发展，合理配置教育资源是必由之路。所谓义务教育资源的合理配置，就是对有限的教育资源进行科学合理分配，以有限的投入获取最佳教育质量与效率，保证每位适龄儿童、少年都能公平地接受大致不相上下的教育。只有保证义务教育资源的合理配置，才能保证义务教育的均衡发展。因此，判断和评价农村中小学布局调整是否促进义务教育均衡发展的标准之一，就是义务教育资源是否配置合理。

（二）学校规模效益

在区域内教育资源等教育投入有限的情况下，结合当地实际，扩大

---

① 翟博：《教育均衡发展需要明确哪些理论问题》（http://www.edu.cn），2006 年 8 月 11 日。

学校规模，会降低教育成本，提高教育资源的利用效率，以最小的教育投入获得最大的教育产出，形成规模效益。

学校规模的大小，会影响办学效益和教育质量。学校规模的大小，涉及学校中教师、学生人数，班级的数量和教学设备的配置情况，还涉及教育资源利用效率和教育效益等问题。学校规模常有两种衡量指标：一是学校的投入量，即教育成本的大小；二是学生的多少，即学生的人数。

从教育经济学角度来看，教育成本与学生数量之间存在密切关系。在教育质量和教育资源一定时，学生人数的增加，会降低教育成本，提高教育资源的利用效率。为了使培养出质量相同的学生所花费的教育成本最低，按照规模经济理论，就要扩大学校规模，产生规模效益。但学校规模并不是越大越好。学校规模有个适度的问题。当学校规模小于适度规模时，教育产出的增长率将大于教育投入的增长率，此时产生的边际成本小于平均成本，平均教育成本还可以降低，可以再扩大学校规模，平均教育成本随学校规模的扩大而下降；而当学校规模超过适度规模时，教育产出的增长率将低于教育投入的增长率，甚至有可能出现负增长，平均教育成本将随着学校规模的扩大而上升。从管理的角度看，学校规模的大小也影响学校管理成本和效果。学校规模小，管理层次较少，管理成本也较小，但管理跨度较大，即每个管理者直接指挥的下级数目较多，管理者需要协调的关系过于复杂，很容易使管理者陷入文山会海之中。当学校规模扩大，管理的层次必然增多，不仅容易造成机构臃肿效率低下，而且各个组织层次之间的沟通和协调难度加大，产生更多的管理误差，从而增加成本支出。因此，扩大学校规模要考虑如何以较少的人员、较少的组织层次、较少的时间达到最佳的管理效果。可见，适度扩大学校规模，形成规模效益，能使区域内教育资源得到充分利用，降低生均教育成本，从而进一步改善学校办学条件并提高学校办学质量，促进义务教育向高质量均衡方向发展。

针对我国农村教育实际，尤其是我国中西部地区教育经费缺乏，教育资源尤其是优质教育资源严重不足且分布不均的特点，学校规模效益的产生，必须与学校布局调整相结合。通过学校布局调整，撤并一些教学质量差、生源不足的学校，集中有限的教育资源进行整合、优化，扩大学校办学规模，提高办学效益和教育质量。

总之，学校规模效益是判断和评价农村中小学布局调整是否促进义务教育均衡发展的标准之一。

（三）义务教育阶段学校师资水平

义务教育阶段学校教师是义务教育资源的重要组成部分，是教育过程中最活跃的一部分，对义务教育发展具有重要的意义。学校师资水平的高低直接决定学生受教育质量的高低。

义务教育阶段学校师资水平主要集中反映在以下几个方面：一是年龄结构。义务教育阶段学校教师的年龄结构是反映职业活力和潜力的重要指标。学校教师的年龄结构直接影响到学校教育活动的质量。理想的学校教师年龄结构应是老年教师、中年教师、青年教师各占一定比例，并以中青年教师为主体。教师工作是实践性很强的工作，合格的教师不仅需要具备一定的专业知识和技能，还需要具有丰富的教育实践经验。如果学校教师年龄结构过于年轻化，会影响教师教育经验和技能的交流和传递，不利于对年轻教师进行"传"、"帮"、"带"；而如果教师从业者过于老龄化，则不利于教育理念、方法的吸收和更新，不利于教育的长效发展。因此，合理的教师年龄结构尤为重要。二是性别结构。义务教育阶段学校教师的性别结构是指学校男女教师的数量比。尽管当前还没有任何权威的研究能够表明怎样的男女比例是最佳的学校教师性别结构，但实践证明，男女教师数量的均衡发展更有利于儿童性别意识和行为的形成与发展。三是学历结构。义务教育阶段学校教师的学历结构是义务教育质量保证的关键因素之一。我国《教师法》对各层次教师从业资格的学历要求做出了明确的规定：小学教师不低于中师学历，初中教师不低于专科学历，高中教师不低于本科学历。学校教师学历合格率是反映义务教育阶段学校教师素质的重要因素。小学教师学历合格率，是指具有中师和高中及以上学历的专任教师数占专任教师总数的比重。初中教师学历合格率，是指具有大学专科及以上学历的专任教师数占专任教师总数的比重。学校教师学历合格率高，高学历教师比例大，学校教师整体素质高；教师学历合格率低，符合国家教师学历要求的教师比例低，学校教师整体素质就不合格，无法保证学校教育质量。四是学科结构。义务教育阶段学校教师的学科结构是指学校中从事各类课程教学的教师数量情况。义务教育阶段学校教师学科结构合理能保证学校开齐开足国家规定的义务教育课程，促进学生的全面发展。因此，义务教育阶段学校教师学科结构合理是义务教育均衡发展的重要表现之一。

没有一支数量充足、素质优良和结构合理的教师队伍，就谈不上义务教育的均衡发展。目前我国农村部分学校教师年龄老化，教师学历合格率低，缺少英、音、体、美和信息技术等学科专任教师，学校教学质量难以保证。通过农村中小学布局调整，重新整合区域内教师资源，优化学校教师队伍，减少不合格教师数量，同时增加教师培训和交流学习的机会，提高在职教师教学和专业水平，从而促进学校教育质量的提高，促进义务教育均衡发展。因此，义务教育阶段学校师资水平的提高是促进义务教育均衡发展的关键。

（四）义务教育质量

2000年联合国儿童基金会文件《教育质量定义》中提出了质量的五个因素：学习者、教育环境、教育内容、教育过程与教育结果，这五个要素的基础是"未成年人享有的生存权、发展权、受保护权、参与权等权利"[①]。2000年联合国教科文组织在塞内加尔召开的世界教育论坛通过的《达喀尔行动纲领》明确提出"质量是核心所在"，要"全面提高教育质量，确保人人都能学好，使所有受教育者都能在读写算和基本生活技能等方面取得公认的、可衡量的结果"。联合国教科文组织在《2005年全民教育全球监测报告》中对"质量"所下的定义是，"界定教育质量的尝试大都坚持两项原则：第一项原则是要将学习者的认知技能发展认定为一切教育系统的主要明确目的。因此，特定教育系统能否成功做到这一点，便成为衡量其教育质量的一项指标。第二项原则是强调教育在促进负责公民具有的价值观和处世态度以及在培养创造能力和情感发展方面发挥的作用"。尽管"评估实现这些目标的情况难度较大，且不易在国家之间作比较"，但是，"负责公民应具有的价值观和

---

① 《中华人民共和国未成年人保护法》第三条。

处世态度以及在培养创造能力和情感方面所发挥的作用"① 成为教育质量的基本指标。可见，国际社会义务教育质量观的含义较广，不仅包括评价学生知识掌握的多少，还扩展到认知发展、情感发展、学习态度、公民意识等方面的综合素养。

在我国，根据《教育大辞典》的定义，"教育质量是对教育水平高低和效果优劣的评价"，"最终体现在培养对象的质量上"，"衡量标准是教育目的和各级各类学校的培养目标。前者是规定受培养者的一般质量要求，亦是教育的根本质量要求，后者规定受教育者的具体质量要求，衡量人才是否合格的质量规格。"② 2002 年教育部颁布的学校质量标准，主要包括基础性发展目标和学科学习目标。前者反映学生在德智体等方面的发展水平，后者是各学科课程标准中学生应该达到的目标。就义务教育阶段学生而言，教育质量主要体现在学生发展水平上。学生发展水平是指学生在接受教育的过程中"随时间的推进在人身上发生的变化"，包括知识、技能上的发展，还包括身体、个性、爱好、兴趣、特长及能力素质的发展，即认知、情感、行为各方面的身心素质的和谐发展。提高义务教育质量，就是希望学生在认知水平、情感水平、行为水平各方面都获得符合其年龄特征、社会角色特征、个性特征以及民族时代特征等方面的发展。

义务教育质量标准的确定是多种多样的，其核心内容主要包括以下几个方面：一是教育输入的质量指标，主要包括学校的办学理念、学校的发展与规划、学校的办学目标与办学特色、学校文化、师资队伍和学生来源等；二是教育过程的质量指标，主要包括课程计划的执行情况（是否按照课程计划开足所有课程）、课程标准实施情况（是否按照课程标准的要求实施教学）、校本课程的开发和教育资源的建设（是否开设反映本校特色的校本课程，是否开发课程资源）、教学常规运行（是否建立常规的教学制度、备课、上课、课程辅导作业与作业批改情况）、教师教学投入与教学方法、学生学习动机与学习方法、教学改革

---

① 联合国教科文组织：《2005 年全民教育全球监测报告》，中国对外翻译出版公司 2005 年版，第 2 页。

② 顾明远：《教育大辞典》，上海教育出版社 1998 年版，第 78 页。

等；三是教育结果的质量指标，主要包括学业成绩的比较、学生发展状况比较、入学率、合格率、辍学率、毕业率等。①

2010 年颁布的《国家中长期教育改革和发展规划纲要（2010—2020 年)》在"把促进公平作为国家基本教育政策"的同时，提出"把教育质量作为教育改革发展的核心任务"，旨在实现义务教育均衡和质量的统一，即实现有质量的义务教育均衡。同年，教育部颁布的《关于贯彻科学发展观，进一步推进义务教育均衡发展意见》分析了我国义务教育发展的新形势，指出"我国义务教育已经全面普及，进入巩固普及成果、着力提高质量、促进内涵发展的新阶段"。可见，追求有质量的优质均衡，坚持走以促进公平和提高质量为重点的内涵式发展道路，是我国义务教育发展新阶段的战略调整和发展方式的重大转变。因此，将义务教育质量作为衡量义务教育均衡发展的标准，是新时期义务教育均衡发展的重要特征。

二　农村中小学布局调整的主要成效

既然追求义务教育的均衡发展是农村中小学布局调整一直致力的目标，那么，农村中小学布局调整是否促进了义务教育的均衡发展呢？通过对我国中西部地区农村中小学的实地调查，我们认为，依据上述标准，农村中小学布局调整已基本达到这一目的，即促进了区域内义务教育均衡发展，其显著标志是：

（一）促进了教育资源的合理配置

农村中小学布局调整后，区域内教育资源被重新整合，使其得以合理配置和有效利用，促进了各地农村学校办学条件的改善和区域内义务教育的均衡发展。

教育资源的合理配置主要表现在农村中小学办学条件的改善上。以湖北省武汉市新洲区为例。新洲区经济较为发达，该区区委区政府

① 冯建军：《义务教育质量均衡内涵、特征及指标体系的建构》，《教育发展研究》2011年第 18 期。

依据《中华人民共和国义务教育法》和《国务院办公厅关于完善农村义务教育管理体制的通知》的精神，制定了该区农村义务教育发展规划，并从该区实际出发，因地制宜，逐步调整了农村中小学布局，全区小学由 1997 年的 516 所调整为 2010 年的 63 所，初中由 68 所调整为 29 所。该区通过农村中小学布局调整不断优化了教育资源配置，使学校的办学条件不断改善。虽然通过学校布局调整，撤并了不少中小学，但全区中小学校园面积和校舍面积分别保持在 435 万平方米和 130.65 万平方米，仍然保持着增长态势；现代化教学装备能力越来越强，现全区所有学校均达到国家二类实验室标准；计算机室由原来的总共 8 间增至现在的每校接近 2 间；计算机台数由原来的 139 台增至现在的 9680 台；多媒体教室由原来的 2 间增至现在的 113 间；闭路教学系统由 2 套到现在校校都有，并实现校校有宽带接入（见表 4—1）。可见，该区通过农村中小学布局调整，优化了义务教育资源配置，改善了学校的办学条件。

表4—1　　　武汉市新洲区 1997—2010 年全区教育资源整
合配置变化一览表

年度	义务教育学校（所）		校园总面积（万平方米）	校舍总面积（万平方米）	实验室二类达标学校（所）	电化教学装备				
	小学	初中				计算机室（间）	计算机（台）	多媒体教室（间）	闭路教学系统（套）	宽带校园网（所）
1997	516	68	232.47	66.87	18	8	139	2	2	1
1998	165	46	312.49	91.54	79	45	1907	11	5	3
1999	165	46	359.12	102.70	123	57	2351	17	6	23
2000	165	46	401.23	113.67	138	69	2793	21	8	27
2001	165	46	438.51	129.45	145	74	2901	27	9	32
2002	165	46	467.39	134.78	154	87	3296	38	10	47
2003	165	46	485.91	139.78	159	92	3514	45	11	53
2004	143	43	476.00	138.00	161	112	3890	110	34	59
2005	135	42	478.00	141.00	163	114	3911	112	65	64
2006	112	40	460.00	139.00	151	113	4071	121	67	68

续表

| 年度 | 义务教育学校（所） | | 校园总面积（万平方米） | 校舍总面积（万平方米） | 实验室二类达标学校（所） | 电化教学装备 | | | | |
	小学	初中				计算机室（间）	计算机（台）	多媒体教室（间）	闭路教学系统（套）	宽带校园网（所）
2007	109	39	459.50	138.00	148	122	5093	124	66	71
2008	106	38	444.70	138.90	144	125	6987	121	78	87
2009	89	30	430.00	130.70	129	168	9230	126	81	123
2010	63	29	435.00	130.56	92	171	9680	113	92	92

　　在农村中小学布局调整过程中，江西省泰和县针对少数乡镇中小学生源减少的实际情况，兴办了 5 所九年一贯制学校，大部分乡镇把四年级以上的学生集中到中心小学就读，将原来的教学点撤并到村小，近三年来，撤并教学点 47 个，点多面广的布局得到改变。同时，为了满足学校布局调整后农村中小学学生住宿的需要，先后投入 3200 多万元，重点对农村偏远山区 12 所学校的学生宿舍进行新建、改建、扩建，总面积达 7000 多平方米，改善了学生住宿条件，山区学生住上了宽敞舒适的宿舍，真正让家长放心、学生安心。2008 年投入 250 多万元，在农村中小学装备标准化实验室。2009 年投入 270 万元在原有的条件上继续巩固完善实验室建设，确保图书仪器和实验装备达到规定标准。2010 年，该县又投入了 320 万元重点为中心小学装备多媒体教学设备，为农村小学装备电子备课室。同时，实施农村卫星远程教育工程，实现了"班班通"，形成了覆盖全县城乡的信息技术教育网络。该县通过农村中小学布局调整，教育资源得到有效合理利用，农村学校办学条件明显提高。

　　在广西壮族自治区武鸣县，近年来，该县在农村中小学布局调整过程中，政府每年投入 1500 万元以上，结合实施国债项目、危改项目、校园安全工程等校舍维修改造工程，在大力改造初中、中心学校及农村初小、教学点的同时，对农村村小进行重点改造，彻底消除了 D 类危房，全面改造 B、C 类危房。投入 200 多万元，彻底解决了部分村小"无围墙、校门，无厕所，无旗座"的"三无"问题。可见，该县利用农村中小学布局调整的契机，改善了学校的办学条件。

在陕西省南郑县，该县黄官镇魏家桥小学地处山区，在农村中小学布局调整之前学校规模小、教师少，缺少教室、实验室和宿舍，还存在大量危房，许多课程如信息技术、音乐、美术都开设不了。学校布局调整后，该校合并了一所小学和几个教学点，学校规模扩大了一倍多，学校利用上级专项资金建设了微机室、物化实验室、科学课实验室，配置了较为齐全的音乐美术教学设备，还改造了几间旧平房作学生宿舍。教师由8、9人增加到20多人，每位教师承担的课程减少了，教学质量得到提高。由于学校条件改善了，许多距离较远的教学点的学生家长自愿把孩子转到这里上学。

同样，我们课题组的调查还发现，部分地区针对农村中小学布局调整后学生上学路程远的问题，大力兴建寄宿制学校，为农村孩子享受优质教育资源提供了有利的条件。

例如，江西省铜鼓县县政府根据其山区特点，将农村中小学布局调整和中小学危房改造、薄弱学校建设有机结合起来，创办新型的山区寄宿制学校，探索出一条降低山区教育成本、提高"普九"水平和办学效益的新路子。全县有33所学校实行寄宿制，占学校总数的63%，其中，初中全部实行寄宿制，小学阶段村小以上实行寄宿制，占小学总数的53%。寄宿制学校建设成为缩小城乡差距的突破口。由于实行寄宿制，人、财、物相对集中，学校除了有充足的资金购置业余活动设施外，还配备了专职的音、体、美教师。可见，该县举办寄宿制学校使农村义务教育资源得到较为合理的配置。

在农村学校布局调整过程中，江西省分宜县将全部农村初中生安排到县城设备先进、教师一流的分宜六中寄宿就读，使他们同城里的孩子一样享受到优质的教育资源。在学校里每间教室均安装了多媒体设备，可以进行现代化教学；学校每间学生寝室都装有热水器，学生足不出户就可以享受到热水淋浴；学校在每个学习和生活区域都装有高科技监控设备，可以全天候、无缝隙式地监控校园安全。除此以外，还有标准化实验室、功能齐全的球场和比赛场馆，可以充分满足学生课外娱乐活动。这样的学校条件是学校布局调整之前这些农村孩子想都想不到的。通过农村中小学布局调整，该县优化了义务教育资源配置，极大地改善了学校的办学条件。

无论是在中部人口稠密地区，还是在西部偏远地区的调查都证明，农村中小学布局调整促进了教育资源的合理配置。我们课题组对 10812 名教育行政人员及学校教职员工对当地农村中小学布局调整看法的分析结果也表明，大多数受访者都认为，农村中小学布局调整促进了教育资源的合理配置，其中，县乡两级教育行政部门负责人中持这一观点的占 95.5%，而在所有接受调查的县教育局局长（副局长）中，这一比例高达 100%。尽管对学校校长、中层管理人员、教师及其他人员（教辅和工勤人员）的调查中，对这一问题的看法，其比例呈递减趋势，但仍分别有 78.7%、77.6%、69.8%、66.9% 的人认为，农村中小学布局调整促进了教育资源的合理配置（见表 4—2）。

表 4—2　　教育行政人员及学校教职员工对当地农村中小学布局调整的看法

人员类别	有效问卷	提高了学校规模效益	实现了教育资源的合理配置	提高了教育质量	减轻了教师的负担	有助于教育的均衡发展	其他
行政人员	178	70.8%	95.5%	78.7%	37.1%	70.8%	3.2%
学校校长	893	57.6%	78.7%	64.7%	28.8%	56.1%	2.7%
中层干部	736	56.0%	77.6%	52.4%	21.6%	53.7%	3.5%
教师	8884	50.3%	69.8%	47.6%	19.1%	50.1%	3.2%
其他	121	49.6%	66.9%	52.1%	19.8%	48.8%	5.0%

注：县（市）、乡（镇）教育行政部门负责人卷缺失值为3，学校卷缺失值为829。

总之，从 2001 年至今，各地通过学校布局调整，不同程度地促进了教育资源的合理配置，农村学校办学条件得到较大改善。

（二）提高了农村学校的规模效益

农村中小学布局调整不仅促进了教育资源的合理配置，而且有利于农村学校形成适度规模，产生规模效益。

以减少学校数量、扩大学校规模为主要调整方式和特点，学校布局调整后，区域内农村学校数量大量减少，学校规模普遍扩大，校均人数和班均人数大幅上涨，教育资源利用效率得以提高，产生了一定的规模效益。如，河南省许昌市是从 2000 年年底开始由市政府部署农村中小学布局调整工作的。学校布局调整后农村学校数量明显减少。截至 2002 年 8 月底，全市农村小学调整到 1555 所，比 2000 年的 2028 所减少了 473 所，今后还将继续调整到 1301 所。农村初中由 2000 年的 253 所减少到 214 所，减少 39 所。部分学校合并和撤销后，农村学校整体规模进一步扩大。截至 2003 年，小学平均班额达到 43 人，比 2000 年的 35 人增加了 8 人。平均班额低于 20 人的小学基本不复存在了。我们在实地访谈中了解到，实施学校布局调整后，禹州市无梁镇上时小学学生总数由原来只有 74 人增加到 2006 年的 169 人，原每班学生人数为 13—15 人，到现在的 30—34 人，学校规模比较合理。

陕西省彬县中小学由学校布局调整前的 365 所减少到 201 所（含教学点）。石泉县 2000 年有 280 所中小学，"十五"期间撤并了近百所，现有中小学共 184 所。汉阴县实行了统一规划，中小学由原来的 305 所合并为 187 所。勉县于 2001 年开始学校布局调整，学校数量由原来的 396 所调整到 234 所。南郑县中小学由 2000 年的 501 所调整为 335 所。由于陕西省各县在学校布局调整中减少了学校数量，使得当地农村中小学学校规模接近或达到了基本合理的水平。根据我们对该省调查问卷统计分析显示，6 个县的小学在校学生数为 360 人，初中为 1100 人，九年一贯制学校为 1100 人，高中为 1400 人，均较学校布局调整之前有了显著提高。

在人口稠密地区，合并邻近学校可以提高规模效益，而在西部人烟稀少的地方，由于长期以来实行"村办小学，镇办初中"的办学模式，形成了大批的"麻雀校"，更需要重新进行教育资源的整合。如云南省石林县坚持"对内收缩，对外开放，整合资源，提高质量，增强效益"的中小学布局调整方针，采取"集"（初中生尽可能地集中到县城就读）、"靠"（小学高年级学生靠到乡镇中学就读，四、五年级靠到乡镇中心完小就读）、"收"（尽力收缩"一师一校"教学点，大力发展寄宿制学校）等有效措施，全县初中由原来的 10 所撤并为 7 所，小学由原来的 115 所撤并为 90 所、教学点由原来的 36 个撤并为 20 个，基本改变了该县农村中小学"散"（校点分散）、"小"（办学规模小）、

"弱"（基础设施薄弱）、"低"（办学效益低）的不经济、不合理的局面，使全县的教育得到较均衡发展。

广西壮族自治区桂林市龙胜各族自治县因境内有苗、瑶、侗、壮等多个少数民族聚居而得名。该县素有"九山半水半分田"之称，学校规模普遍较小。三门镇中心小学本来是一所服务范围只有 2 个村的小学，2003 年学校合并了附近村的一所学校，服务范围扩大为 5 个村。学校合并以后，中心学校对这两所学校原有的师资和可支配的教育经费进行了合理的安排，从整体上提高了学校的教学质量。合并以后的学校开设了二胡、篮球、书法等免费的特长班。针对合并以后学生住宿条件较差的情况，学校通过努力获得了当地一家企业的资助，修建了一栋学生宿舍楼。宿舍楼每个房间里都有卫生间和热水器。学校还配备了两个生活教师，并建立了由校领导和总务处负责的学生宿舍管理机构。优良的住宿条件，为学生的学习提供了有力的物质保障。

从山西省全省情况来看，自 2001 年开展农村中小学布局调整以来，城乡学校布局渐趋合理，学校规模有所扩大并渐趋适度。从学校数量上看：全省农村小学由 2001 年的 34456 所整合到 2008 年的 18053 所，减少 47.6%；县镇小学由 2001 年的 2193 所整合到 2008 年的 854 所，减少 61%。全省农村初中由 2001 年的 2285 所减少到 2008 年的 1700 所，减少 25.6%；县镇初中由于城镇化扩容，数量有所增加，由 2001 年的 333 所增加到 2008 年的 528 所，增加 58.6%。从学校在校学生数来看，全省农村小学在校学生数由 2001 年的 99.7 人增加到 2008 年的 184.7 人，排除小学五年制转六年制因素，实际增加 54.4%；县镇小学在校学生数由 2001 年的 221.3 人增加到 2008 年的 773.5 人，排除小学五年制转六年制因素，实际增加 191.3%；农村初中在校学生数由 2001 年的 451 人增加到 2008 年的 472 人，增加 4.66%。县镇初中在校学生数由 2001 年的 963.8 人增加到 2008 年的 1160 人，增加 20.4%。全省基本实现了"7 人以下的学校必须撤销"的调整目标。从班级规模上看，全省农村小学班级规模由 2001 年的 23 人增加到 2008 年的 25 人；县镇小学由 2001 年的 36 人增加到 2008 年的 49 人；农村初中由 2001 年的 52 人减少到 2008 年的 50 人，县镇初中维持 2001 年的 58 人不变。

从全国的整体情况看，以普通小学为例，2001 年农村中小学布局调整以来，农村普通小学学校数逐渐减少，与 2000 年相比，2010 年农村普通小学剧减 52.1%。在农村普通小学数量不断减少的同时，农村学校校均规模和班级规模却在逐渐扩大，2000 年农村小学校均规模为193.14 人，2010 年扩大到 253.69 人，增幅达 31.4%（见表 4—3）。

表 4—3　　　　2000—2010 年农村普通小学学校数和学校规模变化

时间 （年）	农村普通小学学校数 （所）	农村普通小学在校学生数 （万人）	农村普通小学学校规模 （人）
2010	210894	5350.2198	253.69
2009	234157	5655.5439	241.53
2008	253041	5924.8829	234.15
2007	271584	6250.7310	230.16
2006	295052	6676.1432	226.27
2005	316791	6947.8276	219.32
2004	337318	7378.5984	218.74
2003	360366	7689.1519	213.37
2002	384004	8141.6791	212.02
2001	416198	8604.8027	206.75
2000	440284	8503.7137	193.14

资料来源：中华人民共和国国家统计局（http：//data.stats.gov.cn）。

我们课题组问卷调查结果统计显示，在中西部 6 省（区）的所有受访人员中，分别有 70.8% 的教育行政人员、57.6% 的中小学校长、56.0% 的学校中层干部、50.3% 的教师和 49.6% 的教辅及工勤人员认为，农村中小学布局调整提高了学校的规模效益（见表 4—2）。

比较小规模学校，学校规模的适度扩大能更高效地利用有限的教育资源，为农村义务教育节约教育投入、改善学校办学条件。农村中小学布局调整后，区域内农村学校规模有所扩大，教育资源利用效率有较大提高，形成了一定的学校规模效益，为促进区域内义务教育的均衡发展创造了条件。

（三）促进了农村学校师资水平的提高

教育的根本问题是教师问题，义务教育均衡发展的关键在教师。随着我国国力的逐步增强，农民对教育尤其是优质教育的需求日益强烈，但长期以来农村中小学师资力量薄弱，农村优秀教师纷纷流向城镇，导致在农村学校"爷爷奶奶教小学，叔叔阿姨教初中，哥哥姐姐教高中"的现象尤为普遍；教师学科结构性短缺，导致国家规定的课程无法开齐等，这些问题都使得农村学校教育质量低下。农村中小学师资问题制约了城乡义务教育的均衡发展。为了促进义务教育均衡发展，各地在农村中小学布局调整过程中，采取多种措施以加强农村学校师资力量，促进了教师队伍的优化和整体素质的提高。

例如，地处太岳山南麓的省级贫困县山西省浮山县，在农村中小学布局调整过程中，为了稳定农村学校的教师队伍，抑制城乡间中小学教师不合理的"逆向"流动，采用"疏堵结合"的办法。一方面，对在偏远山区和农村任教的教师进行补助，用"经济杠杆"调节城乡教师的合理流动。自 2009 年始，浮山县在财政十分紧张的情况下，每年挤出一部分专用资金，专门用于补贴山区和农村教师。具体标准为，山区教师为 120 元/月/人，半山区教师 50 元/月/人，平川教师 20 元/月/人，县城内教师则没有这部分补助。另一方面，严把教师调动的"关口"，用行政手段干预城乡教师的不合理流动。浮山县教育局规定，新招聘录用的教师必须到偏远乡镇或农村缺编学校任教五年，满五年后经考核合格，根据工作需要方可调动。同时，浮山县还严格贯彻执行教师"职称晋升与农村支教捆绑"的规定，县城教师至少有一年的农村支教经历方可获得晋升职称的资格。通过以上办法，浮山县城乡教师逆向流动的趋势在一定程度上得到了缓解。

江西省分宜县 2009 年开始进行农村中小学布局调整，也就是实施"初中进城，小学进镇、幼儿入园"工程。实施该项工程后，农村初中生全部到设备齐全、师资一流的分宜六中就读，彻底解决了农村初中优质教师资源配置不均衡的难题。例如，以往农村初中英语教师严重短缺，大部分英语教师都是非科班出身，英语学科教学质量难以保证。而分宜六中的英语教师全部是科班出身的专任教师，通过这样专任教师的教学指导，以往农村初中学生口语不流利、基本功不扎实的现象得到不同程度的改善。通过对校领导和部分教师实地访谈得知，该校初一、初二的学生在全省英语竞赛中都取得了很好的名次，甚至还优于城区其他学校的学生。据了解，实施"初中进城"工程后，在分宜六中就读的农村初中生已经养成了良好的行为习惯和学习习惯，他们的学习成绩普遍得到了提高。同样，实施"小学进镇"工程后，该县在乡镇中心小学就读的三年级以上的学生全部都开设了英语课，安排专任教师授课，初步解决了该县多年来小学英语课无法开齐的难题。该县乡镇中心学校根据本地的实际情况，优先配置农村初小和教学点的教师资源。对于在初小或教学点工作的教师，农村教师津贴一律高于乡镇中心小学的教师，这就大大提高了在农村偏远地区任教的教师的工作积极性。目前尽管乡镇中心小学住房条件好，生活比较安逸，但由于初小和教学点教师的待遇高于乡镇中心小学的教师，而在乡镇工作的教师收入又普遍高于县城工作的教师，因此可以保证他们安心从教、乐于从教，现在在乡镇和初小及教学点工作的教师都愿意在本地任教了。通过这些举措，分宜县义务教育阶段学校教师队伍得到优化，教师整体素质得到提升，保证了城乡教师资源均衡配置，促进了城乡义务教育均衡发展。

我们课题组在江西省铜鼓县调查也发现，农村中小学布局调整优化了教师队伍，加强了农村学校的师资力量。2010 年全县教职工总数1116 人，其中专任教师920 人（小学584 人，初中336 人）；专任教师学历合格率达 100%，小学高学历教师占 74%，初中达到 50%。教师年龄结构基本合理，35 岁以下教师占总数的 37.6%，36—50 岁教师比例为 53.2%，51 岁以上教师为 9.1%。学校布局调整以前，很多村小、教学点只能开齐语文和数学两科，经过学校布局调整，各乡镇精简了部分不合格教学人员，重组了教师队伍，使各门学科基本上有专门人员上课；同时，教师相对集中，互相交流增多，竞争意识得到强化，提高了教师队伍整体素质。以大塅镇鹤吼小学为例，1998 年以前只有 4 名教师，其中 1 名公办教师，3 名代课教师，如今合并了 3 所学校，现有教师 7 名，其中专科学历教师 3 名，中师 4 名，教师合格率达 100%，同时还配备了音体美专任教师，能够开齐开足国家规定课程。

云南省楚雄州禄丰县在"九五"期间先后撤并了 4 所中学，同时，撤并小学校点 95 个（平均每年撤并 20 个），减少教学班 114 个。学校的撤并使教学点数量减少，被撤并学校的教师向中心学校集中，被撤并学校的学生接受专任教师授课的程度得到极大提高，根本改变了农村中小学布局调整前很多教学点一名教师带一个或几个班全部课程的状况（目前虽仍有不少学校达不到"一科一师"的要求，但基本上可以做到一个年级或一个班一名老师）。而且由于代课教师减少，学校布局调整后教师的学历等整体素质得到较大提升。2006 年禄丰县小学教师中专以上学历的达 99.86%，其中本科学历的占 62.72%；初中教师大专以上学历的达 99.35%，其中本科学历的占 36.01%；高中教师本科以上学历的达 75.95%。

农村中小学布局调整为加强农村教师之间的沟通和交流提供了契机。以前农村地区尤其是山区存在大量的"一师一校"，有的老师在山里教了几十年书，一个人带几个复式班，学生放了学，连个说话的人都没有。学校布局调整后他们有了到中心学校或完小教书的机会，有了更多与其他教师交流的机会和时间，同时自身的生活质量也得到了提高。在我们实地访谈中，有教育行政人员指出，学校合并后，教师们集中了，互相之间有了竞争，有利于提高教师的教学水平。另外，在农村中小学布局调整过程中，很多地方利用学校布局调整的契机，加强薄弱学校与优质学校教师互动，努力提升薄弱学校教师素质。如组织薄弱学校教师向重点中小学教师学习，同时重点中小学不定期地委派相关学科教师到被帮扶的学校讲课、听课、指导备课和教学等，对加快农村薄弱学校建设具有积极作用。

总的看来，农村中小学布局调整后，农村学校师资水平得到不同程度提高，促进了区域内义务教育均衡发展。

（四）提高了义务教育质量

农村中小学布局调整后，农村学校办学条件得到了改善，教师队伍进一步优化，由此给广大学生和家长带来的最直接的好处，就是促进了农村中小学教育质量的提高。

影响教育质量的因素主要包括：教育制度、教育手段、教学计划、教学方法、教学组织形式和教学过程等合理程度，教师素养，学生的基础以及师生参与教育活动积极程度。这里主要从教师配备情况、学生学业成就、课程开设、学生入学率等来评价。

农村中小学布局调整后，大量小规模学校被撤并，被撤并学校学生转入大规模学校学习，这些学校的师资配备大多较为合理，教学设备比较完备，教学管理也比较规范，相比教学质量差的村小、教学点，这里课程开设齐全，学生接受到了更优质的教育。

根据我们课题组对中西部 6 省（区）调查问卷的统计分析表明：农村学校布局调整与学校教师配备有着十分密切的关系。在针对这一问题进行的问卷调查中，共回收有效问卷 8954 份，其中有 5041 名教师经历了学校布局调整，占被调查教师的 56.3%，其中 1191 人认为该校的教师恰好配齐，占 23.6%；2055 名教师所在的学校正在进行学校布局调整，其中只有 377 名教师认为所在学校的教师恰好配齐，仅占18.3%；1858 名没有经历过学校布局调整，其中 329 名教师认为，所在学校的师资恰好配齐，占 17.7%（见表 4—4）。结果显示，虽然大多数学校仍然存在教师结构性短缺的问题，但经历过学校布局调整的学校比未经历学校布局调整的学校其教师配备情况一般要好得多。学校布局调整后，清退了大量民办教师，改变了以往农村教师"教书农活双肩挑"的局面，教师能更专心于教学工作；教师资源的整合也使得学校布局调整后的学校基本能开齐国家规定的课程，优秀的教师集中在一起，互相学习和促进，教师素质提升的同时是家长和学生对学校教育质量提高的认同。

表 4—4　　　　　农村中小学布局调整与学校教师配备情况

教师配备情况		学校布局调整情况			合计
		已进行	未进行	正在进行	
恰好配齐	人数	1191	329	377	1897
	百分比（%）	23.6%	17.7%	18.3%	21.2%
富　余	人数	283	110	87	480
	百分比（%）	5.6%	5.9%	4.2%	5.4%

教师配备情况		学校布局调整情况			合计
		已进行	未进行	正在进行	
短　缺	人数	3567	1419	1591	6577
	百分比（%）	70.8%	76.4%	77.4%	73.5%
合　计	人数	5041	1858	2055	8954
	百分比（%）	100.0%	100.0%	100.0%	100.0%

　　我们对部分地区的实地调查也印证了这一点。如对江西省分宜县实地调查显示：在农村中小学布局调整过程中，分宜县政府实施了"初中进城，小学进镇，幼儿入园"工程，该县义务教育阶段学校办学条件大大改善，义务教育质量逐步提高。很多转入到外地就读的学生纷纷回到本地就读，群众的怨气大大减少了。据了解，在江西省网民评选的"2010 年人民满意的十大实事"中，分宜县"初中进城，小学进镇，幼儿入园"工程位居第二，这充分说明分宜县农村中小学布局调整促进了义务教育均衡发展，满足了该县群众对优质教育的需求，得到了广大人民群众的普遍认可。另外，据该县教育局基教股股长介绍，自从实施"初中进城，小学进镇，幼儿入园"工程后，为孩子上好学而上访的群众明显减少了，对教育主管部门的赞誉也明显增多了。

　　江西省铜鼓县通过农村中小学布局调整提高了农村教育质量，缩小了城乡间教育差距。农村中小学布局调整前，农村学校普遍规模较小，通常实行二、三级复式教学，有时甚至是四级复式教学，教育质量难以保证。小规模学校撤并以后，很多农村学校不仅取消了复式教学，而且还开设了英语课和信息技术课，教学综合水平迅速提高。天柱峰小学是2000 年由光相、末中和望湖三所小学合并而成的，到 2003 年，该校语文、数学等学科成绩跃居全县前列，与此同时，学校文艺兴趣小组排演的舞蹈在全县中小学文艺比赛中获第一名。近年来，该校成绩稳中有升，成为全县小学教育的典范。以中考上县高中线人数来判断，排埠中学在学校合并以前每年只有 10 人上县中，学校合并以后，生源仍然来自原来辖区，但由于学校教育质量改善，每年有 30 人进入县高中学习。

　　随着农村中小学布局调整的不断深入，湖北省恩施市农村基本形成

"镇办初中,联村办完小,村办教学点"的基本格局。全市目前共有初中25所（其中民办1所），在校学生31073人；小学146所，教学点71个，小学生在校人数50585人。2010年，全市小学阶段入学率和巩固率均为100%，初中阶段入学率达99.79%，巩固率达98.37%。2010年，全市共有专任教师3988人，其中初中教师1518人，学历合格率达96.8%，小学教师2470人，合格率为99.1%。2001年至今，该市新补充专任教师690人，其中，初中386人，小学304人，新补充教师学历合格率达100%。

在我们实地访谈中，当问到当地村民对农村中小学布局调整的态度时，大部分教育行政人员和教师的回答是，学校布局调整之初家长们反应比较大，但后来看到中心学校的教学条件和教学质量好，很多家长宁愿孩子到较远的学校上学，主动要求撤掉村小。家长们态度的转变也从侧面反映出，学校布局调整后农村学校教育质量的提高。

例如，湖北省武汉市新洲区的双柳街汉昕学校，地处长江的出口地带，地理位置偏僻，交通不便，除原有居民外，其他居民均是来自全国9个省23个县。1998年特大洪涝灾害，当地仅有的三所学校全部被冲毁，区委区政府果断决策，将三校合而为一，配置成新洲区境内目前唯一的九年一贯制学校。小学部现有学生443人，初中部现有学生550人，全校教职工62人。经过6年的优化整合，办得颇有特色，在外地上学的孩子转回来了，原来辍学的学生又重新返校读书。居民张书柏在广东打工多年，深深尝到了没有文化的苦头，为了让孩子受到良好的教育，他把孩子带到外地上学。今年回家看到学校的变化，他立即把孩子转回来。"能够在这样好的学校读书，是孩子的福气，作为家长也是一百个放心。"张书柏深有感叹地说。不仅如此，在广西及其他省份实地调查时，也发现了不少家长主动要求送孩子到中心学校读书的情况，反映出学生和家长对于学校布局调整后农村学校教育质量提高的肯定。

根据我们课题组对6省（区）调查问卷统计发现，中西部6省（区）有78.7%的教育行政人员、64.7%的中小学校长、52.4%的学校中层干部和47.6%的教师认为，农村中小学布局调整促进了农村学校教育质量的提高（见表4—2）；同时，有51.9%的家长认为，农村中小学布局调整后孩子的学习成绩提高了；49.4%的学生认为，自己的学习成绩提高了。此外，有26.1%的教育行政人员和35.6%的教师认为，农村中小学布局调整后学校入学率上升了，67.6%的教育行政人员和47.9%的教师认为大致相当（见表4—5）。

　　总之，农村中小学布局调整后，一大批规模小、办学条件差的中小学被调整和撤销，区域内有限的教育资源得以集中和优化，农村学校教师素质有所提升，学校教育质量不断提高，使得更多孩子享受到了优质的教育，促进了区域内义务教育的均衡发展，为进一步缩小城乡之间的差距打下了良好的基础。

表4—5　　　　　　农村中小学布局调整与教育质量的关系

人员类别	有效数据	相关内容	提高	说不清楚/没有什么变化	下降
家长	7306	老师责任心	75.4%	18.5%	6.1%
	7235	孩子成绩	51.9%	17.3%	30.9%
学生	11226	与老师相处时间	63.5%	21.0%	15.6%
	11610	不上学同学数量	12.8%	10.3%	76.9%
	11737	自己成绩	49.4%	27.6%	23.0%
教师	10549	入学率	35.6%	47.9%	16.5%
	9977	辍学率	20.1%	39.4%	40.5%
行政人员	176	入学率	26.1%	67.6%	6.3%
	159	辍学率	12.6%	61.6%	25.8%

第五章 农村中小学布局调整存在的问题：义务教育非均衡发展的状况仍未得到根本改变

农村学校布局调整是以中小学，尤其是农村小学数量的减少为基本特征；在空间布局结构上，是以农村学校向经济更发达区域，尤其是城镇集中为主；在农村中小学布局调整过程中主要采用"撤"、"并"、"扩"等形式，并且以大力发展寄宿制学校作为扩大优质教育资源和应对农村学校布局调整后出现的学生上学远问题的手段之一。农村中小学布局调整优化了农村教育资源配置，提高了教育资源的利用效率，改善了农村学校的办学条件和教育质量，但农村中小学布局调整也为农村学校发展带来了不少问题，部分适龄儿童、少年的受教育权利没有得到充分保障，学校间教育差距拉大，义务教育非均衡发展的状况仍未得到根本改变。

一 部分适龄儿童、少年的受教育权利没有得到充分保障

我国《义务教育法》第四条规定："凡具有中华人民共和国国籍的适龄儿童、少年，不分性别、民族、种族、家庭财产状况、宗教信仰等，依法享有平等接受义务教育的权利。"义务教育法从法律制度层面确保了我国适龄儿童、少年都有平等的受教育权利，然而在现实中，处境不利家庭的儿童或弱势群体的平等受教育权利总会遭受来自经济、制度、居住环境等因素的损害。

农村中小学布局调整以来，大量农村村小和教学点被撤并，除了撤点并校后新校点所在地的学生尚能享受"就近入学"的便利外，多数小学生需要离开原来在自家附近的学校到较远的地方去上学①，由此导致学生上学距离变远，上学所需时间增加。不仅如此，为了解决上学远的问题，不少学生家庭还需要根据学生上学的方便程度和家庭的经济状况在走读和寄宿之间作出选择，学生家庭的经济负担加重。农村中小学布局调整后，"上学远"、"上学难"、"上学贵"使得部分适龄儿童、少年失去上学机会，辍学情况仍然严重，其平等接受义务教育的权利受到损害。

从 2000 年到 2010 年，农村小学减少了一半多。农村中小学布局调整后，绝大多数中小学生上学的距离明显增加，学生上学所花费的平均时间也相应增加，"就近入学"的便利对多数学生而言已不复存在。据调查，农村中小学布局调整前，学生上学家校距离平均为 1.6 里，学校布局调整后，家校距离平均为 4.6 里，家校距离增幅为 187%。②

由于上学路途变远，离校较远的偏远地区学生日常上学困难增加。我国农村不少地区的道路、交通等基础设施建设严重滞后，不少山区和经济相对落后的地区至今仍然无法通车。居住在这样地区的农村儿童，上学需要"起早摸黑"、"翻山越岭"或是乘坐"黑车"，如果再遇到雨雪霜冻等恶劣天气，上学更加困难，也增加了学生上学安全隐患。我们课题组的调查证实，尽管地理条件不同的学生上学都有不同程度的交通困难，总体而言，偏远山区和丘陵地区的学生上学交通不便程度最高，上学最为困难，处境最为不利。国外学者对学校布局调整的研究表明，上学物理距离的增加不仅仅意味着上学难度、成本、时间、安全等因素的增加，往往还意味着心理距离的增加，会加重学生的经济负担和心理负担。学校布局调整后，由于上学途中学生花费了较多的时间和精

---

① 农村中小学布局调整过程中被撤并的主要是农村小学和教学点，农村初中学校的撤并力度相对较小，而且农村初中基本上都设在乡镇所在地，所以，学校布局调整前后初中学生的上学距离变化不大。

② 王定华：《关于我国农村义务教育学校布局调整的调查与思考》，《华中师范大学学报》（人文社会科学版）2012 年第 6 期。

力导致学生的课堂学习效果变差，部分学生失去了上学或是学习的兴趣，学习成绩下降；少数适龄儿童不得不推迟入学年龄。

同时，上学距离增大也导致部分农村家庭教育经费支出增加，有些贫困家庭无力承担新增的教育经费支出，不得不让学生辍学。农村中小学布局调整后，上学距离的增加迫使不少离校距离较远的学生家庭面临上学方式的选择：在校寄宿、家长接送、乘车走读或陪读等。而无论哪一种上学方式，对学生家庭而言都意味着经济负担的增加或家长接送时间成本的增加。除了少数有经济能力和居住条件的家庭选择陪读和乘车走读外，多数上学路远的学生都选择在学校寄宿或在校外租房。与走读生相比，寄宿生新增了三项家庭经济支出：住宿费、交通费和生活费。根据2011年我们课题组对家长问卷的分析显示，寄宿生的平均住宿费用为111.5元/学期，交通费平均支出为27.7元/月，生活费平均支出为198.7元/月。如果按每年在校10个月计算，与学校布局调整前的就近入学相比，一个寄宿生家庭每年将新增教育支出近2500元。农村中小学布局调整后，寄宿生家庭的经济支出增加数额相当大。家庭经济开支的增加对部分家庭的经济承受能力产生了负面影响。根据我们对学生问卷的分析显示，31.3%的寄宿生表示家庭负担自己现在的上学费用"稍微有困难"或"非常困难"。我们对寄宿生家长问卷的分析结果也印证了这一点，有39.9%的寄宿生家长表示家庭承担孩子求学期间的费用"稍微有困难"或"非常困难"。由此可见，农村中小学布局调整加重了寄宿生家庭经济负担并使相当一部分家庭面临经济困难。国内外的研究表明，经济因素往往是影响学生辍学或失学的主要因素之一。寄宿生家庭需要承担的三项额外费用是学生家庭为解决农村中小学布局调整后学生上学距离过远问题而不得不付出的经济代价，这种代价对寄宿生家庭而言显然是不公平的。教育经济负担很容易导致部分学生因为家庭贫困而辍学。

农村中小学布局调整后，由于上学距离远和家庭经济困难使得偏远地区学生、经济困难家庭学生等适龄儿童、少年辍学。我们课题组2011年针对已完成了学校布局调整的学校教师的问卷调查中，在回答"当地学校合并后，你校的辍学率与合并前相比如何"时，386份样本中有37.4%的初中教师认为本校学生辍学率增加了；有16.2%的小学教师认为本校学生辍学率增加了（见表5—1）。这说明，农村中小学布局调整后，部分地区的中小学学生辍学率已经有反弹的趋势，而且初中辍学率反弹程度大大高于小学。

需要说明的是，农村中小学布局调整后，辍学率虽然有整体反弹的趋势，但该政策对辍学率的影响具有双重性，即增加效应和减少效应。相当一部分学校的辍学率在该政策实施后甚至还下降了。原因在于，农村中小学布局调整通过对现有学校的兼并、联合、撤销和重建，优化了教育资源的配置，实现了优质教育资源的相对集中和薄弱校点的减少，客观上有助于县域内教育均衡的实现。然而，农村中小学布局调整过程中的过度撤并又导致了部分学生的"上学远"、"上学难"和"上学贵"等问题，对偏远地区学生、经济困难家庭学生等适龄儿童、少年造成的影响尤为严重。

再从农村中小学布局调整后辍学率的绝对值来看，不少农村中小学的辍学率偏高。我们针对已完成了学校布局调整的学校教师的问卷调查中，当问及"你所带的班级近三年的平均辍学率大约是多少"时，386份样本中，回答高于5%以上的初中教师占39.1%；回答高于5%以上的小学教师占5.3%（见表5—2）。可见，无论是初中还是小学都有相当一部分的教师近三年所带班级的平均辍学率超过全国平均5%的控辍线。这说明，义务教育阶段辍学率已经出现明显的整体反弹趋势，而且初中比较严重，小学则相对较轻。

表5—1　　农村中小学布局调整前后本校学生辍学率的变化情况

辍学数变化	初中教师样本				小学教师样本			
	频数	百分比（%）	有效百分比（%）	累计百分比（%）	频数	百分比（%）	有效百分比（%）	累计百分比（%）
增加了	49	34.8	37.4	37.4	35	14.3	16.2	16.2
减少了	32	22.7	24.4	61.8	66	26.9	30.6	46.8
差不多	50	35.5	38.2	100.0	115	46.9	53.2	100.0
合计	131	92.9	100.0		216	88.2	100.0	

表5—2   农村中小学布局调整后教师所带班级近三年来的平均辍学率

辍学率	初中				小学			
	频数	百分比（％）	有效百分比（％）	累计百分比（％）	频数	百分比（％）	有效百分比（％）	累计百分比（％）
5％以下	84	59.6	60.9	60.9	196	80.0	94.7	94.7
6％—10％	35	24.8	25.4	86.2	7	2.9	3.3	98.1
11％—15％	11	7.8	8.0	94.2	1	.4	.5	98.6
16％—20％	6	4.3	4.3	98.6	—	—	—	—
21％—30％	1	.7	.7	99.3	2	.8	1.0	99.5
30％以上	1	.7	.7	100.0	1	.4	.5	100.0
合计	138	97.9	100.0		207	84.5	100.0	

结合我们课题组的实地调查，我们发现，农村中小学布局调整后，偏远农村学生辍学主要体现为隐性失学和显性失学。其中，隐性失学包括：（1）到校率低。由于山区学校的服务半径达到十几里甚至几十里，遇到雨雪天或山洪暴发，学生只能滞留在家不能到校。（2）上学年龄推迟。限于特殊的自然地理环境，一些学生转学后上学路途遥远，再加上夏天毒蛇较多，山里夜晚可能有野兽出没，孩子的安全问题让家长忧心忡忡，只能推迟孩子的入学年龄。（3）上课效率低。由于路程太远，很多学生要走几个小时的山路，到校时已经筋疲力尽，致使上课不能集中精力，学习效率和学习效果难以保证。显性失学指学生直接放弃学业而辍学。由于上学路途过远而辍学的学生在偏远地区不在少数。

再以我们课题组在广西壮族自治区的实地调查的个案加以补充说明。

个案1 广西壮族自治区隆林各族自治县瓬里乡上塘小学是一个教学点，现有学前班和1—3年级。学前班到三年级的学生人数分别是：12人、4人、11人和9人，教师4人。上塘小学的服务范围只有上塘一个村，该村有11个自然屯，距离学校最远的学生上学需要走11里山路，花费 2 个小时，每天上学放学来回 4 个小时。上塘小学不具备寄宿条件，学生每天中饭在学校里吃，但学校没有锅给学生热饭，多数学生只能吃用热水泡过的冷饭菜，有的学生用保温饭盒带午餐。在上学途中，有的学生要翻越 500 多米高的山；有 2 个自然屯的学生要过河，河上有桥，但是桥上没有栏杆，暴雨天气雨水经常会把桥淹掉。所以，如果下雨打雷、发洪水，这两个屯子的学生就没法按时上学。学生的上学安全是学校非常敏感的问题。目前个别自然屯的学生在本村村小上学尚存在困难，如果上塘小学被撤销，肯定会面临更大的上学困难，辍学现象难以避免。

个案 2　广西壮族自治区兴安县乐江乡光明小学是一所完全小学，不包括学前班，学校共有 89 名学生。该校有 55 名学生在校住宿。最远的学生上学要走 15 里路。做饭的教师兼带美术课。学生从家里带米到学校，然后在学校换成餐票，学生用餐票买饭吃。学校不做菜，学生从家里带菜吃，有时候家长也自己或者委托别人送菜给孩子吃。如离学校最远的村子，有一个小女孩每天走 15 里路来学校上一年级，由于年龄太小不在学校住宿，加之她所在村没有其他同伴上一年级，高年级的学生走路快一些，不愿意和她一起走，所以每天她一个人走路上学。上了一段时间学后，在我们调查时的这个学期，她已经不来上学了。

个案 3　广西壮族自治区隆林各族自治县猪场乡猪场村半坡屯是一个典型的苗寨。该村学生杨华成有一个姐姐，今年 17 岁，在小学 5 年级的时候就辍学在家，杨华成的姐姐在 7 岁时上学，中间复读过几年。如果现在仍然上学，应该和杨华成同时读初一。当地的林老师介绍，在这里，很多孩子上学不是连续的，家里农活比较忙或者有其他事情的时候，孩子就不上学了。由于上学时间经常间断，所以很多学生跟不上正常的学校教育进度，导致"留级"。还有些学生在学期开始时来学校报到，到期末考试时来学校参加考试，而在学期中间的大部分时间里，都没有来学校参加学校教育教学活动，这些学生被称为"函授生"。

综上所述，农村中小学布局调整尽管在整体上和客观上对县域内的教育均衡发展有积极的促进作用，但该政策实施后产生的"上学远"、

"上学难"和"上学贵"等问题使得部分适龄儿童、少年失去上学机会，受教育权利没有得到充分保障。

二 教学点与中心学校的办学
条件差距继续拉大

在农村学校布局调整过程中，根据年级数量情况，农村义务教育阶段学校从办学形式上可以分为完全小学和教学点[①]。其中，完全小学是指包含1—6年级的完整小学，教学点是指年级数量小于6个年级的小规模不完全小学。另外，从行政管理体制上看，农村学校可以划分为中心学校和教学点。其中，中心学校位于乡镇中心地区，中心学校在办学形式上均属于完全小学，它管辖区域内所有的完全小学和教学点；教学点一般位于偏远贫困地区，其财政、人事等事务由中心学校负责。

从我国小学教育形式来看，教学点是我国农村义务教育办学的形式之一。根据教育部2009年公布数据显示，从数量上看，截至2008年年底，我国农村小学为234157所，农村教学点为70954个，农村教学点占全部农村小学的比例为30.30%，即教学点占全国农村小学的三分之一。从这个意义上说，教学点又是我国农村小学教育的主要办学形式。根据我国的实际，教学点还可能长期存在，所以义务教育均衡发展决不能忽视农村教学点的建设。

从教学点地区分布上看，云南、广西、四川3个省（区）的教学点数量排在前三位，它们分别占各省农村小学的93.40%、83.95%和76.67%，远远超过了其他省份和地区；教学点数量居于后三位的省份为辽宁、青海和吉林；京、津、沪三地的教学点数量均为零（见表5—3）。分地区来看，教学点多分布在我国中西部地区，教学点数量排名前三位的3个省份均属于西部地区。

---

① 教学点这种办学形式主要存在于小学，且数量比例较大。因此，这一节内容主要探讨小学阶段教学点与中心学校在办学条件方面的不均衡问题。

表5—3　　全国各省（市、区）农村小学学校数和教学点数

省（市、区）	农村小学学校（所）	农村教学点（个）	比例（%）
东部地区			
北京	411	0	0.00
天津	343	0	0.00
辽宁	5778	348	6.02
上海	32	0	0.00
江苏	3327	1585	47.64
浙江	2053	499	24.31
福建	7232	2770	38.30
山东	10552	1316	12.47
广东	14590	1875	12.85
中部地区			
河北	13613	2876	21.13
山西	15659	1094	6.99
吉林	5546	223	4.02
黑龙江	6894	424	6.15
安徽	13992	2879	20.58
江西	11231	4085	36.37
河南	27244	4658	17.10
湖北	7742	2336	30.17
湖南	11339	3765	33.20
海南	2347	599	25.52
西部地区			
内蒙古	2506	842	33.60
广西	12604	10581	83.95
重庆	6421	603	9.39
四川	11373	8719	76.67
贵州	11560	4274	36.97
云南	14930	13946	93.40
西藏	753	1063	141.17
陕西	13082	1325	10.13
甘肃	12080	3002	24.85
青海	2318	295	12.73
新疆	3571	1073	30.05
宁夏	1918	464	24.19

资料来源：根据《中国教育统计年鉴2008》数据整理所得。

在农村中小学布局调整过程中，最直接的一种调整方式就是关闭教学点。以教学点最多的广西为例（见表5—4）：全国农村中小学在2000—2008年间呈逐年下降的趋势，在教学点的数量上，2001年以前教学点数量有小量的波动，但是从2001年开始，教学点数量逐年大幅度下降。据统计，全国农村小学学校数从1989年的70.5万所下降到2008年的25.3万所，教学点数量从1989年的15.3万个减少到2008年的7.8万个。而广西从1989年至2008年之间农村小学学校数占全国学校总数的比例从开始的2%左右增加到2008年的4.98%，教学点数量占全国教学点总数的比例从1989年的24.75%降低到2008年的13.65%。从数量上来看，广西的教学点已经从1989年的37769个减少到2008年的10581个。由此可见，由于广西独特的地理特质与民族分布特征，该地区存在较多的教学点，在全国范围广泛推行农村中小学布局调整的背景下，广西农村的学校布局调整步伐较快。

表5—4　　　1989—2008年全国、广西农村小学学校、教学点历年变化

年份	全国		广西		年份	全国		广西	
	学校（万所）	教学点（万个）	学校（万所）	教学点（万个）		学校（万所）	教学点（万个）	学校（万所）	教学点（万个）
1989	70.510	15.261	1.413	3.777	1999	46.853	16.537	1.389	3.024
1990	69.723	14.231	1.432	3.745	2000	44.028	15.752	1.382	2.719
1991	64.072	17.373	1.451	3.776	2001	41.620	11.042	1.411	2.094
1992	61.268	17.573	1.473	3.813	2002	38.400	10.825	1.405	1.845
1993	58.448	17.833	1.473	3.742	2003	36.037	10.167	1.402	1.606
1994	57.171	18.868	1.480	3.753	2004	33.732	9.810	1.370	1.415
1995	55.862	19.361	1.468	3.718	2005	31.679	9.289	1.374	1.263
1996	53.525	19.106	1.466	3.577	2006	29.505	8.759	1.323	1.175
1997	51.299	18.696	1.414	3.362	2007	27.158	8.312	1.288	1.091
1998	49.315	17.895	1.398	3.217	2008	25.304	7.752	1.260	1.058

资料来源：《中国教育统计年鉴》（1989—2008）。

从教学点的办学特点来看，教学点多分布在农村偏远地区、贫困地区、地形特殊地区，如山区，这些地区交通不便，适龄人口较少。教学点多为办学条件差、教师少、学生少，实施义务教育初级阶段教学的学校。农村中小学布局调整中，以一位教师、几名学生为典型特征的教学点成为主要调整对象——"撤"、"并"。对于保留下来的教学点，其日常教育教学工作都由中心学校负责管理，大部分面临生源逐步减少和不再有经费投入的办学窘境。

可以说，虽然教学点在农村义务教育发展中扮演着重要的角色，但在学校布局调整过程中，相对于中心学校，教学点在现实中面临着极为不利的处境。一些地方政府认为学校布局调整即撤并教学点，撤并教学点越多，学校布局调整的成效也越显著。因此，我国农村地区的教学点一方面被大量撤销；另一方面，暂时保留下来的教学点被看作是农村教育的附属品。这类学校的办学条件十分落后，与中心学校之间的差距继续拉大，反映了义务教育发展不均衡的事实。这种不均衡的现象具体体现在以下几个方面：

（一）教育经费短缺

按现行教育财政和管理体制，教学点隶属本乡镇中心学校管理。据我们调查，中心学校向所属各教学点划拨经费的程序是，各个教学点根据学生数和自身需求向中心学校提出经费申请，中心学校考虑实际情况后予以回复。以广东省新丰县丰城镇龙文教学点每学期的经费收支情况为例。按照广东省免除学杂费标准，每学期每个学生补助 144 元，龙文教学点每学期得到的补助费用应为 4896 元，加上学前班收取的学费 560 元，一共 5456 元。这笔仅有的学费补助和收入由其所属的丰城镇中心小学统筹管理，龙文教学点并没有支配权。教学点每学期的支出项目种类较多，总支出金额最保守的估计也要 6300 元（见表 5—5），每笔支出都要由教学点向中心学校财务部门列出明细、提出申请、等待批复。而中心学校对教学点提出的经费申请往往审核条件苛刻，批复时间较长，并且教学点经费需求往往难以得到满足。这样一来，教学点连日常基本运转都难以维持，根本谈不上改善办学条件。其实，中心学校也有自己的难处，目前大多数中心学校运转困难、负债运行，且还要负担教学点代课教师的工资，因此很难满足教学点的经费需求。如湖北省石首市花山镇共有 7 所小学和 3 个教学点，教师总数为 85 人，其中代课教师 31 人，占教师总数 36.5%，3 个教学点教师 90% 以上是代课教师，据该镇中心学校校长介绍，教学点代课教师工资基本靠中心学校下拨的公用经费和部分勤工俭学收入来维持，中心学校根本不可能再给教学点提供可自由支配的经费，导致教学点普遍存在经费短缺的问题，如校舍维修费得不到补充而不得不让学生在漏风漏雨的危房中上课；因缺少最基本的公用经费，学校往往连粉笔也买不起，更不用说图书、仪器设备了。

表 5—5　　　　　广东省丰城镇龙文教学点一学期办学经费情况

收入		144 元/生（生均公用经费）×34 人（学生数）＋80 元（每学期学费）×7 人（学前班学生数）＝5456 元。统一上交中心学校管理
支出	办公用品	教师用书、粉笔等，共 3000 元
	招待上级领导检查	1000 元
	修缮校舍	300 元
	购买体育器材	300 元
	水电费	1200 元
	教研活动等	包括公开课、少先队活动，500 元
	合计	6300 元

我们在江西省分宜县的实地调查也证实了这一点：农村教学点等小规模学校教育经费短缺，办学条件难以改善。学校布局调整后，江西省分宜县还有 88 个教学点，这些教学点学生数量大都在 100 人以下，学生数量普遍偏少，有的教学点只有 5 名学生。由于我国义务教育阶段学校生均公用经费是按照学生人数下拨的，因此，这些教学点获得的生均公用经费数量不多。按照目前分宜县小学每学期 200 元的生均经费标准，50 人以下的教学点每年的生均公用经费不足 2 万元，而这些学校"麻雀虽小、五脏俱全"，学校每年的开支主要包括购买教学设备、维修房屋、教师培训和购买体育教材等，目前的生均公用经

费远远不能满足实际需要。

（二）校舍破烂陈旧

校舍是学校正常开展教育教学活动的必要场所，校舍的建设情况是体现学校办学条件的主要指标之一，也直接影响到学校的办学水平。在农村学校布局调整过程中，教学点与中心学校相比，其校舍陈旧破损明显，多数教学点的校舍都是 20 世纪 50 年代至 70 年代间的建筑或者由寺庙、祠堂改建而成，如今大部分校舍已经成了危房。如广西南丹吾隘镇丹炉小学是"一师一校"，学校与一个社庭相邻而建，历史久远，现在社庭里仍供奉一尊神像（社王），当地人将学校与社庭当作精神的寄托。广西隆林各族自治县猪场乡猪场村半坡屯教学点有 1 名教师 20 名学生。学校办学条件极为简单：一间小木房子，里面摆放了十几张桌子和一块黑板。而与之反差较大的，学校布局调整后，乡镇中心小学的校舍大多进行了整体改造和翻新，还有部分中心学校的校舍是由上级拨款新建而成。再如，陕西省石泉县迎风镇的红花、迎兴和香炉沟 3 个教学点的校舍建筑均为土木建筑，而且目前危房面积几乎占到 50%。而位于镇中心的迎丰中心小学的校舍为砖混和砖木建筑，无土木建筑，危房比例仅为 3.2%（见表 5—6）。

表 5—6　　　陕西省石泉县迎丰镇教学点和中心小学基本情况

	教师数（人）	学生数（人）	占地面积（平方米）	建筑面积（平方米）			
				砖混	砖木	土木	危房
红花教学点	3	36	520	—	—	200	100
迎兴教学点	1	16	432			232	136
香炉沟教学点	1	16	335	—		265	120
中心小学	20	336	2100	1770	60		60

资料来源：根据《2006 年石泉县迎丰镇小学布局调整实施方案一览表》整理所得。

其实，类似的情况，在全国，特别是中西部农村落后地区都普遍存在。如表 5—7 所示，云南、广西、安徽等中西部 5 个省份的农村落后地区小学危房面积均远远高于全国平均值，且教育发展滞后，教学点数量庞大。在这些地区，教学点危房比例在当地学校中几乎是最高的。而与之相反，中心学校的校舍重建和危房改造是各地政府集中开展的重要工作。以广西贫困县鹿寨县为例，2010 年该县在学校布局调整过程中仅保留了 22 所小学（包括教学点）。在县政府财政紧缺的情况下，该县政府仍然将拉沟乡中心校、江口乡中心校作为重点建设学校，分别投入建设资金 400 多万元、250 多万元；将寨沙镇长田小学、寨沙镇龙江小学作为村级试点校，共投入建设资金 700 多万元，加强大规模中心学校的校舍建设；教学点的校舍改造则因缺乏资金而根本无人过问。

表5—7　　　　云南、广西等中西部省份的农村小学办学条件①

	全国平均	云南	广西	四川	河南	安徽
教学点数量（个）	2500	13946	10581	8719	4658	2879
危房面积（平方米）	652931	4521689	1073225	2385096	1459106	1167408
计算机（台）	56202	30697	25428	74753	85559	46319
语音室（个）	31869	114611	13701	21935	65089	21805

资料来源：根据《中国教育统计年鉴2008》相关数据整理所得。

　　不仅如此，与中心学校相比，教学点校舍短缺问题严重。农村中小学校舍主要由教学及教学辅助用房、行政办公用房、生活服务用房三部分构成。教学点的校舍在上述三个方面均存在不同程度的短缺问题。首先，教学及其辅助用房方面，我们课题组调查发现，相当多地区的教学点除学生上课的教室外，没有图书室、实验室、微机室等；有的教学点教室里连日光灯等基本照明设备都没有。其次，行政办公用房方面，教学点教师的办公室十分拥挤，很多教学点的教师办公室兼做教师宿舍，中间只是用帘子简单间隔。最后，生活服务用房方面，多数教学点没有食堂。天晴时学生就在操场或者走廊上吃饭，下雨时学生就蹲在教室门

---

　　① 限于各地没有教学点办学条件的直接统计数据，表5—7采用农村小学办学条件的相关数据。表中列举的5个省份均属于中西部落后地区，这些地区农村教育发展滞后，教学点数量庞大，农村小学办学条件情况在很大程度上也反映了教学点的情况。

口吃饭。相比之下，中心学校的教室、行政办公用房和生活服务用房等都被纳入集中资金建设的范围内，尤其是校舍改建扩建、新建食堂宿舍等，都是中心学校校舍建设的重点项目。农村中小学布局调整后，教学点与中心学校之间的差距进一步拉大。

我们在河南省禹州县实地调查时看到：在某教学点的校舍里，教室地面全是黄土地。窗户破了用塑料袋补上。教室里没有一盏电灯。当询问老师："下雨、下雪天孩子们怎么看得见"时，老师回答说："下雨下雪教室只黑一阵，过一会儿就亮了。"学校教师备课和行政办公共用一间房，里面没有足够的办公桌椅供使用，搭了个竹板床，既当桌子又当椅子，一年四季，开会、放学生的作业本等都靠它。教师教学用的粉笔是按支发放，必须节省使用。其他研究者的调查也印证了这一点。如四川省盐源县位于青藏高原东南缘，属海拔高的地带。该地区彝族居住分散导致"一师一校"型教学点数量庞大，学校办学条件十分落后。该县把折乡的一所村级教学点只有几名学生，该校仅有的一间教室是用几根木头和茅草搭建的茅草屋，遇到刮风下雨，教学活动根本无法开展。冬季天寒地冻、寒风刺骨，学生衣着单薄，很难集中精力进行正常的教学。[①]

总之，农村中小学布局调整后，农村教学点校舍依旧破烂不堪，校舍短缺问题严重。

（三）教学设备奇缺

教育教学设备大致划为三类：（1）纸张、铅笔、笔记本及练习本、粉笔等；（2）基本器材：桌椅、黑板等；（3）教学用品和设备：教科书、指导材料、图表、地图；视听及电子教具（硬件、软件）；科技设备和体育运动设施。目前，教学点与中心小学之间的差距主要体现为教学用品和设备的短缺。我们调查发现，多数教学点基本上还是"一支粉笔打天下"，教师上课没有相应的图表、地图、视听及电子教具，只是课本、粉笔和黑板的传统结合；实验器材配备更难以达标。

---

① 陈晓莉：《凉山自然地理环境对彝区基础教育的直接影响》，《科技信息》2008 年第12 期。

　　我们在江西省泰和县实地调查访谈中，该县石山中心小学的王老师谈到，中心小学和教学点在教学设备方面存在较大差距。中心小学的电教设备已经基本配备完毕，电教室有 30 台电脑，能够满足一个班级的上课需求（两人一组共用一台电脑）。而村里的教学点没有配备电脑，每个教学点只配备了一台电视机和 DVD 光盘用于远程教育，而且很少使用。

　　陕西省南郑县多数教学点仅有的教学设备就是一个数学教具箱和自然教具箱；体育器材方面，篮球和乒乓球算是少数教学点学生"最高级"的体育器材，大多数教学点学生在体育课和课间的主要活动是做"老鹰捉小鸡"之类的游戏。

　　再以广西壮族自治区荔浦县新坪镇清江教学点为例，除了基本的课桌椅、黑板、粉笔之外，其他设备如录音机、幻灯机、电脑等现代化的教学设备均没有配备；文体器材方面，该教学点仅有若干乒乓球和跳绳，有 1 个足球和 1 个篮球（见表5—8），学生们在课余可以在教室前面的小操场进行体育活动；学校没有任何自然实验器材。据该校教师介绍，自然实验器材只给完全小学或中心学校配置，教学点由于学生人数少，相关课程也少，一般不给予配置。相比之下，清江教学点所属的新坪中心小学的教学用品、体育器材和实验器具基本已按照国家标准要求配备齐全（见表5—9）。丁克贤的研究也验证了教学点教学设备不足的事实："村小（教学点）教学设备单一，数量少，不能维持正常的教学活动，学校里教具用得最频繁的是圆规、三角尺。由于经费短缺，学生和老师只能用萝卜、土豆、泥巴等自制教具如陶罐、铁罐、长方体、正方体。"[①]

　　可见，教学点教学用品基本上只有课本、粉笔、黑板和课桌椅，没有现代化教学设施设备。教学设备的差距很大程度上反映了教学点与中心学校之间在办学条件上的差距。

---

　　① 丁克贤：《农村贫困地区学校教学基本情况调查研究——以甘肃省陇南地区某村小 A 为例》，《教学研究》2008 年第 6 期。

表5—8　　　　　广西壮族自治区荔浦县清江教学点教学仪器情况

教学用品：录音机 0，幻灯机 0，电视机 0，教学挂图 1，地图 1，珠算 1
电脑 0，手风琴 0，脚踏风琴 0
体育器材：乒乓球若干，乒乓球台 1，跳绳 2，篮球 1，篮球筐 1，排球 0，足球 1
实验器具：自然课实验药品 0，玻璃器皿 0，天平 0，弹簧秤 0，显微镜 0

表5—9　　　　　广西壮族自治区荔浦县新坪中心小学教学仪器情况

教学用品：录音机 6，幻灯机 6，电视机 2，教学挂图 6，地图 6，珠算 6
电脑 20，手风琴 2，脚踏风琴 1
体育器材：乒乓球若干，乒乓球台 10，跳绳 10，篮球 5，篮球筐 5，排球 5，足球 5
实验器具：自然课实验药品 60，玻璃器皿 60，天平 60，弹簧秤 60，显微镜 60

（四）远程教育资源利用效率低

远程教育资源是促进农村学校教育质量的重要途径和手段，特别是对于农村教学点来说，在师资短缺、办学条件落后的情况下，远程教育为教学点学生享受优质教育搭建了平台，为提高学校教学质量发挥着重要作用。电化教学是远程教育的主要形式，即"在教学中运用现代教学媒体，并与传统教学媒体恰当结合，传递教学信息以实现教学的优化"[1]。电教设备作为远程教育的重要载体在很多偏远地区依然短缺，这使得远程教育无法在最需要的地方得到很好的利用。如表5—7 中对 5 个省农村小学计算机数量的统计数据也在一定程度上反映了中西部落后地区农村小学电教设备短缺、远程教育难以推行的状况。我们课题组对广东省新丰县教学点的调查数据显示，仅有 12.8% 的教师表示其所在的教学点配备了电脑，87.2% 的教师反映教学点没有电脑（见表5—10）。而所有回答"已经配备电脑"的教师都反映这些教学点由于资金短缺，无法承担开设电脑课程所需的电费而不敢使用电脑教学。广西壮族自治区南丹县一所小学在 2000 年配备了 30 台电脑，386 的配置。现在只剩下 15 台能用，其他的都坏了，没有人会修。远程教育设

---

① 王道俊、王汉澜：《教育学》，人民教育出版社 2000 年版，第 300 页。

备主要用于教师日常办公，并没有用于教学活动。

表5—10　　　　　　广东省新丰县教学点电脑配备及使用情况

是否有电脑	回答次数	百分比（%）	使用电脑频率	
			几乎没有	很少使用
是	6	12.8	6	0
否	41	87.2	—	—
总计	47	100.0	—	—

　　教学点远程教育方面更值得关注的问题是，很多学校配备了电教设备却不使用，甚至长期闲置，这不仅是教育资源的浪费，而且对教学点教学质量的改善没有丝毫帮助。徐海峰在支教期间也切身感受到了这一问题："下川小学有一个会议室，里面配有远程教育接收机和实物投影仪，一般情况下是不会去用这些先进设备的。"[①]教学点远程教育难以推行的问题也与教学点教师素质不高、教学技能跟不上等一系列问题密切相关。相关研究表明：无论是发达国家还是发展中国家，视听设备影响教学的最重要因素是教师及其要在技术领域闯一闯的愿望，教师的惰性或者抵制使用这些设备往往是各项计划失败的最主要原因；第二个因素是要拥有高质量的软件；第三个是学校的组织机构形式。[②] 而当前我国农村教学点恰恰也面临着师资水平低的问题，很多教师认识不到远程教育对教学的积极作用、不具备操作电教设备的技能等因素使教师这一推行远程教育的最关键变量不能发挥作用，必然导致教学点远程教育无法推行。此外，学校的组织机构形式如学校其他人员特别是校长对远程教育的认可等组织环境也影响到远程教育的实施。很多学校的校长将远程教育看成是应付设备达标、上级检查的工具，而非日常教学的手段。

　　从政府重视程度来看，在农村中小学布局调整过程中，各地方政府对教学点普遍采取不投资或少投资的政策。如，湖北省麻城南岗村教学

---

　　① 徐海峰：《在支教的日子里》，《中国教育报》2007年5月4日。

　　② ［法］雅克·哈拉克：《投资于未来——确定发展中国家教育重点》，尤莉莉、徐贵平译，教育科学出版社1993年版，第240页。

点，教室里仅有几张当年开办村小学时留下的破旧桌椅。即使破旧，新生入学，家长们还要向校长"提前预约"，没有预约上的，学生要自备桌椅。与之形成鲜明对比的是该镇的一所中心小学，这所乡镇中心小学的每个班级都换上了新课桌，篮球场、宿舍、食堂一应俱全。该市教育局领导坦言："学校太多，僧多粥少，一旦获得项目资金，最先考虑解决的肯定是大的学校的配套设施。"① 在湖北省麻城农村学校布局调整过程中，不仅没有给教学点新添教学设备以满足教学需要，反而将几年前实施"农村义务教育工程"时给教学点配备的 DVD、电视机和电脑全都搬走，拿到镇上较大规模学校建设多媒体教室。"基本上好的资源，都给了大的学校。"②

农村中小学布局调整后，教学点先天办学条件差的状况并没有得到改善，与中心学校之间的差距没有缩小，有的地方甚至进一步扩大。

三　偏远贫困地区农村学校和县镇学校教育差距明显

偏远贫困地区农村学校与县镇学校的差距是从学校地理位置的维度对义务教育非均衡问题的解读。针对"偏远贫困地区"的界定是研究当地教育发展问题的基本前提。从概念上来说，偏远贫困地区是指贫困人口比例大、贫困发生率高的地区。世界银行制定了相关贫困线标准，即每日人均收入 1.25 美元；我国根据具体的国情和人民生活水平，于 2008 年提出了最新的贫困线标准，即人均年收入 1196 元。

根据上述贫困识别的相关标准，我国贫困地区长期以来呈现出独有的特点：贫困人口比例大、多位于中西部偏远农村，教育、经济及社会发展不均衡问题突出。首先，从全国贫困人口的数量和分布来看，2009 年我国 31 个省份的贫困人口总数为 3597 万，贫困发生率为 3.8%。贫困人口在东、中、西部的数量分别为 173 万、1052 万和 2372 万。③ 贫

---

① 《麻城学生扛课桌上学调查：撤点并校致资源失衡》，《新京报》2012 年 9 月 10 日。
② 同上。
③ 国家统计局：《中国农村贫困检测报告 2010》，中国统计出版社 2011 年版，第 8 页。

困人口在中西部地区的比例高达 95.1%，其中 99.2% 分布在农村，仅 0.8% 分布在城市（见表 5—11）。其次，从各省（市、区）贫困人口的数量来看，贵州、云南、甘肃三省的贫困人口在 300 万以上，陕西、四川、河南等 9 省的贫困人口在 100 万—300 万之间，其他省份的贫困人口数量小于 100 万。[①] 我国政府划定的 592 个贫困县中，绝大多数贫困县分布在中西部省（市、区），其中西部扶贫重点县分布在广西、内蒙古、重庆等 11 个省（市、区）；中部扶贫重点县分布在山西、吉林、黑龙江等 8 个省；东部贫困县仅分布在河北和海南两省。最后，从地理地形的角度看，我国的贫困人口主要分布于山区、丘陵地带，平原地区由于交通便利、经济发展速度快，其贫困人口比例较低。2009 年全国平原、丘陵和山区的贫困人口的比重分别为 23.5%、23.6% 和 52.9%；三类地区农村的贫困发生率分别为 1.9%、2.5% 和 6.5%。[②] 因此，总的来说，我国的贫困人口主要集中在西部省（区）、农村山区和少数民族地区。2009 年我国农村居民人均纯收入 5153 元，而农村贫困人口人均纯收入仅为 983 元。这些都说明贫困地区的经济、社会发展与其他非贫困地区存在巨大的差距。

表 5—11 贫困人口在中国城乡的分布 单位:%

	世界银行定义的贫困线				
	收入贫困率			消费贫困率	
	占所有人口比例	贫困人口比例	占所有贫困人口比例	贫困人口比例	占所有贫困人口比例
农村	72.5	9.5	99.2	17.9	99.4
城市	27.5	0.2	0.8	0.3	0.6
全部	100.0	6.9	100.0	13.1	100.0

资料来源：世界银行依据国家统计局在 2003 年以全国为样本的城乡人口调查统计得出的数据进行的估计。贫困线标准为按 2003 年的农村（城市）价格计算，每人每年 888（1124）元。

---

① 国家统计局：《中国农村贫困检测报告 2010》，中国统计出版社 2011 年版，第 8 页。
② 世界银行：《从贫困地区到贫困人群：中国扶贫议程的演进，中国贫困和不平等问题评估》，2009 年 3 月，第 48 页。

上述我国偏远贫困地区的界定及当地贫困人口的概况描述为本书分析偏远贫困地区的教育发展不均衡问题奠定了基础。随着农村学校布局的调整，教育资源逐步向县镇中心学校集中，偏远贫困地区的学校办学规模逐年缩小，面临经费投入不足、办学条件落后的窘境。相关数据以及我们的调查结果都表明，县域内偏远贫困地区农村学校与县镇学校之间在经费投入、办学条件等方面均存在显著的差距。

（一）偏远贫困地区农村学校的办学经费仍然短缺

偏远贫困地区农村学校的办学经费短缺是义务教育非均衡发展的重要表现之一，也是长期制约教育均衡发展的瓶颈。在农村义务教育财政体制"以县为主"的背景下，偏远贫困地区的学校发展受到县域经济滞后的制约，在办学经费方面存在短缺困境。特别是随着学校布局调整的推进，县镇中心学校优先发展的策略加剧了其与偏远贫困地区学校的不均衡。

偏远贫困地区农村学校都不同程度地面临着办学经费短缺困境。农村中小学布局调整的主要原因之一，是税费改革导致教育经费不足。那么学校布局调整是否缓解了教育经费不足的问题？从我们课题组对中西部6省（区）的调查结果来看，教育经费不足仍是学校布局调整后的主要障碍，同时由于缺乏后续配套资金，学校布局调整后一些地方的学校又增添了新的债务。当问及"农村中小学布局调整中存在的主要问题"时，有76.8%的教育行政人员、64.2%的中小学校长、65.9%的学校中层干部、52.9%的教师和55.6%的教辅及工勤人员认为，学校布局调整中存在的问题是缺乏后续配套资金、学校的工作难度加大。

事实上，学校布局调整后教育经费短缺的问题更多地体现在偏远贫困地区的学校。从我们课题组实地调查情况来看，处于偏远贫困地区的学校中有很大比例的村小或教学点，它们是偏远贫困地区学校的典型代表，规模小、经费短缺以及办学条件落后。其中，经费短缺是这类学校面临的最大困境。在农村中小学布局调整中，偏远贫困地区的学校特别是村小、教学点大多被县级政府纳入撤销或合并的计划中，暂时保留的村小基本不会得到新增加的办学经费，有的甚至连基本的日常公用经费都难以得到满足。也就是说，原本就存在经费短缺问题的偏远贫困地区学校，在学校布局调整过程中因为政策性原因从而处在各种教育资源分配的最末端，更加剧了其办学困境。这种情况严重影响学校间教育的均衡发展。

我们课题组实地调查的情况也印证了偏远贫困地区学校办学面临经费短缺的困境。在此以我们实地调查的湖北省 Y 县、广东省 X 县为个案，对偏远贫困地区学校的办学经费问题进行深度剖析。

个案 1 湖北省 Y 县 C 村小的办学经费紧缺，办学条件极为落后。通过对该校吴老师的深度访谈，我们详细地了解到该校的经费情况。表 5—12 是湖北省 Y 县 C 村小的收支状况，每年中心学校给 C 村小 100 元办公经费，这些经费只能勉强应付最基本的日常开支。在这里一直任教的吴老师谈道：以前学校没被撤并的时候，学校每年收取学生的学杂费有 2000 多元归自己支配，比较方便，也基本够用。而现在，向中心学校申请厨房修缮和体育器材更新资金一直没有答复。这样，C 村小连最基本的运转经费都难以保障，办学经费短缺问题十分严重。

从 C 村小所属中心学校的经费情况来看（见表 5—13），中心学校每年的费用收入为 20400 元，扣除每年开销、普九债务、危房改造及预计基本建设支出，还有 230000 元的资金缺口。在这种情况下，中心学校没有能力更没有意愿给下属教学点拨付资金。可见，由于村小、教学点与中心学校的行政管理归属关系，偏远贫困地区学校的经费短缺问题直接受到县镇中心学校经费短缺的影响，他们的经费短缺问题无法得到解决。

此外，C 村小教师工作辛苦，但工资很低且得不到保障。C 村小吴老师谈道："我们这里山区很穷，中心校也没钱，2006 年之前我的工资一直在 300 元以下，直到今年我每月能拿 500 元。这是因为中心校有一位老师病休，只拿 70% 的工资，剩下的 30% 大概有 300 元校长给了我，然后再从学校公用经费中挤出 200 元，一共给我 500 元。"这从另一个角度反映了偏远贫困地区学校教育经费短缺的困境。

表5—12　　　　　　　　2007年湖北省Y县C村小的收支状况

收入：全年1400元全部上交中心学校统一管理	需要支出资金
每学期中心学校给50元，一年100元； 享受"两免一补"的学生：80元/人×5人＝400元； 没有享受"两免一补"的学生：100元/人×4人＝400元； 学前班学生：100元/人×5人＝500元。	100元/年：用于买圆珠笔、墨水、毛笔； 电费；烟、瓜子用于招待上级检查人员； 厨房漏雨严重，需要修瓦，需要100多元（至今未划拨资金）； 体育器材需要更新，需100元（未划拨资金）。

表5—13　　　　　2007年湖北省Y县C村小所属中心学校收支状况

收入	40元/生（生均公用经费）×215人（学生数）＋80元/生（每学期学费）×20人（学前班学生数）＝10200元。一年收入：10200×2＝20400元。
日常运转开销	7000元/年（包括办公用品笔、纸、笤帚等2000元；水电费3000元/年；教师奖励、买洗涤精、毛巾等2000元）；对7个贫困生零收费：一年学校垫支约5000元。共12000元。
普九债务	10000元。
危房改造	为保证学校安全修院墙，校长、主任以私人名义贷款。贷款30000元。
预计基本建设支出	中心校加强建设最少还需要40万—50万元，向上面报项目立项，现在已经确定上级拨款21万元，经费仍然短缺。
资金缺口	约230000元。

个案2　广东省X县是我们课题组于2009年进行实地调查的地区。X县是典型的山区县，是广东省省级贫困县，2008年全县财政收入1429万元，远低于省内其他县（市）的财政水平。从X县居民的收入水平来看，我们课题组调查的352名农村村民中，家庭纯收入在0—10000元收入区间的农户比例为87.7%，这与2008年全国西部地区农村居民家庭年收入水平基本相当（8782元）。因此，无论是X县的财政收入水平，还是当地村民的家庭收入水平，都表明X县属于贫困地区。

受县域经济发展滞后的影响，X县的教育发展呈现出更多的问题。2001年左右，该县进行了学校布局调整，截至2008年，全县的完全小学由 2003 年的 138 所减少到 42 所，村小由 2003 年的 54 个调整为 92 个，村小地处该县交通不便的偏远贫困山区。虽然村小数量增加了，但这 92 个村小仅仅是学校布局调整过程中的过渡型学校，在 X 县的学校布局规划中，它们是未来几年重点撤并的对象，将逐年减少，直至全部撤销。因此，从 X 县学校布局调整的规划中可以看出，村小的撤并是趋势，而县镇中心学校的改建扩建才是工作的重点。在这种规划下，该县村小与县镇中心小学在办学经费上的巨大差距就可以理解了。根据我们对教师问卷的统计结果表明，村小与县镇中心小学的办学经费情况存在较大差距。在回答所在学校办学经费短缺程度的问题时，认为偏远贫困地区村小办学经费"短缺"和"十分短缺"的教师分别占总样本数的 75% 和 62.9%，而认为县镇中心小学办学经费"短缺"和"十分短缺"的教师分别占总样本数的 25% 和 37.1%，远低于前者（见图 5—1）。针对"X 县学校布局调整面临的问题"的回答中，"经费短缺"被认为是最值得关注的问题，该问题的选择频率为 75%（见表 5—14）。

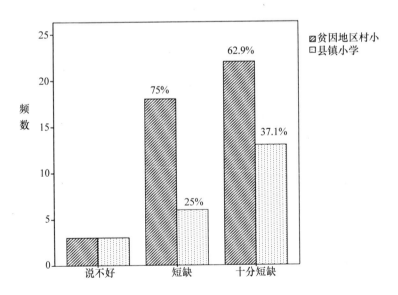

图 5—1　偏远贫困地区村小与县镇中心学校的办学经费短缺情况

注：教师卷有效样本：72。

表5—14　　　　偏远贫困地区农村中小学布局调整后面临的问题

项目	经费短缺	办学条件落后	上级领导不重视	教师缺乏培训	师资水平低	其他
频数	54	47	18	17	13	0
百分比（%）	75	65.3	25	23.6	18.1	0

注：有效样本数：72。

我们实地访谈的资料也显示，多数教师认为偏远贫困地区村小与县镇中心学校之间在办学经费上的不均衡是当前面临的重要问题，这直接影响到县域内教育的均衡发展。由此可见，X县在学校布局调整过程中，偏远贫困地区农村学校特别是村小办学经费的短缺反映出县域内教育发展的不均衡，学校布局调整在促进教育资源集中的同时，忽视了偏远贫困地区农村学校的建设。

全国范围内各省（市、区）农村中小学生均预算内教育经费情况反映了偏远贫困地区教育经费短缺的困境。在义务教育财政逐步纳入政府职责的背景下，生均预算内教育经费在很大程度上反映出学校的经费情况。从全国范围来看，《中国教育经费统计年鉴2009》相关数据统计显示（见表5—15），2008年全国31个省（市、区）农村小学生均预算内教育经费的平均值为3766元，按生均预算内教育经费支出从高到低的顺序排列，上海、北京、天津三个直辖市排在前三位；西藏自治区、内蒙古自治区和新疆维吾尔自治区由于属于少数民族自治区，一方面人口密度低，另一方面有政府的相关补贴，因此这三个地区的生均预算内教育经费支出也相对排在前列；其他支出额度较高的地区如浙江、江苏、辽宁等省均属于东部经济发达省份；排在后几位除广东、福建外，其他省份均属于中西部地区，也即我国592个贫困县所在省份。如排在最后三位的江西、贵州、河南三省的生均预算内教育经费支出仅为1870元、1784元和1616元，相当于全国平均值的一半或者更低，与上海、北京等经济发达地区相比相差近6倍。可见，绝大多数中西部省份的农村小学生均预算内教育经费支出仍处于较低水平，而偏远贫困地区的农村小学多位于中西部省份，这在很大程度上印证了偏远贫困地区学校的办学经费仍然短缺的问题。

另外，从全国农村初中学校生均预算内教育经费情况来看，2008

年全国31个省（市、区）的生均预算内教育经费支出水平为4610元，与农村小学相似，北京、上海、天津三个直辖市的生均预算内教育经费支出水平位于前三位，分别为18112元、14180元和6120元；其他东部经济发达省份如浙江、江苏、辽宁等省的初中生均预算内教育经费也处于较高水平；而大多数中西部省份如甘肃、陕西、河南、贵州等省的初中生均预算内教育经费支出水平均处于较低水平，其中安徽、河南、贵州三省的初中生均预算内教育经费支出水平排在最后三位，分别为2587元、2462元和2270元，相当于全国平均水平的一半或者更低，与北京、上海、天津等经济发达区域相比相差近7倍。因此，全国范围内各省（市、区）的初中生均预算内教育经费同样呈现出与农村小学类似的特征，即绝大多数东部经济发达省份和少数民族自治区的初中生均预算内教育支出水平较高；而西部省份的水平相对很低，而这些省份正是贫困县所在的主要区域，这说明贫困地区初中学校的办学经费也依然面临经费短缺的困境（见表5—15）。

表5—15　　　全国农村小学、初中生均预算内教育经费情况　　　单位：元

农村小学		农村初中	
全国平均	3766	全国平均	4610
上海	12207	北京	18112
北京	11771	上海	14180
天津	6119	天津	6120
西藏	5904	内蒙古	5717
内蒙古	5031	浙江	5712
浙江	4645	宁夏	5162
黑龙江	4601	青海	4980
吉林	4523	新疆	4540
江苏	4323	吉林	4502
辽宁	3821	江苏	4352
新疆	3733	辽宁	4316
青海	3571	山东	4231
陕西	3355	黑龙江	3949

续表

农村小学		农村初中	
全国平均	3766	全国平均	4610
福建	3349	湖南	3929
河北	3119	河北	3826
山西	3005	山西	3612
宁夏	2957	陕西	3535
山东	2825	海南	3532
海南	2746	福建	3423
甘肃	2450	甘肃	3149
四川	2306	湖北	3064
广西	2290	云南	3045
湖北	2279	广西	2884
湖南	2275	广东	2884
重庆	2130	江西	2805
云南	2099	重庆	2759
安徽	2082	四川	2690
广东	1964	安徽	2587
江西	1870	河南	2462
贵州	1784	贵州	2270
河南	1616	西藏	

资料来源：根据《中国教育经费统计年鉴2009》相关数据整理所得。

　　无论是我们课题组实地调查情况，还是全国范围的数据都表明，在农村学校布局调整后，偏远贫困地区农村学校仍然面临教育经费短缺的困境，与县镇学校之间存在较大差距，教育发展仍不均衡。

（二）偏远贫困地区农村学校的办学条件十分落后

　　在各地农村学校布局调整的实施过程中，伴随学校规模的扩大，县镇中心学校办学条件的改善是短期内的重点工作，与此相对照，农村地区的学校、特别是偏远贫困地区的村小，作为未来主要被撤销或合并的对象，在办学条件上以维持原状为主。因为如果加大投入建设即将被撤销的学校，对于多数县级政府来说，经济上是不合算的。在此背景下，农村学校与县镇中心学校之间在办学条件上差距依然存在，甚至有所扩大。

从全国范围各个省（市、区）的学校办学条件情况看，农村学校与县镇学校之间存在较大差距。如表5—16所示，2008年全国31个省（市、区）的农村小学与县镇小学的办学条件情况表明，办学条件涉及的所有项目中，农村学校的办学条件平均值均低于县镇学校。其中，差距较大的项目有电子图书藏量（县镇超出农村6.21倍）、语音室面积（6.18倍）、仪器设备总值（5.64倍）等。这些差距较大的项目均属于现代化的教学资源，县镇中心学校在扩大学校规模的同时，也加大投入引进教学需要的电子资源和仪器设备，很大程度上提高了教育质量。但与此相对比，农村学校特别是偏远贫困地区的学校几乎没有任何现代化的教学资源。我们实地调查中看到，多数偏远贫困地区的农村学校没有电教设备，即使配备了网络电视和远程教育光盘，也由于这些学校办学经费的紧缺和师资力量的薄弱难以应用于教学实践，影响了学校教学质量的提高。

表5—16　　农村与县镇小学办学条件的情况及差异（全国平均）

	农村	县镇	超出值	超出的倍数
学校占地面积（平方米）	7335.92	13781.22	6445.3	0.88
校舍建筑面积（平方米）	1404.54	4210.59	2806.05	2.00
教学及辅助用房（平方米）	854.47	2335.26	1480.79	1.73
普通教室（平方米）	724.76	1874.12	1149.36	1.59
实验室（平方米）	37.21	99.97	62.76	1.69
图书室（平方米）	34.19	81.73	47.54	1.39
微机室（平方米）	21.09	76.3	55.21	2.62
语音室（平方米）	3.9	27.99	24.09	6.18
行政办公用房（平方米）	140.36	421.48	281.12	2.00
教师办公室（平方米）	114.9	298.1	183.2	1.59
生活用房（平方米）	298.27	979.92	681.65	2.29
体育运动场（馆）面积（平方米）	2171	4130.05	1959.05	0.90

续表

	农村	县镇	超出值	超出的倍数
计算机（台）	6.88	40.78	33.9	4.93
图书藏量（册）	3216.09	12079.16	8863.07	2.76
电子图书藏量（册）	144.66	1043.67	899.01	6.21
固定资产总值（万元）	69.99	330.03	260.04	3.72
仪器设备总值（万元）	4.59	30.5	25.91	5.64
专业实验设备（万元）	2.67	16.76	14.09	5.28
专业实习设备（万元）	0.45	3.08	2.63	5.84

资料来源：根据《中国教育统计年鉴2008》数据整理所得。

　　农村初中与县镇初中在办学条件方面也存在一定差距。如表5—17所示，在办学条件涉及的学校占地面积、校舍建筑面积、实验室、仪器设备总值等所有项目中，县镇初中的平均办学条件水平均高于农村初中的平均办学水平。其中，差距较大的项目主要有仪器设备总值（县镇超出农村1.09倍）、固定资产总值（1.07倍）、专业实验设备（0.95倍）等。与农村—县镇间小学办学条件的差距相比，农村初中与县镇初中之间的差距值要小很多。这种情况源于县域内初中学校的数量较少，其学校布局调整的力度也较小，少数几所初中学校的合并和重组相对容易实施。同时，多数农村初中建在乡镇所在地或离乡镇较近的地方，初中学校的布局调整涉及的教育资源整合力度也较小。因此，在县域内初中学校布局调整过程中，初中学校之间的地域差别并没有小学学校之间的差距那么大，即农村初中与县镇初中之间的不均衡受到学校布局调整的影响较小，不均衡程度并不十分显著。

表5—17　农村与县镇初中办学条件的情况及差异（全国平均）

	农村	县镇	超出值	超出的倍数
学校占地面积（平方米）	22917.14	30134.93	7217.78	0.31
校舍建筑面积（平方米）	5225.78	8787.51	3561.73	0.68
教学及辅助用房（平方米）	2256.58	3677.77	1421.19	0.63
普通教室（平方米）	1644.49	2606.53	962.04	0.59

续表

	农村	县镇	超出值	超出的倍数
实验室（平方米）	277.90	470.66	192.76	0.69
图书室（平方米）	93.72	156.60	62.88	0.67
微机室（平方米）	98.61	143.18	44.58	0.45
语音室（平方米）	30.34	56.95	26.61	0.88
行政办公用房（平方米）	509.56	771.61	262.05	0.51
教师办公室（平方米）	370.67	518.77	148.10	0.40
生活用房（平方米）	2084.53	3646.12	1561.59	0.75
体育运动场（馆）面积（平方米）	6066.90	7700.79	1633.89	0.27
计算机（台）	44.64	70.61	25.98	0.58
图书藏量（册）	12845.45	19942.42	7096.97	0.55
电子图书藏量（册）	929.30	1767.69	838.39	0.90
固定资产总值（万元）	300.73	622.10	321.38	1.07
仪器设备总值（万元）	26.50	55.30	28.81	1.09
专业实验设备（万元）	16.58	32.34	15.77	0.95
专业实习设备（万元）	3.85	6.37	2.52	0.66

资料来源：根据《中国教育统计年鉴2008》数据整理所得。

由中西部省（市、区）农村小学与县镇小学办学条件的不均衡在很大程度上也可说明，偏远贫困地区农村小学与县镇小学办学条件存在巨大的差距。根据前文所界定的中西部贫困省（市、区）的范围，即我国592个贫困县主要分布在以下省（市、区）：广西、内蒙古、重庆、四川、云南、贵州、陕西、甘肃、青海、宁夏、新疆、山西、吉林、黑龙江、安徽、江西、河南、湖北、湖南、河北、海南等省（市、区）。这些省（市、区）的农村学校与县镇学校在办学条件方面的差距也显现出学校布局调整后教育发展的不均衡问题依然存在。如表5—18所示，中西部省（市、区）农村小学与县镇小学办学条件在合计总值和均值方面均存在差距，其中，合计总值方面，农村学校在学校占地面积、校舍建筑面积等12个项目方面低于县镇小学，而体育运动场面积、计算机数量等6个项目的总值方面，农村小学水平高于县镇学校。但是，从平均值来看，办学条件涉及的所有项目中，农村小学的办学条件水平均值全部低于县镇小学。其中，差距最大的项目主要包括语音室面积（县镇超出农村 6.21 倍）、计算机（4.67 倍）、仪器设备（4.27 倍）等。可见，在办学条件合计总值的部分项目中，农村小学办学水平高于县镇小学，这与农村小学庞大的学校数量直接相关，但农村小学办学条件的平均值与县镇小学存在较大差距，其中，电教设备是差距较大的方面。

表 5—18　　农村与县镇小学办学条件的情况及差异（中西部省市区）

	农村合计	县镇合计	超出值	超出的倍数	农村均值	县镇均值	超出值	超出的倍数
学校占地面积（平方米）	26581141115	12186686860	2463752749	0.93	6908.92	12318.12	5409.20	0.78
校舍建筑面积（平方米）	501221881	986846103	485624222	0.97	1296.38	3612.24	2315.86	1.79
教学及辅助用房（平方米）	307042160	604029447	296987287	0.97	794.92	2044.00	1249.08	1.57
普通教室（平方米）	265211464	522319762	257108298	0.97	683.91	1714.46	1030.55	1.51
实验室（平方米）	12951797	25154560	12202763	0.94	34.06	82.54	48.48	1.42
图书室（平方米）	11893261	23310020	11416759	0.96	31.06	67.61	36.55	1.18
微机室（平方米）	7223529	14120497	6896968	0.95	18.93	65.55	46.61	2.46
语音室（平方米）	1204538	2342176	1137638	0.94	2.92	21.08	18.15	6.21
行政办公用房（平方米）	50791781	99624553	48832772	0.96	133.01	375.17	242.16	1.82

续表

	农村合计	县镇合计	超出值	超出的倍数	农村均值	县镇均值	超出值	超出的倍数
教师办公室（平方米）	42689486	83767165	41077679	0.96	111.96	281.36	169.40	1.51
生活用房（平方米）	109979208	217650586	107671378	0.98	278.61	872.64	594.04	2.13
其他用房（平方米）	34024188	66772429	32748241	0.96	89.84	320.43	230.59	2.57
体育运动场（馆）面积（平方米）	401531051	77436657	−324094394	−0.81	1957.24	3593.85	1636.61	0.84
计算机（台）	1041789	619927	−421862	−0.40	5.08	28.77	23.69	4.67
图书藏量（册）	587016953	213683707	−373333246	−0.64	2861.38	9917.10	7055.72	2.47
电子图书藏量（册）	24629545	12908760	−11720785	−0.48	120.06	599.10	479.04	3.99
固定资产总值（万元）	12105523	4956235	−7149288	−0.59	59.01	230.02	171.01	2.90
仪器设备总值（万元）	750645	415196	−335449	−0.45	3.66	19.27	15.61	4.27

资料来源：根据《中国教育统计年鉴2008》相关数据整理所得。

　　农村初中的办学条件与县镇初中相比也存在一定差距。由于多数县镇仅有一所初中，而农村地区的初中数量远大于县镇初中的数量，因此，从办学条件的合计总值来看，县镇初中办学条件的所有项目水平总值均小于农村初中。但是，从办学条件水平的平均值来看，农村初中办学条件平均值均低于县镇初中，其中差距较大的项目包括电子图书藏量（县镇超出农村0.99倍）、语音室面积（0.89倍）、仪器设备总值

（0.87倍）等（见表5—19）。同样，相对于农村小学与县镇小学之间的差距，农村初中与县镇初中之间在办学条件方面的差距较小，这同样源于学校布局调整过程中初中学校的教育资源整合力度较小。因此，与全国范围内的初中学校情况相似，中西部落后省份的农村初中与县镇初中之间的差距并不显著，但依然存在一定程度上的不均衡，在学校布局调整过程中也需要引起教育决策者的关注。

表5—19　　　　农村与县镇初中办学条件的情况及差异（中西部省市区）

	农村合计	县镇合计	超出值	超出的倍数	农村均值	县镇均值	超出值	超出的倍数
学校占地面积（平方米）	535232516	360143300	−175089216	−0.33	20954.18	27573.95	6619.77	0.32
校舍建筑面积（平方米）	120597767	101972456	−18625311	−0.15	4721.36	7807.40	3086.04	0.65
教学及辅助用房（平方米）	51789801	41937645	−9852156	−0.19	2027.55	3210.91	1183.35	0.58
普通教室（平方米）	38611443	31120914	−7490529	−0.19	1511.63	2382.74	871.11	0.58
实验室（平方米）	6068170	4932721	−1135449	−0.19	237.57	377.67	140.10	0.59
图书室（平方米）	2098639	1648082	−450557	−0.21	82.16	126.18	44.02	0.54
微机室（平方米）	2351464	1702905	−648559	−0.28	92.06	130.38	38.32	0.42
语音室（平方米）	648069	626123	−21946	−0.03	25.37	47.94	22.57	0.89
行政办公用房（平方米）	11712016	8860135	−2851881	−0.24	458.52	678.37	219.84	0.48

续表

	农村合计	县镇合计	超出值	超出的倍数	农村均值	县镇均值	超出值	超出的倍数
教师办公室（平方米）	8877312	6309803	−2567509	−0.29	347.54	483.10	135.56	0.39
生活用房（平方米）	49108922	44166257	−4942665	−0.10	1922.60	3381.54	1458.94	0.76
其他用房（平方米）	7987028	7008419	−978609	−0.12	312.69	536.59	223.90	0.72
体育运动场（馆）面积（平方米）	134432125	88038185	−46393940	−0.35	5262.97	6740.54	1477.57	0.28
计算机（台）	992169	740573	−251596	−0.25	38.84	56.70	17.86	0.46
图书藏量（册）	299337616	225226741	−74110875	−0.25	11718.97	17244.22	5525.25	0.47
电子图书藏量（册）	16312209	16592482	280273	0.02	638.62	1270.38	631.77	0.99
固定资产总值（万元）	6504142	6198054	−306088	−0.05	254.64	474.55	219.91	0.86
仪器设备总值（万元）	561710	538218	−23492	−0.04	21.99	41.21	19.22	0.87

资料来源：根据《中国教育统计年鉴2008》相关数据整理所得。

我们课题组对中西部6省（区）的调查更有力地印证了这一点，即在农村中小学布局调整过程中，农村学校，尤其是偏远贫困地区学校办学条件差的问题比较严重。如表5—20所示，认为学校布局调整过程中农村学校存在办学条件差的答题样本数量一共为8176人次，占总回答人次的78.85%，远高于回答"否"的人次。也就是说，绝大多数学校校长和教师都认为，农村学校办学条件差是目前存在的重要问题。而且在回答"是"的样本中，分别有4448人次和1963人次来自"已经经历过"和"正在经历"布局调整的学校，他们分别占总回答人次的54.40%和24.01%。这说明，学校布局调整对农村学校办学条件差带来了直接影响。在我们实地访谈中，一些教师和校长反映，在学校布局调整的过程中，农村地区的学校特别是村小、教学点逐步被撤销或合并，优质教育资源快速向县镇中心学校集中，不可避免地引发偏远贫困地区农村学校逐步萎缩，多数偏远贫困地区农村学校在办学条件方面处于最低水平，是农村教育均衡发展中的短板。

表5—20　　农村中小学布局调整过程中是否存在农村学校
办学条件差的问题（学校卷）　　　　单位：人

		学校布局调整否			合计
		是	否	正在进行	
农村学校办学条件差	是	4448	1765	1963	8176
	否	1344	348	501	2193
合计		5792	2113	2464	10369

注：学校卷11463，有效样本10369。

综上所述，农村中小学布局调整后，偏远贫困地区农村学校与县镇学校教育差距明显，义务教育发展不均衡。

四　农村寄宿制学校办学条件差，管理不规范

农村学校布局调整过程中，随着教育资源逐渐向县镇中心学校集中，中心学校的服务范围由原来的几个村扩大到十几个甚至几十个村，这导致一些离学校路途较远的学生需要寄宿上学，农村寄宿制学校大量涌现。"截至2010年，我国农村地区中小学寄宿生人数已经达到30010047人，占中小学在校总人数123404902人的24.32%。其中，小学寄宿生总数达到9800572人，占小学在校生总人数81202368人的

12.07%，初中阶段寄宿率达 47.89%。"① 从各地的实践来看，寄宿制学校可以初步解决学校布局调整后农村中小学生上学路程远的问题，为偏远地区、交通不便地区适龄儿童、少年到条件较好的学校学习创造了条件，为父母到城市打工的留守儿童更好地接受学校教育提供了条件。可以说，寄宿制学校发展是促进农村地区义务教育均衡发展的关键步骤之一。但在农村中小学布局调整的实践中，改建或扩建寄宿制学校需要大量资金投入，而各地尤其是经济欠发达地区财政供给能力有限，难以满足寄宿制学校标准化建设的大量经费需求；此外，在学校布局调整过程中，不少地区在寄宿制学校尚未修建好的情况下就撤并了原来的小规模学校，这些都导致学生进入寄宿制学校就读后，寄宿制学校办学条件却难以满足他们学习和生活的基本需要，发展寄宿制学校预期中的教育资源集中的优势并没有显现出来。不仅如此，受制于编制和经费问题，寄宿制学校教师除了正常教学外，还兼任学生管理工作，工作负担过重，学校教育质量没能得到大幅提高。当前农村寄宿制学校的主要问题是：学校办学条件难以满足寄宿生学习和生活的基本需要；学校内部管理不规范等，这些都不利于学校教育质量的提升，不利于学生身心健康发展，也阻碍了县域内义务教育的均衡发展。

（一）农村寄宿制学校办学条件差

随着"西部农村寄宿制学校建设工程"及"危房改造工程"的实施，数量不足已经不是农村寄宿制学校的主要问题。当前农村寄宿制学校存在的主要问题之一是：现有寄宿制学校办学条件难以适应寄宿制办学模式的特殊要求，办学条件差严重地阻碍了寄宿制办学优势的发挥。以下将根据我们对湖北省、广东省 5 个县 13 所农村寄宿制学校的调查加以说明。

第一，农村寄宿制学校住宿条件差。农村寄宿制学校办学条件差主要反映在寄宿生的生活条件上：部分学校宿舍条件简陋，校舍陈旧、空间拥挤，缺少必要的生活设施。宿舍是寄宿制学校的重要组成部分，农

---

① 教育部发展规划司编：《2010 年全国教育事业发展简明统计分析》（内部发行资料），2011 年 4 月。

村寄宿制学校的住宿环境与条件总体上是比较简陋和恶劣的，如大多数寄宿生居住在 8 人以上的大房间，甚至有的房间居住着数十人，"大通铺"现象仍然比较常见；大多数宿舍房间内没有桌椅；接近一半的寄宿生缺少储物的地方等。在这样的情况下，大多数寄宿生不可能在宿舍学习（因为多数宿舍根本没有桌椅等设施），而且寄宿生在宿舍房间内基本上没有自己的相对私密空间。

据我们对湖北省、广东省 5 个县 13 所寄宿中小学的调查显示：从农村寄宿制学校宿舍的建筑年代来看，使用中的学生宿舍大多建成时间较久、比较老旧。我们的调查显示，大多数寄宿制学校为寄宿生建设了宿舍楼，有 63.5% 的小学寄宿生、63.4% 的初中寄宿生住在宿舍楼里；但仍有 35.1% 的小学寄宿生和 30.1% 的初中寄宿生住在平房内；土坯房目前已经比较少见。我们的调查还显示：宿舍建成时间比较久。建筑时间在 3 年以内的小学宿舍只占 17% 左右，初中宿舍只占 12%；建成时间为 3—5 年的小学宿舍占 6.3%，初中宿舍占 4.1%；大多数宿舍建成时间在 5 年以上，寄宿制分别占小学的 36.6%，寄宿制初中的 25.7%。

从宿舍房间居住人数来看，农村寄宿制学校宿舍十分拥挤。根据我们的调查，农村寄宿生中能够住小房间（小于 8 人）的小学生只占样本总数的 23.4%，初中生为 13.6%；而大多数农村寄宿生住在大房间（大于 8 人），住大房间的小学寄宿生占样本总数的 67.4%、初中生高达 78%。根据对调查数据的进一步计算得出，农村寄宿制学校平均每间宿舍房间居住 14 名左右的小学生或 19 名左右的初中生，每名寄宿生享有的宿舍空间非常小；另外，还有 9.2% 的小学寄宿生和 8.4% 的初中寄宿生居住在其他类型的建筑（如教室、仓库等）改建的宿舍内，住宿条件更差。进一步考察寄宿生居住铺位情况，我们发现，农村寄宿生能够获得"1 人 1 铺"这种最基本住宿条件的小学生占样本总数的 64%、初中生为 46.2%；而住通铺的小学生却高达 20.9%、初中生达到 17.3%。

表 5—21 反映了我们对湖北省部分山区农村寄宿制学校调查情况。寄宿制小学平均每间宿舍房间居住 10 人左右，而寄宿制初中平均每间宿舍房间居住人数一般都在 15—30 人左右，有的甚至一间宿舍房间住

了40人。由于宿舍严重不足，一般农村寄宿制学校都采取几名学生睡1个铺位来解决。调查显示，"1人1铺"的学生约占样本总数的43%，有20%的学生是睡通铺，另有35%的学生是"2人1铺"或"3人1铺"。

表5—21　　　　　湖北省部分山区农村寄宿制学校学生住宿情况　　　　单位：人

	汪岗中学	绿杨中学	读书中心小学	杨祠小学	谋道小学	谋道中学	七里中学	金子中学	白果中学	红太阳学校
人数	18	22	12	9	24	30	30	21	26	12

注：数据来源于抽样调查，表中数据表示每间宿舍房间所住学生数的平均数。

再从宿舍内部生活设施来看，大多数农村寄宿制学校宿舍房间内没有给寄宿生设置桌椅，这种情况占到被调查小学寄宿生、初中寄宿生的68%和83%以上。有相当一部分宿舍房间内没有学生存放自己行李和其他物品的地方（43.2%的小学寄宿生、35.4%的初中寄宿生）。我们的调查还显示：寄宿制小学宿舍房间内设有洗漱和厕所设施的比例极少，只占被调查小学寄宿生的3.6%，寄宿初中生该比例高一些，为27%；甚至还有16.6%的寄宿制小学宿舍楼内没有洗漱和厕所设施，他们要到较远的学校公共厕所或水池去解决个人卫生问题，寄宿制初中情况相对好一些，只有3.4%的宿舍楼内没有洗漱和厕所设施。我们对寄宿生的问卷调查也印证了这一问题。问卷统计显示，小学寄宿生认为洗漱和上厕所不方便的占到40%以上，初中寄宿生也达到了34%以上。

第二，农村寄宿制学校缺少其他寄宿生活必备设施，学生寄宿生活质量不高。必备寄宿生活设施主要是指食堂和开水房及浴室，这些寄宿生活必备设施关系到学生寄宿生活的质量，但农村寄宿制学校现有条件不能满足现代学生的生活需求。

食堂是维持寄宿制学校学生正常教学及生活的根本保证之一。从我们调查的总体情况来看，各所农村寄宿制学校基本都设有食堂，食堂提供的饭菜品种和质量存在学校间的差异。我们对湖北省、广东省5个县13所寄宿中小学的调查显示：食堂一餐只提供1—2个菜的寄宿制小学占到样本小学总数的83.7%，而初中只占37.4%；食堂一餐提供3—5

个菜的寄宿制小学占 15.8%，初中却占 61.4%。从饭菜品种来看，寄宿制初中食堂情况相对好一些。此外，寄宿制学校食堂多数不向寄宿生提供"热菜"或"加工学生自己带的菜"的服务，寄宿制小学食堂该比例为 72.6%、寄宿制初中食堂该比例为 82.3%。我们对湖北省部分农村寄宿制学校的调查还发现，80% 的学校保证了每日三餐，但是也有 20% 的学校每日只提供两餐。大多数学校提供的菜品很少，在调查的 1010 份问卷中，58% 的被调查者回答只有 1—2 个菜，这对正在成长中的学生来说很容易造成营养不良。

浴室和开水房也是寄宿必备的生活设施，关系到寄宿生的生活质量。据我们对湖北省寄宿制学校的调查显示：虽然样本学校基本上都有开水房，但在回答"能否保证热水需要"问题时，35.5% 的学生回答了"否"。对于一个星期或更长的时间要在学校居住的学生而言，浴室显得尤为重要，但根据我们对调查问卷统计分析显示，高达 41.2% 的学生回答"学校没有浴室"。即使是在有浴室的寄宿制学校，浴室开放次数也十分有限。我们对调查问卷统计发现，回答"浴室一周开放一次"的学生只占 11.1%，回答"浴室 2—3 天开放一次"的学生占 15.7%，两项合计占 26.8%，也就是说，这些学校虽然有浴室，但是开放的次数却很少，无法满足寄宿生基本洗浴的需要。

第三，农村寄宿制学校文体活动设施严重不足，学生课余生活单调。就读寄宿制学校后，学生本来在家里自由度过的大量课余时间被交给学校来安排，这是寄宿制学校不同于非寄宿制学校在学生管理上的一大特点。为安排好寄宿生大量的课余时间，延长学生课堂学习时间和增加学生文体活动时间是常用的方法。从学生身心发展的角度考虑，增加学生文体活动时间显然是更好的选择，但这既需要大量财力投入以购买用于文体活动的设备设施，如图书室、各种球场等，也需要大量人力投入以组织和管理学生，这些对学校布局调整后的大多数农村寄宿制学校而言很难做到。表 5—22 是我们对湖北省部分农村寄宿制学校 1010 份调查问卷的统计结果，从中可以看出，绝大部分学校基本不具备用以安排学生课余时间的文体活动设施，大多数学校不得不采用延长教学时间的方法"填充"学生的课余时间，将学生"圈养"在教室内，既不利于学生的身心全面发展，又加重了任课教师工作负担。

表5—22　　　　　湖北省部分农村寄宿制学校文体活动设施情况

	图书馆（室）		音乐教室		课外活动室		篮排球场	
	有	无	有	无	有	无	有	无
频数（人）	371	616	42	752	93	881	839	154
缺失值	22		216		33		17	
有效百分比（%）	37.6	62.4	5.3	94.7	9.5	90.5	84.5	15.5

　　第四，农村寄宿制学校安保、医疗卫生情况不能满足实行寄宿制办学的需要。寄宿制学校与非寄宿制学校相比，学生个人安全问题尤为重要，学生在学校寄宿不仅意味着学校要负责学生在学校的吃住，更意味着原来由各个家庭分担的学生个人安全责任转移到了学校。就我们调查的情况来看，目前很多学校并不具备承担这种责任的相应条件。我们在湖北省恩施地区某中学调查时发现，一所2000多人的寄宿制初级中学居然没有围墙，校外人员可以随意出入校园。据该校副校长介绍，临近毕业的时候，经常有社会闲杂人员来学校骚扰，老师们时常提心吊胆。正值我们调查的时候，还有几个社会闲杂人员在教室外高声喧哗，这种状况给寄宿制学校带来很大的安全隐患。另外，在所调查的学校中，从学生到教师都没有应对突发事件的应急意识，很多学校连基本的消防设备都没配备，如一旦遇到失火等事件发生，后果不堪设想。

　　在农村寄宿制学校，医疗卫生方面的建设也常常被忽略。据我们对湖北省、广东省5个县13所寄宿中小学的调查显示：建有医务室的寄宿制学校仍属少数，只有25%的小学寄宿生所在学校、38%的初中寄宿生所在学校建有医务室，学生若生病很难及时就医。即使建有医务室的学校，仍有84%（小学）和78%（初中）的寄宿生认为医务室不能治好病。这对正在成长中的孩子的身心健康都极为不利。

（二）农村寄宿制学校管理不规范

　　目前，绝大多数寄宿制学校仍沿用非寄宿制学校的教职工人员配备模式和时间分配方式，使寄宿制学校成了非寄宿制学校在时间上的延伸，不符合寄宿制学校的办学特点。具体来说：

　　第一，农村寄宿制学校缺少专职生活教师。农村寄宿制学校没有专职生活教师编制，对于寄宿生住宿方面的管理工作，或者是由任课教师兼任或者是由村里年纪较大的村民担任，前者分散教师教学精力，增加教师的工作负担，后者素质不高，管理方法简单、粗暴，这种情况下寄宿生生活质量难以保证，也不可能充分发挥宿舍对学生寄宿生活的特殊功能。我们的调查结果显示，67.2%的被调查学生认为学校有生活教师，近30%的学生认为生活教师没有检查学生的生活；77.8%的学生认为生活教师没有看护生病的学生；43.4%的学生觉得生活教师没有关注学生的安全。这些生活教师大多是聘请社会人员兼任，而不是专职的生活教师，他们缺少必要的岗位培训，在对学生的生活管理上缺少足够的专门知识和技能，对学生情感和心理状态的关注比较少。

　　另从现有生活教师的工作情况来看，农村寄宿制学校安排的生活教师数量严重不足导致现有生活教师工作强度较大，工作时间较长，自身身心健康问题比较突出。根据我们的调查发现，生活教师平均要管理5.3个班397名寄宿生，每天平均工作14.3个小时。这些生活教师的休息时间不是按照国家法定假日，而是根据寄宿生的作息时间确定，通过我们的调查得知，平均每隔16天他们才能获得1次休息。工作时间较长、工作压力较大导致生活教师身心疲惫。生活教师的工作与寄宿生生活关系非常密切，生活教师的身心健康状况差不利于寄宿生和寄宿制学校的健康发展。

　　第二，农村寄宿生学习时间与课余时间分配不合理，"以课代管"的寄宿生管理模式降低了学生的学习效率。出于学生安全保障以及学校人力、物力、财力不足等原因，目前绝大多数农村寄宿制学校采用以课堂教学活动替代学生课余时间的文体活动。我们的调查证实了这一点。表5—23是对样本学生每天上课节次、学习时间和自由活动时间的统计分析。可以看出，被调查寄宿制学校（含小学）开课节次每天均值达到了近11节，学生每天学习时长超过了12个小时，而自由活动时间不足2小时。对寄宿制学校来说，这样的时间安排，虽然既保障了学生的安全，又增加了学生学习知识的机会和时间，但同时也容易使得学生对学习产生疲惫感，不利于学生德智体全面发展。我们对学生问卷的分析表明，82%的学生期望每天上8节课，最好没有早晚自习。

表5—23　　　　　　农村寄宿制学校学生学习与自由活动时间分配情况

	N	全距	均值	标准差	方差
每天几节课	985	16	10.55	1.941	3.767
学习时间	944	19.0	13.798	1.5721	2.471
自由活动时间	889	4	1.82	1.130	1.277
有效的 N（列表状态）	837				

第三，寄宿制学校学生的心理问题得不到及时关照。农村中小学布局调整后，大量农村学校的撤并导致低龄儿童或本来走读上学的适龄儿童不得不选择寄宿制学校上学。他们离开父母及亲人的日常照顾，加上寄宿制学校办学条件差、缺乏符合寄宿制学校特点的人员配置等原因，导致部分寄宿生不仅面临生活自理的困难，还要面对情感缺失的困扰，这对学生的身心健康发展不利。

据我们对湖北省、广东省5个县13所寄宿制学校学生"为什么不喜欢住校"的调查结果显示："很久见不到家人"是第一位的原因，其比例达到27.1%；"学校生活条件差"与"住校心情郁闷"分别是第二位和第三位的原因，选择这两项的寄宿生比例也很接近，分别为19.1%和18%；分别有14.8%和10.6%的寄宿生选择"学习时间太长"和"学校管理太严"；"与同学难以相处"、"住校时得不到老师关心"、"其他"三项的选择比例均不足5%。选择"其他"的只有2.4%，这说明不喜欢住校的原因基本上已包括在设定的选项中（见图5—2）。调查结果明确显示寄宿生不喜欢住校的首要原因是"很久见不到家人"，由于亲情的缺失，给寄宿生带来了严重的负面影响。"学校生活条件差"，表明寄宿制学校住宿、饮食等与寄宿生生活相关的设施和服务不能满足寄宿生的基本需要，使寄宿生对寄宿上学怀有排斥心理。"住校心情郁闷"则反映出寄宿生学校生活的封闭、单调和枯燥，不能满足寄宿生这一年龄阶段特别需要玩耍和活动的天性需要，可能会对少年儿童的身心健康造成不同程度的损害。此外，寄宿制学校学习时间过长和学校管理太严也是某些寄宿生不喜欢住校的原因。与以上原因相比，"与同学难以相处"和"住校时得不到老师关心"尚不是寄宿生不喜欢住校的主要原因。

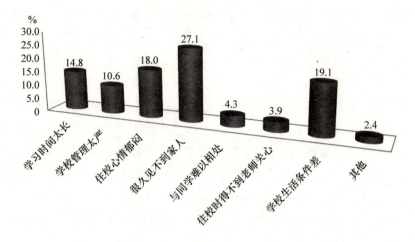

图5—2　农村寄宿制学校寄宿生不喜欢住校的原因

　　总之，目前农村寄宿制学校的办学条件差、管理不规范，对学生的身心健康、学习生活带来了负面影响，寄宿制学校集中优质教育资源、提高办学质量和效益的办学优势没有充分发挥出来，制约了义务教育均衡发展的推进。

　　以下以我们课题组对其他省（区）的实地调查补充说明。

　　个案1　广西壮族自治区荔浦县杜莫镇中学是一所寄宿制中学，全校共有800多名学生住校，学生宿舍很陈旧，有些已经鉴定为危房，不能使用了，因此住宿很紧张，平均18个人一间宿舍，有时需要在2个铺位上睡3个人。

　　个案2　广西壮族自治区南丹县瑶寨小学从1975年开始办学，学校占地面积为8500平方米，校舍面积为1368.4平方米，生均10平方米。学校开设6个教学班。服务范围3.3公里，除了瑶寨村的学生外，邻近的塘浪、关西和吧哈3个行政村的学生也都在这里上学。塘浪村戈立屯距学校最远，学生上学只能靠走路，来回一趟要3个小时，这个村子距离县城近，但由于县小学没有住宿生，所以学生只能舍近求远来这里读书。学生宿舍是一排新盖起的水泥平房，学校目前有75人住校，从学前班到毕业班，每个年级都有住校生，占到全校学生总数的一半，基本上有住校需要的学生学校都可给予解决。学校安排教师每周轮流值班守夜，并由学校出钱请了一个厨师负责学校中、晚餐。学校不提供早餐，学生们也基本上不吃早餐。住宿生中有 55 人享受到住宿补助费资助，这笔补助费并不发放到学生个人手中，而是由学校统一管理，用于学生个人的柴米油盐水费用，不享受补助的学生每一正餐交一元钱。除此之外，学生还需要交住宿费 40 元。每学期老师都要反复催促学生交齐这些费用，但每学期下来，总有至少 10 个人交不起住宿费。一些家长反映，由于孩子太小，自理能力很差，有的孩子在学校寄宿，自己不会洗衣服，就把穿过的衣服积攒起来，周末背回家给家长处理，这样就需要给孩子多买换洗衣物，加重了家长的经济负担。当地农民年收入仅为 400—500 元，经济情况并不是很好。家长反映，孩子并没有在学校学到更多的知识。

个案 3　陕西省石泉县旋涡镇旋涡中学长期存在校舍不足问题。该校 50% 的教师离家很远，必须住宿；但因为住房紧张只有 4、5 个教师可以住宿，其他教师晚上十点以后回家。住宿教师每两人一间 15 平方米的房子，原来是三人一间。因为校舍不足，教师只能集体办公。全校共有住校生 800 多人，因为住宿紧张，其中 300 多名学生住在周边农户家里（也有少数住在亲戚家中）。对于租住校外农户房屋的学生，租住前，学校、家长要先看过房子，然后学校、家长、户主三方签订《旋涡中学学生校外住宿安全责任书》，以保障这部分学生的安全。即使这样，校外住宿生仍然存在安全隐患，户主打牌、播放 DVD、看录像等娱乐活动都可能对学生学习和生活产生一定程度的负面影响。

五　农村学校与县镇学校师资水平差距大

教师是年轻一代的培育者，是传递和传播人类文明的专职人员，是学校教育职能的主要实施者，被推崇为"人类灵魂的工程师"。"教育的发展和质量的提高，是与一支稳定的、训练有素的、积极性高又可靠的教师队伍分不开的。"[1] 但农村学校布局调整后，县域内农村学校与

---

① ［法］雅克·哈拉克：《投资于未来——确定发展中国家教育重点》，尤莉莉、徐贵平等译，教育科学出版社 1993 年版，第 228 页。

县城学校、乡镇中心学校教师资源配置仍然不均衡，甚至一定程度上存在差距拉大的趋势，特别是偏远贫困地区的村小和教学点，由于地理位置偏僻、交通闭塞、工作条件艰苦、工资待遇低，难以吸引到优秀的教师。而县城学校和乡镇中心学校由于办学条件相对较好、交通较为发达、公共服务设施比较完善，不仅能够吸引大量农村学校的优秀教师，而且能够引进更多高素质的年轻教师。这样一来，优质教师资源大多集中在县城学校和乡镇中心学校，而村小和教学点等农村学校的教师素质却越来越差。农村学校布局调整后，县域内农村学校与县城学校、乡镇中心学校师资水平差距大，严重影响到农村学校教育质量的提高，影响到县域内义务教育的均衡发展。具体来讲：

第一，农村学校教师年龄结构、性别结构双重失衡。我们调查发现，目前农村中小学教师队伍老龄化是一种极为普遍的现象，而且学段越低，农村学校越偏远，越贫困的地区，教师老龄化的程度越严重。例如，我们对广西壮族自治区兴安、南丹等 5 县 5 所村小和教学点进行调查发现，5 所学校教师平均年龄达 47 岁，最大的 55 岁，最小的也有 40 岁（见表 5—24）。

表 5—24　　　　广西壮族自治区 5 县 5 所村小和教学点教师年龄情况

	所隶属中心学校	教师数量（人）	平均年龄（周岁）	最大年龄（周岁）	最小年龄（周岁）
兴安县华江乡同仁小学	兴安镇中心学校	5	49	52	41
荔浦县杜莫镇六部小学	龙珠小学	6	45	50	42
龙胜县瓢里乡上塘小学	瓢里乡中心学校	4	51	55	40
那坡县坡荷善何异布小学	坡荷中心学校	1	42	—	—
隆林县猪场乡半坡屯小学	猪场镇中心学校	1	50	—	—

农村教师年龄老化问题不仅在广西较为普遍，在我们课题组调查的其他中西部地区也是如此。2011 年我们课题组对江西省泰和县进行了实地调查。泰和县地处江西省中部的吉泰平原（吉泰盆地），截至 2011 年 5 月，全县拥有各级各类学校 280 余所，在校学生总数 7.2 万人，其中义务教育学校学生 5.4 万人，在职教师 3987 人。通过学校布局调整，

泰和县域内农村义务教育基本形成如下格局：4—9 年级集中设在乡镇中心学校、村一级基本只剩下 1—3 年级的初小或教学点。目前该县农村 88 个教学点中，绝大部分教师都是民师转正的，年龄普遍在 50 岁以上。在我们走访的 3 个教学点中，有两个学校都是只有 3 名教师，教师的平均年龄都在 55 岁以上，其中双林镇下院教学点有 2 个班，39 名学生，3 名教师，一位老师开玩笑说："我是我们这里年龄最小的，58 岁，他俩都是 59 岁。"江西省分宜县双林镇卷山教学点有 3 名教师，有 1 位教师不幸患上癌症，另外 1 名教师今年 57 岁，1 名教师已经到了退休年龄。由于教师严重短缺，中心学校不得不继续聘用这位已经达到退休条件的教师。另据该县塘洲中心小学的郑校长介绍，当年为了支援初中实现"普九"目标，教育局从小学抽调了不少年轻骨干教师到初中任教，随着一批老教师的退休，目前小学教师青黄不接，缺编严重。由于农村小学教师经济待遇和社会地位普遍偏低，再加上责任大、工作环境艰苦，新分配的男教师普遍不愿意到农村小学任教，近年来新招聘的基本都是女教师。该县禾市镇的小学同样存在这样的问题：一方面，教师年龄老化，全镇教师平均年龄超过 50 岁；另一方面，新招聘教师以女性居多。由此可见，农村小学教师年龄结构、性别结构双重失衡的现象较为普遍，必然影响到农村学校教育质量的提高。

第二，农村学校教师学历低、职称低。从学历来看，农村学校教师与城市和县镇学校教师的差距很明显，教师专业不对口问题农村比县镇、城市更严重。如我们对山西省隰县的调查发现，县城小学和初中专任教师的学历合格率分别为 91% 和 96%，农村小学和初中专任教师的学历合格率分别只有 85% 和 89%。教师初始学历合格的初中语文、数学、外语、美术、音乐、艺术和体育教师，约有 1/3 是教非所学，其中城市约为 20%，农村则超过 40%；而初始学历不合格的教师，取得合格学历的专业与所教课程对口率则更低。

表 5—25 是对广东省新丰县 71 位教学点教师与完全小学教师的问卷调查。其中本科教师只有 1 人，在完全小学任教；大专学历教师总数为 37 人，在教学点与完全小学数量分布分别为 18 人和 19 人，相差不大；高中或中专学历的教师总数为 26 人，其中 23 人在教学点任教；高中或中专以下学历教师也大多集中在教学点任教，在完全小学任教的只

有 1 人。单从教学点教师的学历情况来看，高中、中专及以下学历的教师有 29 人，大专学历教师 18 人，即高中及以下学历水平的教师占绝大多数，这反映出农村学校教师整体素质不高的现实。

表 5—25　　　　广东省新丰县教学点和完全小学教师学历情况　　　　单位：人

		学历				总计
		高中或中专以下	高中或中专	大专	本科	
学校类别	教学点	6	23	18	—	47
	完全小学	1	3	19	1	24
总计		7	26	37	1	71

新丰县农村学校教师学历低只不过是全国农村学校的一个缩影。从全国范围来看，与县镇学校和城市学校教师相比，农村学校教师无论是学历，还是职称方面都存在较大差距（见表 5—26）。从合计总值来看，由于农村学校数量庞大，很多与农村小学教师质量水平相关的统计数量总数占有绝对优势。但是，从平均值来看，农村小学教师的质量水平显示出与实际情况相符的特征。

从全国整体情况来看，小学教师中，农村小学教师具有研究生学历的平均为 0 人，县镇小学有 0.02 人，而城市小学为 0.14 人；本科毕业的教师中，农村小学具有专科学历的教师平均为 1.17 人，县镇小学有 7.82 人，而城市小学则高达 19.79 人，农村与县镇相差近 6 倍，与城市相差 16 倍；专科毕业的教师中，农村小学具有专科学历的教师数量平均值为 7.11 人，县镇小学有 27.30 人，城市小学有 27.23 人，农村与县镇和城市均相差近 3 倍；而高中学历教师和高中阶段毕业以下学历的教师中，农村小学拥有高中以下学历教师数量的平均值均高于县镇小学和城市小学，拥有高中学历教师的数量平均值低于县镇小学和城市小学。由此可见，高学历教师如研究生学历、本科学历的教师在农村小学的数量平均值很低，与县镇小学和城市小学的差距悬殊；而专科毕业学历作为小学教师的基本学历要求，这类学历水平的教师在农村小学依然显现出相对短缺的特征；低学历教师包括高中毕业和高中阶段毕业以下学历的教师，这类教师在农村小学的数量处于较高的水平，即农村小学的教师学历水平依然很低，与县镇学校和城市学校存在很大的差距。

从职称结构上看，如表5—26所示，农村小学各级职称教师的数量平均值水平均低于县镇小学和城市小学，这与当前农村学校存在大量代课教师不无关系。从全国城乡教师专业技术职称的分布上看，明显分布不均。2007年，全国小学中高级职称教师比例为48.2%，城市高于农村9.5个百分点以上。贵州、陕西农村小学中高级职称教师比例均低于30%，城市高于农村15个百分点以上。全国初中中高级职称教师所占比例为48.7%，城市高于农村19.2个百分点。贵州、甘肃、陕西三省农村初中中高级职称教师比例均低于30%，城市高于农村25个百分点以上。从地区差距看，据中西部4个省区（黑龙江、河南、广西、云南）小学、初中2006年的统计，省域内小学中级及以上职称教师比例最高的20%的学校与最低的20%的学校分别相差24.5、27.7、30.8和32.6个百分点。省域内初中中级及以上职称教师比例最高的20%的学校与最低的20%的学校分别相差21.3、22.9、27.7和29.2个百分点。①校际中高级职称教师比例差别过大，是造成义务教育非均衡发展和择校问题难以解决的重要原因。

表5—26　　　　　农村、县镇、城市小学教师专业水平统计　　　单位：人

	农村合计	县镇合计	城市合计	农村平均	县镇平均	城市平均
研究生毕业	519	492	2375	0.00	0.02	0.14
本科毕业	295612	238298	343153	1.17	7.82	19.79
专科毕业	1800240	831834	472160	7.11	27.30	27.23
高中阶段毕业	1205305	280447	110314	4.76	9.20	6.36
高中阶段毕业以下	35588	3990	1611	0.14	0.13	0.09
中学高级	15556	12697	13628	0.06	0.42	0.79
小学高级	1568516	715014	512080	6.20	23.46	29.53
小学一级	1363720	502032	304790	5.39	16.47	17.58
小学二级	190410	49233	29690	0.75	1.62	1.71

---

① 《国家教育督导报告2008（摘要）——关注义务教育教师》（http://gov.cn/zwgk/ 2008 - 12/16/content_ 1178668. htm）。

续表

	农村合计	县镇合计	城市合计	农村平均	县镇平均	城市平均
小学三级	10807	4552	4120	0.04	0.15	0.24
未评职称	188255	71533	65305	0.74	2.35	3.77
合计	3337264	1355061	929613	13.19	44.47	53.61

资料来源：根据《中国教育统计年鉴2008》相关数据整理所得。

可以看出，农村小学教师在专业学历水平、职称水平方面与县镇小学、城市小学相比，均处于较低水平。

第三，农村学校教师学科结构性短缺问题突出。从国家规定课程的开设情况来看，农村学校音乐、体育、美术、英语和信息技术等学科教师严重不足，相关课程难以开齐。我们课题组对调查问卷统计结果显示：当问到"目前您所在学校主要缺乏哪些科目教师"时，有57.7%的教师认为学校缺乏信息技术课教师，57%的教师认为学校缺英语教师，54.7%的教师认为缺乏音体美教师。我们对江西省分宜县的实地调查也证实了这一点。2010年前分宜县共有123所中小学，而全县所有英语教师加起来不足100名，其中正规英语专业毕业的教师还不足50名，英语教师严重不足。分宜县偏远地区小学尤其是教学点教师绝大部分都是50岁以上的民转公教师，他们年龄普遍偏大，知识结构单一，绝大部分教师音体美知识缺乏，他们每天重复教授的仅仅是语文和数学，音体美课程大都没有正常开展。大多数学校的该类课程都是由其他学科的教师兼任，即使是近年来个别学校招聘到对口专业的大学毕业生，据校长反映他们也往往很不安定，总是借机跳出农村。在霞贡小学访谈某二年级学生得知，他们体育课是由数学老师担任，上课内容是捡垃圾。由此可见农村学校音体美等学科专业教师的匮乏。

第四，农村学校教师缺少参加在职培训的机会。农村学校教育经费普遍紧张，没有多余经费支持教师接受在职培训。

我们对广东省信丰县教学点实地调查显示：表5—27中统计教师们对"每学期参加培训次数"的回答，回答"很少参加培训"的教师有25人，回答"不经常参加培训"的有9人，而回答"经常参加培训"和"偶尔参加培训"的分别只有5人和7人。可见，教学点教师每学期参加培训的次数很少。在实地访谈过程中，很多教师谈道："每学期县教育局组织的教师培训很少，如果组织培训，基本上都是选派中心学校的年轻教师参加，而且大多数培训都需要教师自己埋单，我们这里的教师鲜有机会参加教师培训。"这样看来，教学点等农村学校教师年龄老化、学历低职称低的情况已经是影响教学质量的不利因素，而教师不能定期参加在职培训不仅没有弥补前者带来的负面影响，反而更阻碍了农村学校师资水平的提高。

表5—27　　　　　广东省新丰县教学点教师参加培训情况

	答题次数（次）	百分比（%）
经常	5	10.64
偶尔	7	14.89
说不好	1	2.13
不经常	9	19.15
很少	25	53.19
总计	47	100.0

总之，农村中小学布局调整后，农村学校与县镇学校师资水平差距较大，影响农村学校教育质量的提高。要促进义务教育均衡发展，必须高度重视农村中小学教师队伍的建设和农村学校教师资源的均衡配置，尽快缩小县域内学校间教育质量差距。

第六章　农村中小学布局调整未能从根本上促进义务教育均衡发展的原因

农村中小学布局调整未能从根本上促进义务教育均衡发展，其原因是相当复杂的，既有经济社会差距的影响，也有历史上形成的体制、机制等方面的原因，必须进行系统的研究，然后采取行之有效的应对措施，只有这样才能使农村中小学布局调整适应我国义务教育均衡发展的需要。

一　偏重效率，忽视公平

效率与公平的关系是公共政策目标必须权衡的问题。客观地说，农村中小学布局调整不是解决教育公平与效率的唯一途径，但公平与效率的统一与兼顾是各级政府积极推进农村中小学布局调整、促进义务教育均衡发展的主要依据或追求目标。目前农村中小学布局调整中出现的种种问题，其根本原因之一就是有悖于公平与效率兼顾的问题。

英文中 justice 一词的词义有正义、正当、公平、公正、合理、公道等含义，对它的判断属于价值判断，在通常情况下，人们把"公平"与"公正"作为同义词来理解，在使用时经常互用。英文中 equality 一词的词义为平等、同等、均衡、均等，它表示两个或多个事物之间的对等、相同关系，对它的判断属于事实判断。"均衡"是指"矛盾暂时的相对的统一或协调，是事物发展稳定性和有序性的标志之一。平衡是相对的，它与不平衡相反相成，相互转化。"① 一般而言，公平总是与平等、平均、均衡相联系的。符合公平原则的通常是平等的、平均的、均衡的，不符合公平原则的则是不平等的、不平均的、不均衡的。公平是一种价值判断，是衡量善恶的重要尺度，平均、平等和均衡是事实判断，一般是衡量有无、多少、比例的尺度。两者互为条件、互不分离。

公平是一个发展的、动态的多元化概念，随着时间和人类社会发展的多样性而处于不断丰富和变化中。"公平"有三层含义：其一，它是某种社会关系的观念表现，正如恩格斯所说："这个公平却始终只是现存关系在其保守方面或在其革命方面的观念化、神圣化的表现。"② 其二，它是对社会分配状况所作的一种道德评价。公平是一种实践的道德原则，按照一定的原则对于实践活动中的人们的行为进行相应的评价和调节。随着社会的发展，具体来说随着生产和交换的发展，人们不再是被不同的政治的、宗教的、血缘的共同体分离的，只在共同体内部实行共同行为准则的不同人群，而是开始具备了共同"类"本质。这就产生了以同一原则和标准，并以平等的程度普及一切人的道德原则，这就产生了现代普遍公平观念。其三，它是调节人们之间社会关系包括财富分配关系的一种社会规范。公平最本质的内容在于它是调节人们之间的社会关系和财富分配关系的一种规范，它具有客观的内容。公平通常与特定的社会经济结构、文化结构相适应，其功能是为一定的生产方式服务，以保证这种生产方式创造出更高的效率。

公平的观念不是抽象的，而是具体的，不是一成不变的，而是不断发展变化的。公平是一个历史的范畴，不同的历史时期有不同的公平观。"在古埃及文字中，公平一词最初是用一根半尺长的木杆来表示，而这是丈量土地的标准尺度在原始文字中的形象反映。在古希腊文字中，公平也是用一根直线来表示的。"③ 古希腊哲学家柏拉图认为，公平即正义。在他看来，正义意味着一个人应当做力所能及的工作。"全体公民无例外地，每个人天赋适合做什么，就应该派给他什么任务，以

---

① 《辞海》，上海辞书出版社 1999 年版，第 119 页。
② 《马克思恩格斯全集》第 18 卷，人民出版社 1972 年版，第 310 页。
③ 王宜新：《公平效率问题的理论演绎与实践探索》，《中共福建省委党校学报》2005年第 12 期。

便大家各就各业，一个人就是一个人而不是多个人。"① 亚里士多德将公平分为法律公平、政治公平和道德公平等。他认为，守法或违法是评判法律上的公平与否的标准，伦理学论述的个人心灵、行为和品行端正即公正，而公正对于个体则属于道德公正的范畴。"希腊人和罗马人的公平观认为奴隶制度是公平的；1789 年资产者的公平观要求废除被宣布为不公平的封建制度……所以，关于永恒公平的观念不仅是因时因地而变，甚至也因人而异。"② 古典自由主义哲学家洛克认为，所谓公平或正义，就是不侵犯他人的基本权利，其中最基本的就是不侵犯他人的财产。在他看来，一切政治制度和原则的最根本的目的是个人利益，而个人利益最根本的特征就体现在他的神圣不可侵犯的生命、自由和财产等基本权利上。卢梭认为："创立一种不偏袒任何人的、人人遵守的维护公正和公平的规则。这种规则使强者和弱者同样尽相互间的义务，以便在某种程度上，补偿命运的不济。"③ 亚当·斯密认为，只要市场价格体系所决定的交换规则公平，生产要素的所有者通过交换能够获得他自己认为满意的价格收益，就能积极有效地配置资源，提高经济效率。马克斯·韦伯强调，近代资本主义高速发展是与资本主义精神密切相关的。这种资本主义精神不是表现在赚钱的欲望上，而是表现在合乎理性的原则，合乎政治经济规范，它反对传统的、非资本主义时代的那种以特殊的社会政治经济地位干预经济生活。合乎理性地组织劳动就是按照市场经济的规则，按社会的法律规范体系从事经济活动。他认为，遵循这样的公平原则是市场经济达到资源最优配置的必要前提，也是公平或正义的根本体现。而当代哲学大师罗尔斯认为："所有的社会基本善——自由和机会、收入和财富及自尊的基础——都应被平等地分配，除非对一些或所有社会基本善的一种不平等分配有利于最不利者。"④ 罗尔斯坚持的原则是：（1）每个个人有获得最广泛的、与他人相同的自由；（2）应使社会中最少受惠者获得最大利益；（3）人所获得不均等的

---

① ［古希腊］柏拉图：《理想国》，郭斌和等译，商务印书馆 1986 年版，第 138 页。

② 《马克思恩格斯全集》第 18 卷，人民出版社 1972 年版，第 310 页。

③ ［法］卢梭：《论人类不平等的起源和基础》，李常山译，商务印书馆 1962 年版，第128 页。

④ ［美］罗尔斯：《正义论》，何怀宏等译，中国社会科学出版社 2001 年版，第 303 页。

职务、地位应该对所有人开放。

在教育领域，义务教育公平意味着确保每位适龄儿童、少年接受大致不相上下的教育。尤其是对社会弱势群体而言，教育政策应该使这部分人群获得最大的利益。教育公平是每位适龄儿童、少年的公平，不是多数人的公平。

效率，主要从经济学的意义上使用这一概念。效率概念背后的基本原理很简单，当存在资源有限性（稀缺），并且一直是这样，那些资源应当尽可能充分地用于促进社会目标的实现，这就是效率。经济学中的"效率"的定义主要有两个：一个是经济效率；一个是生产效率。经济效率是指社会资源的有效利用程度，它是以生产达到的产量给消费者带来的满足程度来判断的。经济效率通常衡量的标准是帕累托最优，此时，资源配置达到这样一种状态：资源配置的改变不会在任何一个人效用水平不下降的情况下使其他人的效用水平有所提高。处于这种状态的资源配置就实现了帕累托最优，或帕累托效率，也使社会经济福利达到最大；反之，资源的配置就处在帕累托无效率状态。生产效率是指单位时间里的投入产出之间的对比关系。在一个给定的资源的投入系统中，一个有效率的系统获得更多的产出，或者在减少投入而其他方面条件相同的情况下获得相似水平的产出。因此，我们一般认为效率是指"资源的有效使用和有效配置"，"在经济领域内，任何资源总是有限的，不同资源只是有限供给的程度不一而已。如何使用和配置各种有限的资源，使用得当、配置得当，有限的资源可以发挥更大的作用；反之，使用不得当，有限的资源只能发挥较小的作用，甚至可能产生副作用。这就是高效率和低效率的区别。"① 而效益是指取得的效果或获得的利益。从经济学的角度来看，效益是社会经济活动中物化劳动和活劳动的消耗同取得的符合社会需要的劳动成果的对比关系。追求经济效益就是用尽量少的劳动消耗取得尽量多的有用成果。有学者将效益分为三类：(1)增加生产的效益，如劳动生产率的提高；(2)降低成本的效益，这种效益可以使资源有效利用，促进更多生产，如就业机会的增加，可减低犯罪，从而节省不少为处置犯罪所带来的资源的消耗；(3)增进社会

---

① 厉以宁：《经济学的伦理问题》，生活·读书·新知三联书店1995年版，第2页。

福利的效益，如发展个人的公德心或社会意义。① 一般而言，教育的效率常常与教育的效益相互混淆，两个术语通常互换使用。教育的效益是指一系列特定的资源是否对教育结果有积极影响，如有积极的影响，那么这种影响有多大。很显然，既然效益不直接比较资源的使用或花费，那么，那些有良好效益的活动并不需要就是最具有效率的。②

关于教育资源，根据顾明远主编的《教育大辞典》的解释：教育资源亦称"教育经济条件"，教育过程中所占用、使用和消耗的人力、物力和财力资源，即人力资源、物力资源和财力资源的总和。人力资源包括教育者人力资源和受教育者人力资源等。物力资源是指学校中的固定资产、材料和低值易耗物品等。财力资源是指人力、物力的货币形式，包括人员消耗部分和公用消费部分。也有学者把教育资源进一步扩展为人力资源、物力资源、财力资源、信息资源、时空资源、制度资源等几个方面。无论从狭义还是广义理解教育资源，教育资源的稀缺性是教育资源最基本的特性。教育资源的数量相对于人类的需求总是不足的。在我国，教育资源的有限性和广大人民群众对教育需求无限性，尤其是对优质教育资源的需求总是矛盾的。正是由于教育资源的稀缺性，使得对教育资源在教育机构和受教育人群中的配置问题成为每一项教育政策和教育改革必须面对的最根本的问题。教育资源配置是指各种教育资源在各种不同的使用方向的分配。教育政策制定者在针对不同地区、不同群体、不同学校以及不同受教育者进行教育资源配置时采取什么样的原则，直接关系到各级各类学校的发展，以及每位受教育者的权利保障。教育政策制定者对教育资源配置的决策体现在其对公平和效率的取舍上。如何看待和处理公平和效率两者关系将直接决定教育资源的配置格局。

关于公平和效率的关系，存在众多不同的观点。概括起来，不外乎三种：公平优先论，效率优先论，公平效率并重论。公平优先论认为市场不是万能的，它不可能产生现代社会要求的合乎正义的分配，必须将

---

① Weibrod, B. A.．"External Effects of Investment in Education,"*Journal of Political Economy*，Vol. 70, 1962, pp. 106 – 123.

② ［瑞典］T. 胡森、［德］T. N. 波斯尔斯韦特主编：《教育大百科全书》，张斌贤等译，海南/西南师范大学出版社 2006 年版，第 444 页。

公平问题作为优先考虑的对象。主张公平优先的西方主要代表人物有：勒纳、米利斯、罗宾逊夫人、罗尔斯等。例如，罗尔斯认为："正义是社会制度的首要价值，正如真理是认识的首要价值一样。"① 效率优先就是指处理公平与效率关系的问题上，应该把经济发展的效率放在首要的位置，通过经济发展的效率来有效地实现公平。在西方学者中，艾哈德、拉尔、罗伯茨、哈耶克、弗里德曼等人都是主张效率优先的代表人物。效率优先论者认为，公平会产生低效率，同时低效率会严重阻碍经济的发展，从而造成供给严重不足。只有通过有效地提高效率，不断增加供给，才能根治供给不足带来的停滞，消除政府的财政赤字。例如，哈耶克认为，用国家的手段去实现"平等"，会人为地破坏市场的自然秩序，损害经济效率，最终导致平等也实现不了。弗里德曼认为政府干预会导致市场无效率、政府腐败和个人自由受到损害。公平效率并重论认为，公平和效率是同等重要的。主张公平效率并重论的代表人物有阿瑟·奥肯和萨缪尔森等。例如，萨缪尔森认为，公平和效率是相互促进的，解决公平问题同时带来了效率的提高。美国著名的经济学家阿瑟·奥肯在《平等与效率》一书中指出："如果平等与效率受到平等对待，分不出孰高孰低，在两者发生冲突的时候，就必须寻求调和。在有些时候，为了效率就要放弃一些平等；另一些时候，为了平等，必须牺牲一些效率。"②

在公平与效率之间，教育是坚持公平优先、效率优先，还是公平效率并重呢？这由教育的基本性质决定。

第一，现代教育是一种公共教育，其公共性主要表现在：一方面，教育为国家所控制，公民接受教育有助于国家的公共利益。国家控制教育，教育为国家服务，意味着国家要承担教育的责任；另一方面，教育已成为每个人发展的必需，受教育成为一项基本的人权，教育具有全民性。通过接受教育，人自身的能力得到提高，可以更好地参与竞争，分享到更多的成果。受教育是现代人的必需，也是现代人的一项基本权

---

① Rawls, John. *A Theory of Justice* (*Revised Edition*). Oxford University Press, 1991, p. 1.
② ［美］阿瑟·奥肯：《平等与效率》，王忠民等译，四川人民出版社1988年版，第122页。

利。《经济、社会和文化权利国际公约》第十三条明确规定："人人有受教育的权利。"可见，教育的公共性意味着受教育是公民的基本权利，国家必须保证每位公民接受平等、公平的教育。

第二，教育收益具有正外溢性。一个人受教育，无论如何对他人、对社会都有益处。具体来讲，教育可以加快社会技术进步与信息传播；减少劳动力市场交易的交易费用，这对劳动交易的双方而言都是节约；教育能改善受教育者本人及其家庭成员的健康状况；降低生育率；能提高家庭教育质量，使其子女更好地成长；受教育水平提高会大大降低社会犯罪率，提高社会的安全性和稳定性。①

第三，教育的回报率高。萨卡罗普洛斯对教育投资回报率的研究发现，发展中国家回报率最高的是初等教育，其次是中等教育，高等教育的回报率小于较低层次的学校教育；所有国家各级各类学校教育的私人回报率都高于社会回报率；发展中国家的回报率大部分远远高于10%，而10%通常是衡量资本机会成本的标准。②

第四，现代义务教育是一项公益性事业，义务教育是根据法律的规定，国家、社会和家庭必须予以保证的，对适龄儿童、少年实施一定年限的学校教育。我国2006年颁布的《义务教育法》指出，义务教育是国家实施的所有适龄儿童、少年必须接受的教育，是国家必须予以保障的公益性事业。义务教育具有强制性、普惠性和免费性。所谓强制性，是指国家将接受和提供义务教育权利和义务以法律的形式规定下来，对不履行义务教育权利和义务的，都有一定的强制和处罚措施。所谓普惠性，是指义务教育是一项面对所有人的公益性事业，是一项纯公共产品，是政府给所有国民提供的公共服务和社会福利。所谓免费性，就是义务教育作为公益性事业，必须由政府来提供，其费用由政府承担，而非个人。早在1904年清政府《奏定初等小学堂章程》的《学务纲要》中指出"初等小学堂为养正始基，各国均认为国家之义务教育"，还明确指出"此项学堂，国家不收学费，以示国民教育认为义务之本意"。

---

① 曹淑江：《教育制度和教育组织的经济学分析》，北京师范大学出版社2004年版，第50—51页。

② 联合国教科文组织国家教育规划研究所：《教育规划基础》，丁笑炯等译，上海教育出版社2009年版，第129页。

我国 2006 年颁布的《义务教育法》指出："实施义务教育，不收学费、杂费。"《世界人权宣言》第二十六条宣称："人人都有受教育的权利，教育应当免费，至少在初级和基本阶段应如此。"我国著名的经济学家厉以宁教授在 2003 年香港香江论坛上提到："一切不平等的根源在哪儿呢？不平等的根源在于教育不平等。教育不平等，收入就不平等，收入不平等，生活就不平等，生活不平等，下一代就不平等。"因此，正如范先佐教授指出的那样："义务教育，作为政府提供最低标准的合格规范教育，保障的是广大人民群众及其子女的基本人权和发展权利，所以在义务教育阶段强调公平优先，虽然可能产生效率的问题，但义务教育作为一项基本人权，就有助于增进社会福利和促进社会公平而言，这种效率的损失也是值得的。"[1]

综上所述，根据教育尤其是义务教育的基本性质，教育尤其是义务教育应该坚持公平优先的基本原则，体现在教育资源配置上，就是要遵循人的发展规律和教育的根本特性，以保障每位适龄儿童、少年平等受教育权利为主要依据和目标，采用"公平优先、兼顾效率"的原则。这是以人为本的教育均衡发展内涵所决定的，也是维护社会正义和公平的必然要求。然而，在农村中小学布局调整过程中，深陷教育经费短缺困境的地方政府，过度强调教育资源的利用效率，将教育资源配置本身当成学校布局调整的最终目的，采用"效率优先，兼顾公平"的教育资源配置原则，忽视了教育中人的重要性和根本性，将保障适龄儿童、少年的受教育权利放在次要地位，违背了义务教育的基本性质和义务教育均衡发展的核心理念。

农村税费改革后，由于农村适龄人口的不断减少，原来分散办学的弊端逐渐显现出来。同时，在"以县为主"的教育财政体制下，许多县级政府面临较大的财政压力，教育经费投入处于捉襟见肘、无力负担的状况，尤其是我国中西部以农业为主的县的财政供给能力薄弱问题更加突出。为了缓解财政压力，在适龄人口减少、学校生源不足的背景下，各级政府尤其县级政府试图通过农村中小学布局调整以减少区域内学校数量，提高教育资源的利用效率，提高办学效益，节约教育经费

---

[1]　范先佐：《关于教育领域公平与效率的抉择》，《江苏教育》2009 年第 5 期。

投入。

　　一般而言，教育资源利用效率可以通过两种途径来提高：一是重新配置资源，从那些对学习起很小作用的投入变为那些在学习中有更大作用的投入，也就是说，在给定的资源水平上提高产出；二是在保持现有学习水平的情况下，通过减少投入的资源总量来实现。而后者往往是各地方政府在教育资源有限的情况下采取的权宜之计。"当政府预算面临财政压力的时候——不论是由于经济的窘迫还是由于其他政府项目的竞争导致的——教育消费往往被严格地审查。"① 很多地方将农村中小学布局调整中农村学校的减少和县镇学校规模的扩大作为提高教育资源利用效率和实现规模效益的主要途径，甚至以此作为衡量地方政府官员和地方教育主管部门政绩的核心标准。以安徽省濉溪县为例，该县制定的《2006—2010 年濉溪县中小学布局调整规划》中指出："通过调整中小学网点布局，合理配置教育资源，减少学校数量，扩大校均规模，提高教学质量和规模效益，逐步实现学校布局合理、教育结构优化和用人机制合理、经费使用高效的目标。"② 显然，这种以"效率优先"为原则的农村中小学布局调整盲目追求学校数量的减少和学校规模效益的提高，没有充分考虑农村中小学生就近入学的教育需求和义务教育的公平性。

　　"在对效益和效率的分析中，更为基本性的问题是在任何分配的事情上常常被忽视的问题，因为对效益和效率二者考虑常常掩盖了谁在受益。但是，如果对不同政策而言存在着一个系统分配要素，那么最有效益或效率的政策可能并不是最优的选择"。③ 教育是培养人的活动，学校作为实施教育的基本单位，学校组织不同于其他社会组织，其他社会组织可以以最小化的成本追求最大化的利益作为主要目的，而学校则是以培养人、促进人的发展为根本目的。在农村中小学布局调整过程中，"效率优先、兼顾公平"的教育资源配置原则使得对教育资源利用效率的追求超越了对学校是为受教育者服务的本质特性的坚守，"效率优

---

　　① ［瑞典］T. 胡森、［德］T. N. 波斯尔斯韦特主编：《教育大百科全书》，张斌贤等译，海南/西南师范大学出版社 2006 年版，第 456 页。

　　② 同上书，第 65 页。

　　③ 同上书，第 455 页。

先"的教育资源配置原则与以人为本、追求公平的义务教育均衡发展的理念相矛盾，而这一矛盾正是农村中小学布局调整后区域内义务教育非均衡发展的根本原因。

我们调查发现，农村中小学布局调整后，部分适龄儿童、少年平等受教育权利没有得到充分保障。从学生学业成就角度来看，学校布局调整后，学生上学路程变远，上学时间的增长，上学路上花费的精力、体力的增加，不利于他们在学校的课堂学习；在地理条件、气候条件恶劣地区，更有部分学生因"上学远"和"上学难"失去接受正常学校教育的机会。从学生家庭来看，学校布局调整后，不少学生需要跋山涉水去上学，学生上学安全隐患加重；不少学生需要搭乘交通工具去上学，学生家长不仅担心孩子交通安全、人身安全，还需额外支付交通费用；需要寄宿的学生家庭需要额外支付伙食费、寄宿费等费用。对贫困家庭而言，当这些费用超过他们能承受的范围，他们就会选择让孩子辍学。可以说，在农村中小学布局调整过程中，适龄儿童、少年的受教育权利被依附在学校中，不同适龄儿童、少年的受教育权利的保障和保障程度因所属的学校际遇不同而不同。如果适龄儿童、少年就读的学校被撤销，适龄儿童、少年就可能失去上学的机会，或者要为继续接受义务教育付出额外的教育成本，这显然有违公平。

农村中小学布局调整中采用的"效率优先，兼顾公平"的教育资源配置原则，损害了部分适龄儿童、少年的平等受教育权利，严重阻碍了义务教育均衡发展。

二 偏重调整速度，忽视科学规划

规划（planning）是指长期计划，它强调通过预测等手段，提供信息服务，发挥导向、约束等多种作用。规划，有人认为全部或主要是一种技术性工作，它往往使用一些定量数据、复杂的统计技术，对研究结果进行"理性的"或"科学的"分析；有人认为规划是一种政治行为；也有人认为它是技术和政治行为两者的结合。

至少从某种意义上来看，教育体系和机构总是被规划的。教什么（或什么不能教），教给谁，如何教，在哪里教，什么时候教，为什么教，以及由谁来付费等问题需要做出决定。任何类型的政府几乎都是通过运用规定、限制和授权相结合的方式，试图控制这些事情。① 例如，色诺芬在《斯巴达政体》中告诉我们，大约 2500 年前，斯巴达人是怎样筹划教育以配合其明确的军事、社会和经济目标的。柏拉图在《理想国》中提出了一项教育计划，为雅典对领袖人才的需求和政治目的服务。在中国实行了千年的"科举"考试就是教育规划的强有力的工具。在中世纪的欧洲，教会相当关注这些教育规划问题。在欧洲文艺复兴以后，现代民族国家开始出现，人们开始意识到通过发展"国家的"教育体系服务国家利益的政治价值，因而教育规划变得更加系统化和大规模化。在拿破仑时期的法国，大学从本质上成为国家的教育规划机构。在普鲁士，随着拿破仑的入侵，开始形成了普及的和强制的学校教育是国家发展的工具，并建立了规划和实施的官方机构。19 世纪中期，刚加入加拿大的新联盟——安大略省，为发展公共教育体系制订并实施了一个综合性计划。然而，直到第二次世界大战结束后，世界各国才开始普遍制定教育规划，在教育部成立了规划部门。20 世纪五六十年代以来，法国建立了教学委员会，西德编制了详尽的联邦教育规划，美国颁布了"国防教育法"，加拿大安大略省实施了"罗巴斯计划"。在地区层面上，经济合作与发展组织颁布了地中海地区计划，下大力气进行教育规划。第二次世界大战结束后，苏联将教育规划原则和方法传到社会主义国家和世界其他各地，这些教育规划体系一般为高度中央集权，以命令和控制为导向。到了 20 世纪 80 年代末，许多社会主义国家开始出现了较为松散和非集权的教育规划形式。在发展中国家，特别是 20 世纪五六十年代获得独立的发展中国家，正式的中央集权化的教育规划扮演了非常重要的角色。在 1960—1962 年间，联合国教科文组织召开了一系列会议，为亚洲、阿拉伯、非洲和拉丁美洲制订了区域教育计划，作为这些国家教育规划的框架，为其教育发展提供了量化目标。1964 年，联合国教科文组织下属的国际教育规划学会创立，为各国尤其是发展中国家提供专家指导和培训。从 20 世纪 70 年代起，世界银行

---

① ［瑞典］T. 胡森、［德］T. N. 波斯尔斯韦特主编：《教育大百科全书》，张斌贤等译，海南/西南师范大学出版社 2006 年版，第 434 页。

开始提倡把教育规划作为各国获得外来援助的条件。

从最广泛的通用意义上讲，教育规划是把理性的系统分析运用于教育发展进程，使教育能更有效、更经济地满足学生及社会的需要与目标。① 菲利普·H. 库姆斯认为："教育规划的核心任务之一是决定如何在动态的情境中，最佳地使教育系统那些盘根错节的内外部关系保持合理平衡，并不断将之引向制定的方向。"② 他同时指出："它可以帮助从教师到部长以及国会在内的各级决策者做出更为明智的决策，因为它可以帮助决策者更清楚地看待正在思考的那些目标，为实现目标可能采取的各种方案，以及各种方案可能产生的影响。规划有助于在可获得资源的范围内，获取更大、更好的效果。"③ 事实上，教育规划在现实社会生活中起到十分重要的作用。教育规划从过去汲取智慧，为未来提供方案，它是未来决策和行动的起点，也是一个持续的过程，不只关注走向何方，还关注怎样到达目的地以及哪种途径最佳。缺乏科学的教育规划会带来很多问题。例如，在 20 世纪七八十年代，由于缺乏科学的规划，西方发达国家因生育率的急剧下降和入学率的显著减少，从而引发了学校系统内部的急剧变动，如关闭学校、教师失业等问题。然而，在 20 世纪 80 年代末，一些国家又出现了新情况——因"婴儿潮余波"带来了适龄人口的逐渐上升。在战后 20 年间出生的大量儿童在 20 世纪 80 年代末开始进入育龄期，一大批新生婴儿来到人间。同时，20 世纪 50—60 年代因婴儿生育潮进入学校的教师们在 20 世纪 90 年代初开始进入退休的年龄。所以在 20 世纪 90 年代初期，许多发达国家都相继面临教师短缺的问题。而此时，许多国家都遭遇财政危机，又背负因资深教师薪水随年限不断增长的财政压力，这些都使当时的教育规划陷入困境。政府苦于找不到聘用新教师的资金，不得不扩大班级规模。到 20 世纪 90 年代初期，随着资深教师的退休，薪水相对较少的年轻教师补充到教师队伍中来，这一问题才得以逐步解决。

20 世纪 60 年代初，教育领导者和经济学家之间通过对话达成了五

---

① 联合国教科文组织国家教育规划研究所：《教育规划基础》，丁笑炯等译，上海教育出版社 2009 年版，第 8 页。

② 同上书，第 9 页。

③ 同上。

点共识：（1）教育规划应该看得远。事实上，它应该有短期（一两年）、中期（四五年）和长期（十年到十五年）三种不同的视角。（2）教育规划应该是综合性的。它应该将整个教育系统置于同一愿景中，从而确保系统各部分的发展协调一致。（3）教育规划应该与更广泛的经济与社会发展规划相融合。教育如果想以最有效的方式为个人和国家的发展作出贡献，并最有效利用稀缺资源，那么它就不能自行其是，对周遭的现实不闻不问。 （4）教育规划应该成为教育管理不可或缺的一部分。（5）教育规划不应该只关注数量扩张，还应该关注教育发展的质量。只有这样，规划才能促使教育变得更实用、更经济、更有效。①

学校布局是教育规划的一个重要的组成部分。学校布局规划是指一套应用于规划学校的空间分布及其特征的技术和管理程序，应用这种方法可以使学校的发展与人口分布相匹配，并满足教育政策的目标，也可以称为学校位置规划。② 学校布局调整是学校布局规划受到社会经济发展水平、人口特征以及人们对教育需求等因素的发展变化影响而对区域内学校原有布局进行适应性调整。学校布局调整规划关系着学校的发展和适龄儿童、少年受教育权利的保障，关系着区域内教育资源的配置和利用，关系着学校教育教学实践，因此，学校布局调整规划是涉及教育公平的大事。

学校布局调整属于教育地域结构的变化，这种变化主要表现为四种类型：增加班级、新建学校、减少班级、关闭学校。③ 国外学者研究指出，教育的对象是人，人口的变化直接影响学校布局调整。人口的规模、人口年龄结构、人口分布（包括人口迁入、人口迁出、不同年龄组人口在市内的流动）等变动都将导致学校数量和分布的变化：人口增加、年轻化、分布分散将要求教育服务的增加；反之，则要求教育服务的减少。④ 国外也有学者提出，关于学校布局及调整的标准通常有两

---

① 联合国教科文组织国家教育规划研究所：《教育规划基础》，丁笑炯等译，上海教育出版社 2009 年版，第 27—28 页。

② ［瑞典］T. 胡森、［德］T. N. 波斯尔斯韦特主编：《教育大百科全书》，张斌贤等译，海南/西南师范大学出版社 2006 年版，第 444 页。

③ 石人柄：《国外关于学校布局调整的研究及启示》，《比较教育研究》2004 年第 12 期。

④ 同上。

个：一是学生上学的距离；二是学校覆盖的服务人群数量。有学者将儿童入学的距离用三种方法来衡量：一是物理距离（physical distance），即实际的空间距离，用公里来衡量；二是文化距离（cultural distance），当儿童不得不离开自己的社区到另一个把他们当作外人并对他们不友好的社区上学，从而导致辍学的距离；三是时间距离（time distance），考虑到诸如山地、河流、森林等自然条件的阻碍而延长上学途中的时间。[①] 对于学校布局调整而应该关闭的学校，什么时候关闭比较合适？耶格尔（Yeager，1979）提出三条标准：（1）综合考虑各因素（上学距离、对交通工具的要求等），将学生转到新学校的不适最小化；（2）将关闭学校对社会的影响降到最小；（3）原学校建筑可作其他用途。他将这三条标准用计算机模拟，为那些要关闭学校的"问题地区"（problematic area）提供决策参考。[②] 萨拉·赫斯科维奇（Heshcovitz，1991）认为，研究学校布局及其调整特别要注意三个问题：一是学校布局为什么要调整？二是哪些地方学校布局发生了变化？三是变化的后果是什么？[③] F. 卡约迪斯（2006）指出，主导学校布局工作的主要动机是学校服务的范围和服务的规范。每一所学校都被指定为特定的服务范围（或一个招生区域），这意味着生活在这一地区的学生必须进入一个特定的学校。那么，准许政府官员来规划每所学校将来的入学人数和所需要的资源是非常必要的。学校服务范围的大小和形态取决于教育层次（相对于小学而言，中学的学生被期望能走更远的路去上学）、交通方式、现有的寄宿设施、地形和道路网络。未来学校布局的设计也受到不同社会、种族或宗教团体之间鼓励（或避免）融合的意愿的影响。区域化或是固定服务范围都被看作社会不平等的潜在根源而被指责（例如，强迫乡村小孩进入小的，有时候是设备简陋的学校，而城市的小孩则进入好得多的学校），或者被指责是限制了学校间竞争而导致效率低下。学校服务的服务规范则涉及最小或最大班级规模、不同类型学校的

---

① Lehman, Douglas. Bringing the School to the Children: Shortening the Path to EFA, http://wwwl. Worldbank. Org/education/notes. asp.

② Yeager, R. F.. "Rationality and Retrenchment: The Use of a Computer Simulation to Aid Decision Making in School Closing," *Education and Urban Society*, Vol. 11, 1979.

③ 石人柄：《国外关于学校布局调整的研究及启示》，《比较教育研究》2004 年第 12 期。

最大或最小步行距离以及学校的最小或最大的规模。[①]

从国内关于学校布局调整规划的研究来看，我们课题组（2009）根据服务半径、服务人口、学校规模、班级规模和班级数五个指标，对地理条件（山区、丘陵、平原）不同地区分别确立了农村中小学布局调整标准。[②] 孔云峰等（2008）把学校布局的核心问题凝结为学校空间可达性问题，即学生从居住地到学校的便捷程度。空间可达性好意味着，学生从居住地到学校的总体（或平均）旅行距离、时间或费用最小，在一定距离范围内学校服务人口最多，学生上学方便程度的差异最小。他们还提出了比例、最近距离、机会积累、重力和改进重力等学校布局指标。[③] 邬志辉（2010）认为，由于学校布局调整的复杂性高于技术标准，所以不可能有完全统一的国家标准。根据约束条件理论，他提出"底线＋弹性"的学校布局调整标准设计思路，以供各县市在制定学校布局调整规划时参考。[④] 秦玉友（2010）提出了农村学校布局调整的底线：学生在场、生命安全、身心健康和文化多元等。[⑤] 综上所述，国内外学者从人口特征的角度、学生角度、学校角度、关闭学校对学生和社会造成的影响的角度、学校布局的制约性条件角度等讨论了规划中小学布局调整应该注意的问题。

结合我们实地调查的结果，我们认为，学校布局规划涉及学校数量和学校的空间分布。在进行中小学布局调整规划时，我们必须考虑以下主要因素：一是区域内人口特征，包括人口数量、规模、年龄结构、人口分布、人口流动（包括人口迁入、人口迁出）等；二是学生因素。学生是学校教育的核心，学校布局应该充分考虑学生接受教育的各种需

① ［瑞典］T. 胡森、［德］T. N. 波斯尔斯韦特主编：《教育大百科全书》，张斌贤等译，海南/西南师范大学出版社 2006 年版，第 446 页。

② 范先佐：《中国中西部地区农村中小学合理布局结构研究——基于对中西部地区 6 省区 38 个县市 177 个乡镇的调查分析》，中国社会科学出版社 2009 年版，第 112—117 页。

③ 孔云峰等：《农村中小学布局调整之空间可达性分析——以河南省巩义市初级中学为例》，《遥感学报》2008 年第 5 期。

④ 邬志辉：《中国农村学校布局调整标准问题探讨》，《东北师大学报》（哲学社会科学版）2010 年第 5 期。

⑤ 秦玉友：《农村学校布局调整的认识、底线和思路》，《东北师大学报》（哲学社会科学版）2010 年第 5 期。

求。比如学生上学距离，学生上学意愿，学生家庭的经济承受能力，学生及家庭的教育需求导向，学生的情感发展规律和需求等；三是农村学校的特殊性，包括学校服务的人口数量及学校和班级规模，学校的办学条件，学校的教育质量，学校的经费状况，学校自身的历史和文化背景，学校对当地农民的作用，学校与当地农村社区的互动关系，学校对于社区发展的特殊价值和功能等；四是区域内地理环境和交通状况；五是当地特有的风俗习惯、宗教信仰和文化特色；六是区域经济社会发展状况。区域内整体经济社会发展状况是决定学校布局调整的根本因素，应该重点考察，因为这关系到教育经费投入的实际问题。

科学的布局调整规划能够避免一些不必要的学校布局调整，也能减少学校布局调整中的不利影响。例如，目前我国正处于社会转型时期，大量农村人口不断涌向城市，也促使大量流动儿童离开家乡的学校到父母所在城市学校就读。由于流动儿童父母工作不稳定，流动儿童的去留也同样不确定。因此，如果大量撤并农村中小学，流动儿童再次回到家乡就可能出现上学的困难。如果不对这些生源进行科学的预测，就不能很好地掌握适龄人口的现状和发展趋势，就可能造成农村中小学布局不合理，导致教育人力资源、物力资源的比例失调，无效投入增多，教育成本不断上涨。

然而，目前我国正在进行的农村中小学布局调整偏重学校布局调整的速度，忽视科学规划的重要性和必要性，体现在实际学校布局调整中，教育主管部门推进学校布局调整时出现过快过急、力度过大的现象，对当地的经济社会发展状况、适龄人口变化、地理条件、交通状况、儿童上学路程、学生和农村家庭对教育的实际需求以及农村学校对于当地文化和社区发展的特殊性等因素缺少审慎考察和研究。

有的地方对农村中小学布局调整缺乏系统调研和科学论证，盲目撤并，对方便学生就近入学考虑不够。例如，我们在江西省分宜县调查发现，分宜县2009年秋季起实施农村中小学布局调整，该县学校布局调整后不久就出现了学生上学路程太远带来的新问题。无论是校长还是教师，学生还是家长，他们同样的感受就是新一轮的学校布局调整力度过大，损害了义务教育阶段学生就近入学的权利。该县实施"初中进城"工程后，所有农村初中的学生到县城分宜六中就读，最远的农村初中生家校距离达 50 余里，他们每两周回家一次，不仅交通十分不便，也增加了家庭的经济负担。同时，实施"小学进镇"工程后，撤并所有的农村 13 所乡镇中学，将其改为高标准的寄宿制小学，小学 3 年级以上的小学生一律集中到中心学校寄宿学习。这些小学生在学校布局调整之前都在家附近的小学就读，他们年龄普遍偏小，还需要父母的温暖和家人的亲情，寄宿后他们远离家人，很多学生明显不适应寄宿制学校的集体生活，其身心健康发展受到一定负面影响。可见，没有科学的布局调整规划，会带来一系列难以解决的问题。

有的地方强调"撤"，却不重视"建"。在学校布局调整过程中，大量撤并小规模学校，将撤离的学生并入到中心学校或县镇学校，但对并入学校的办学条件、师资配置等教育资源的供给能力和学校容纳力缺少科学预测和合理规划，导致并入学校教育教学资源不能满足学生学习、生活需求，学校教育教学质量难以保证。比如，大办寄宿制学校，但寄宿制学校生活设施（厕所、浴室、床铺等）严重不足，专职的生活管理人员、后勤服务人员、保安人员也极为缺乏，难以为学生提供必要的生活、学习条件；并入后的学校出现超大班额，教学效果不如学校布局调整前；教师工作负担加重等。

有的地方政府急功近利，把追求扩大学校规模作为教育政绩或形象工程，一味追求撤并的数量和速度，制定出不切实际的时间表、路线图。例如，西南某县，在一次介绍农村中小学布局调整的经验时谈道：两年来，我县顺利撤并小学 261 所，初中 15 所，从而提前三年完成农村中小学布局调整的"十五"规划。[①] 将农村中小学布局调整当作地方政府官员政绩的现象屡见不鲜。

有的地方在农村中小学布局调整中对被撤并学校的历史和人文价值及其与当地社区的互动关系缺乏充分了解，只简单地根据学校服务范围、服务人口、学校规模来撤并学校，如规定学校规模小于某一标准的就要撤并。在我国农村，很多村里的小学校都是农民在自己经济很困难的条件下想方设法集资建造起来的，他们对这些学校充满了感情。各地在撤并这些学校的时候应充分考虑农民的心理感受。在实地调查中我们

---

① 宋洲：《农村中小学布局调整之痒》，《时代潮》2004 年 4 月 2 日。

看到，村里的小学校多是村里最美的建筑物，它们不仅是乡村的标志性建筑，还是乡村的精神象征。学校对于农村社区的文化传承和村民间的文化交流、社会交往来说，具有重要的功能和价值。"对住在同一个地区的人来说，学校是社区居民一起参加各种活动，交换意见，协商利害关系，积累共同经验，培养相同的回忆和归属感的基础，是社区社会共同性基础。"① 对于村庄来说，村里学校的关闭可能意味着这个村的历史传承和文化发展的终止，"一所所乡村学校相继关闭，随之被切断的是一个个村庄的历史传统与人文血脉。"② 因此，在撤并学校的规划中一定要考虑到学校自身的历史、文化背景和对社区的特殊作用。此外，学校所在地的特有风俗习惯、宗教信仰也要充分考虑到。学校是学生融入社会主流文化的重要途径之一。19 世纪末 20 世纪初，北美等地的寄宿制学校被视为通过语言、生活方式、教育和宗教同化土著孩子，引导他们融入主流文化的重要途径。但与此同时，义务教育课程文化给当地差异性文化、语言、宗教带来了威胁。由于孩子很早入校，当地的文化价值观、信仰、实践和习俗（使他们融入当地的精神因素）尚未习得，产生"（当地）文化"文盲现象。这种在物质生活方式和精神价值观念上与其自身的家庭和社区相异的教育价值可能会给孩子们的学业和成长带来负面影响。③ 这些都应在学校布局调整规划时给予相应的考虑。

缺少科学规划的学校布局调整造成不少教育和社会问题，不仅影响农村学校和农村教育的发展，甚至影响到农村社区的长远发展。

三　偏重集中办学，忽视分散办学

农村中小学校布局调整的通常做法是通过逐步撤并分散的、规模小的学校，将有限的教育资源集中到指定的学校，使师资和生源相对集中，扩大学校办学规模，实现规模效益。然而，学校布局调整后，教育

---

① ［日］藤田英典：《走出教育改革的误区》，张琼华、许敏译，人民教育出版社 2000 年版。

② 王丽：《一座村庄的教育血脉》，《中国青年报》2010 年 1 月 27 日。

③ 卢海弘、史春梦：《农村寄宿学生补贴政策比较研究——以澳大利亚等国为例》，《教育发展研究》2008 年第 19 期。

资源集中的目的达到了，却也造成了优质教育资源的覆盖面不足，学校间教育资源配置不均衡，学校间教育差距拉大的问题；部分适龄儿童、少年因集中办学而辍学。这些问题都涉及集中办学和分散办学之间的矛盾。

集中办学和分散办学之间矛盾的焦点就是学校规模大小的问题。适度扩大学校规模能节省教育成本，提高教育资源利用效率，以最少的教育投入获得最大的教育产出，从而产生规模效益。集中办学的目的就是扩大学校规模、节省教育投入。但学校规模并不是越大越好，学校规模有个适度的问题。所谓学校规模适度，是指在教育的其他条件基本不变的情况下，学校拥有恰好可以使所有资源得以充分和恰当利用，并在不违背教育规律的前提下，保证培养规格、教育质量不受影响的合理限额的班级数和学生人数。[1] 当学校规模过小或过大时，学校收益小于学校成本，这时就无法产生规模效益，并影响学校的正常运行和发展，损害学校的教育质量。

规模过小的学校，很难使教职工与学生之比、师生之比趋于合理，容易造成人力资源的浪费。因为学校规模过小，教师数量少，很难形成一个优化的整体结构，发挥教师队伍的整体效能。同时，由于学校编制有限，为了学校教学的需要，教师往往必须担任非其所长的科目教学，这样势必影响教育质量，影响教育经济效益。另外，规模过小的学校，物力、财力资源很难合理利用，教学设备使用率低，造成了隐性浪费。

学校规模过大，学生总人数过多时，也会直接影响学校教育质量。因为学生过多时，在不增加教育投入的情况下，势必造成学生与教师的比例过大，不利于师生之间感情的交流和信息的反馈，师生关系趋于疏远。班级规模过大时，投入在教师的待遇上的费用比例会下降，但班级教学效果变差：学生缺少足够的教师关注、师生交流不足、学生课堂参与减少、课堂纪律涣散等。比起小规模学校，学生在过大规模学校参与集体活动和课外活动的机会和意愿会大大降低。学校规模过大也会给学校管理带来新的难度。由于学校大管理难，大规模学校的纪律管理制度趋于更严格，约束性和惩罚性更强，这些会导致师生都对学校满意度变

---

① 范先佐：《教育经济学》，人民教育出版社1999年版，第277页。

低，对学校的归属感变差，辍学的可能性增大；学校规模过大也会使得学校各部门的沟通和协调不顺畅，降低学校的运作效率。这些都不利于学生学业成就提高，也不利于学校教育质量的提高。我国著名经济学家厉以宁教授也指出，组织或机构规模过大会衍生以下缺陷：(1)规模过大，使得管理不方便，降低管理效率；(2)规模过大，使得内部通信联系费用增加，从而增加了成本支出；(3)规模过大，需要增设若干中间机构，增添若干工作人员，这也增大了成本支出；(4)规模过大并因此增设若干中间机构以后，机构与机构之间的摩擦可能增加，这不仅会降低效率，而且还可能产生工作中相互推诿、相互扯皮的现象；(5)规模过大，人员增多，可能增加人事方面的纠纷，而且人员之间的凝聚力也可能降低；(6)规模过大，为适应客观形势变化而需要的灵活性也会减弱，也就是说，它较难随客观形势变化而做出调整，以适应新的形势。[1]

由此可见，集中办学、教育资源集中并不等同于教育资源优化。学校规模过小或过大，都不能充分合理地利用教育资源，不能有效地提高教育资源的利用效率。因此，学校适度规模的确立，就十分必要了。那么，什么是学校适度规模呢？

其实，国内外关于学校适度规模的研究并没有一个明确的定论。例如，美国学者格林斯德（Grisder，1952）在《公立中小学管理》中建议初中学生最低不宜少于 300 人，最多不宜多于 1100 人。[2] 纽曼（Newman，1981）指出，中学最优规模在 500—1200 人的范围内。在这个范围内，学生教育活动参与率和一般交流参与率最高，而破坏和犯罪行为最少。他同时还指出："小学校提供的所有成员持续交流的机会是避免关系疏远的重要保障。学校规模越大，就越难达成明确的目标、促进学生参与学校管理以及建立学生和教师之间积极的个人关系。"[3] 美国学者卡斯托蒂（Castaldi，1982）在《教育设备配置》中建议初中最

---

[1] 厉以宁：《论教育外部不经济的补偿》，《教育研究》1992 年第 2 期。

[2] 转引自汤志民《国民中学学校建筑研究》，台北：五南图书出版公司 1986 年版，第 112 页。

[3] ［美］理查德·A. 金等：《教育财政——效率、公平与绩效》，曹淑江等译，中国人民大学出版社 2010 年版，第 357 页。

少人数在 500—600 人之间，最多在 900—1100 人之间，相当于 20—40 个班。① 博耶（Boyer，1983）在卡耐基基金会研究报告中指出，过去几十年的研究已经证明，小学校为学生提供了更多参与机会和情感支持，建议将学生人数为 1500—2000 人的学校重组为规模较小的学校。可见，博耶认为学生人数至少在 1500 人以下的学校为小规模学校。约翰·I. 古德莱德（1984）在《一个叫做学校的地方》中写道："在样本中，排名靠前的学校与排名靠后的学校相比，它们的主要特征就是规模小，建立大而好的学校不是不可能，但是非常难。我们有什么正当理由运营一个教师多于 12 人且学生数在 300 人以上的初等学校呢？我想不出这样的理由。"② 看来，古德莱德支持运营 300 人以下的初等学校。而巴卢（Ballou，1988）则认为，在学校（和学区）的组织状态既定的情况下，规模和教育质量之间呈曲线关系。较多学生带来的收益增加，一直达到某个最优点，然后下降，收益和学生数量的关系曲线呈倒 U 形。他总结道：事实明显表明，城市学区学校规模超过了实现规模经济的最优水平。"规模介于典型的偏远学区（大约 5000 名学生）与城市平均 15000 名学生之间的一些学区，似乎已经实现了规模经济。"③ 迈耶（Meier，1995）建议小学的最大规模是 300 名学生，中学为 400 人。芝加哥城市教育改革委员会设定小学规模的上限为 350 人、中学为 500 人。斯密斯（Smith，1997）研究发现，600—900 人是中学的最优规模。④

我国关于学校规模的论述，如 1982 年教育部文件《中等师范学校及城市中小学校舍规划面积》规定，完中的办学规模为 18—30 个班，初中为 18—24 个班，小学为 18—24 个班。中学每班定额近期为 50 人，远期为 45 人；小学每班定额近期为 45 人，远期为 40 人。1996 年，国家教委颁布的《小学管理规程》中以每班定额不超过 45 人为宜。台湾的林文达

---

① 转引自汤志民《国民中学学校建筑研究》，台北：五南图书出版公司 1986 年版，第 112 页。

② ［美］理查德·A. 金等：《教育财政——效率、公平与绩效》，曹淑江等译，中国人民大学出版社 2010 年版，第 357 页。

③ 同上。

④ 同上。

（1964）对台湾21所中学学校规模进行了研究，发现台湾中学的适度规模是1800—2400人，而台北市为2200—2400人。[①] 王玉昆（1997）对北京市东城区27所普通中学规模与办学效益进行了相关分析，他所调查的27所普通中学的平均规模为1316人，最大的2195人，最小的570人。[②] 刘宝超（1997）着眼于提高教育资源使用效率，认为小学以18—24个班，每班40—45人，全校720—810人为宜；中学以24—30个班，每班40—50人，全校1350—1500人为宜。[③] 耿申（2003）根据学校规模效益和教育质量两个方面，结合北京市的实际情况，提出北京市中小学适度规模的标准：九年一贯制学校每年级2—4个班，全校720—1440人；独立设置的小学每年级2—4个班，全校480—960人；独立设置的初中，每年级6—8个班，全校720—960人。[④]

综合国内外学者的观点，我们认为，学校规模是一个非常复杂的问题，学校规模应该设定为多少是合理的，或者说，应该把学校规模控制在什么范围才是合理的，国内外的研究并没有一个明确的结论。这是因为：第一，学校不同于单纯的经济组织，经济学中的规模经济研究视角仅仅是学校规模研究的角度之一。学校的目标是有目的、有计划地培养学生，教育学的相关理论也是学校适度规模研究的另一个重要的切入点。正如有学者指出的那样："学生发展与教育关照度的大小密切相关，这其中，教育关照度 = ［（周上课时数×上课单位时间）/班级编制标准］/60。很显然，如果教师对每位学生给予均等的关注的话，班级规模越小与之相适应的学校规模越小，每位学生得到的关注越多，也就越容易实现较好的发展。"[⑤] 第二，学校规模同当地社会经济发展水平相关。例如，有研究表明，在农村和偏远地区，小规模学校有利于学生成绩的提高，而在经济发达的地区，情况正好相反。这就意味着，在经济发展水平相对较低的地区，小规模学校比规模较大的学校更有优

---

① 林文达：《教育经济学》，台北：三民书局1984年版，第180页。
② 王玉昆：《普通中学办学效益分析》，《中小学管理》1997年第6期。
③ 刘宝超：《关于教育资源浪费的思考》，《教育与经济》1997年第3期。
④ 耿申：《学校适宜规模及相关设施标准》，《教育科学研究》2003年第5期。
⑤ 和学新：《班级规模与学校规模对学校教育成效的影响——关于我国中小学布局调整问题的思考》，《教育发展研究》2001年第1期。

势，更有利于这些地区的学生获得平等的教育机会和正常的发展。第三，学校规模同当地的地理位置和适龄人口数量、分布等客观条件有关。例如，我国东部平原地区和中西部地区的学校规模标准肯定不一样。因为我国东部地区经济相对发达，而且大部分学校地处平原地带，交通比较便利，适龄人口比较密集，因此学校规模标准相对较高；而我国中西部地区经济相对落后，而且大部分学校地处高山或高原地带，交通不便，适龄人口分布比较分散，因此，学校规模标准相对较低。第四，学校类型和层次也是影响学校规模的一个重要因素，例如，就小学而言，村小、教学点和中心小学的规模标准肯定不一样，因为初小和教学点一般位于农村偏远地区，那里贫困落后，人烟稀少，交通不便，常住人口较少，因此学校规模一般较小；而中心小学一般位于乡镇中心地带，交通较为便利，经济较发达，常住人口较多，所以中心小学学校规模普遍较大。同初小、教学点相比，完全小学或中心小学的学校规模肯定大，而九年一贯制学校包括普通初中和小学，因此学校规模一般是最大的。同样，寄宿制学校规模也相对较大。

总之，学校适度规模是一个相对的范畴，不同的经济条件、适龄人口状况、地理环境和学校类型，其标准大不相同。"由于我国幅员辽阔，各个地区在人口分布、生源多寡、经济和地理条件等方面都存在较大的差异，因此，对培养人才数量多少和层次规格要求等方面都有很大的不同。这就客观上决定在不同地区、不同性质的学校，其最佳规模的选择标准也就不同。所以，在确定本学区、本单位的学校最佳规模时，首先要从这一基点出发，在考虑到社会有效需求和可能供给的基础上，从经济有效的角度，去寻找适应本地区情况的'度'。"[①]

既然学校适度规模是一个相对概念，那么是集中办学还是分散办学也没有一个绝对的标准，在学校布局调整中应根据各地实际情况灵活掌握，而不应过度强调集中办学、追求规模效益，或是简单地认为集中办学必然比分散办学好。必须反复强调的是，无论是集中办学还是分散办学，办学的根本目的是培养人，而不是节约教育投入。学校教育质量的高低与学校规模大小并没有直接关系。

---

① 范先佐：《教育经济学》，人民教育出版社1999年版，第277页。

部分分散办学中的小规模学校具有特殊的教育价值。国内外学者研究表明，和集中办学的大规模学校相比，分散办学的小规模学校对学生成绩、办学成本、教育公平等方面有积极的作用。例如，就学业成就而言，科顿（Cotton，1996）研究了小规模学校在课程质量、学业成就、学生态度、课外活动的参与度、学生出席率、辍学率、教师态度等方面的差异后认为，学校规模与学生的学习成绩并无明显的相关性。相反，小规模学校更容易带来较好的学业成绩。① 美国教育部 1986 年的一项研究认为，小规模学校（200 人或高年级学生很少）学生的课外活动参与率比大规模学校高。学生所得学分、家庭作业时间、考试成绩、年级平均成绩以及课外活动参与方面，与大规模学校相比，小规模学校具有很大的优势。② 埃博茨（Eberts，1990）等人在 1978 年收集了美国 14000 名小学四年级学生一年的数学成绩，分析得出结论：（1）小规模学校的学生数学成绩提高明显；（2）小规模学校的学生成绩明显高于在中等规模或大规模学校学生的成绩，中等规模学校的学生成绩明显高于大规模学生的成绩；（3）学生背景变量并不影响这些不同。③ 就辍学率来讲，诺伍德（Raywid，1999）调查发现，在小规模学校，学生学得更多、更加满意，辍学率也比大多数学校低，并且这些学校的学生表现也比其他学校好。④ 就办学成本来说，科顿（Cotton，1996）指出，与大规模学校相比，小规模学校运转起来更经济。⑤ 斯蒂芬尔等（Stiefel，2000）研究发现，小规模学校（600 人以下）的单位学生入学成本比大规模学校略高。但小规模学校的辍学率低。⑥ 从社会经历和情感交流来

---

① Cotton, Kathleen. School Size, School Climate, and Student Performance, http://www.nwrel.org/rachive/sirs/10/c020.html, 2009 – 05 – 20.

② ［美］理查德·A. 金等:《教育财政——效率、公平与绩效》，曹淑江等译，中国人民大学出版社 2010 年版，第 357 页。

③ Eberts, R. W., Schwartz, E. K., Stone, J. A. "School Reform, School Size and Student Achievement," *Economics Review*, Vol. 26, 1990, p. 2.

④ ［美］理查德·A. 金等:《教育财政——效率、公平与绩效》，曹淑江等译，中国人民大学出版社 2010 年版，第 356 页。

⑤ Cotton, Kathleen. School Size, School Climate, and Student Performance, http://www.nwrel.org/rachive/sirs/10/c020.html, 2009 – 05 – 20.

⑥ ［美］理查德·A. 金等:《教育财政——效率、公平与绩效》，曹淑江等译，中国人民大学出版社 2010 年版，第 359 页。

看，巴克和冈普（Barker and Gump，1964）认为："研究所用的数据以及我们自身的教育价值观都告诉我们：一个学校应该足够小，以招收它需要的所有学生，并使学校没有多余的学生。"他们同时指出："如果相对于专业化机会，人们更偏爱于经历多样性，那么小学校要比大学校好；如果追求的是专业化，那么大学校要比小学校好。"① 罗杰（Rogers，1992）则认为："当孩子纳入集体时，他们会变得乐于学习，并接受教育。但是，小规模学校除了具有方便了解孩子的教育学的合理性之外，还存在心理学上的优势。青少年正处于一个渴望接受、配合和归属感的时期。在大规模学校，匿名是一种规则，为了得到关注和接受，孩子会以一种在我们看来很可笑的方式达到目的……缺乏交流导致学生参加帮派的现象非常普遍，这甚至已经侵袭到那些我们认为'安全'的社团。"② 同样，国内的学者赵丹认为，教学点等小规模学校的学生并不比中心学校学生的成绩差，甚至很多教学点的学生成绩优于其他学校。③ 研究表明："经济和教育因素有利于中等规模学校和大规模学校，而社会因素有利于小规模学校。"④

同时，不少小规模学校还具有特殊的社会价值。有研究表明："小规模学校在农村社区既是教学场所，也是社区中心，一些地方没有乡村礼堂或教堂，学校就成为一系列活动的主要场所，在非常闭塞、人口稀少的地区更是如此，如果关闭学校可能使农村社区失去活力。"⑤ 看来，小规模学校作为农村聚落和社区文化中心的作用也不可忽视。因此，胡锦涛总书记在 2007 年"两会"上与广西人大代表莫文珍对话时说："现在，一些地方适龄孩子少了，对教学点相应的调整是必要的。但是，我们办学一定要从农村、山区实际出发，一定要真正为孩子们着想，科学安排教学点。该撤的教学点，一定要撤

---

① ［美］理查德·A. 金等：《教育财政——效率、公平与绩效》，曹淑江等译，中国人民大学出版社 2010 年版，第 357 页。

② 同上。

③ 赵丹：《农村教学点问题研究》，华中师范大学教育学院博士学位论文，2011 年。

④ ［瑞典］T. 胡森、［德］T. N. 波斯尔斯韦特主编：《教育大百科全书》，张斌贤等译，海南/西南师范大学出版社 2006 年版，第 193 页。

⑤ 谭春芳：《英国小规模中小学的发展策略及启示》，《上海教育科研》2008 年第 2 期。

并；不该撤并的，哪怕学生再少，也要保留下来，并想办法把教学点办好，这样才能保证孩子们上好学。"①

适度分散办学是必要的。事实上，分散办学是我国必不可少的办学方式。我国幅员辽阔，农村人口居住分散，在那些偏远地区、贫困地区、地理位置特殊和气候条件恶劣的地区，以及民族隔阂、宗教信仰不融合等问题存在的地区，分散办学能保障这些地区适龄儿童、少年就近接受义务教育。我国分散办学中的学校多以村小和教学点为主要形式，在这些学校上学的学生多是社会弱势群体，这些学生能在本村教学点上学，不但能够为其节省直接教育成本，同时也能够降低其间接教育成本。分散办学能充分保障这些社会弱势群体不会因为家校距离远而放弃上学。另外，从教育效果来看，国内外相关研究表明，和集中办学的大规模学校相比，社会弱势群体在小规模学校获得的教育效果可能更好，小规模学校更有利于这些学生的学业成绩的提高。② 可见，以教学点为代表的分散办学模式在偏远贫困地区是必不可少、无法替代的教育供给形式，一方面它能够保证农村儿童就近入学，另一方面如果办学条件被保证，它能够提供同等质量的教育。可以说，分散办学的模式为偏远农村弱势儿童这类最需要教育供给的群体提供了及时且有效的教育形式，弥补了义务教育均衡发展的短板，在促进教育公平和社会公平方面具有积极的现实意义。

以扩大学校规模、提升办学效益为主要特征的集中办学有利于充分利用有限的教育资源，对于我国"穷国办大教育"的义务教育实际是十分必要的。但是集中办学并不意味着高质量办学，学校适度规模与各地农村经济社会发展状况、人口特征、地理条件等多种因素息息相关，没有确定的统一的标准。以小规模学校为代表的分散办学形式，无论是从教育价值还是社会价值来说，对我国农村，尤其是偏远贫困地区，具有重要的存在意义。因此，在农村中小学布局调整中，不能只偏重集中办学，分散办学也是一种很好的方式。

---

① 郭苏：《教育达标背后的困局》，《小康》2007 年第 6 期。

② Slate, John R., Craig H. Jones. Effects of School Size: A Review of the Literature with Recommendations, http：//www. docin. com/p－413961268. html.

四 偏重区域内经济发达地区教育的发展，忽视偏远贫困地区教育的发展

义务教育均衡发展，是近年来我国政府一直致力的目标，是建设社会主义和谐社会、促进社会公平的重要手段，是教育改革与发展的重要任务。义务教育均衡发展，是科学发展观在义务教育领域的具体化，主要是指政府采取的经济的、政策的、法制的、行政的及督导评价等手段，逐步弱化和缩小地区之间、学校之间的差距，以确保公民享受同等接受义务教育的权利和义务，相对均等的教育机会和条件，实现教育效果与成功机会的相对均衡，并推动区域内教育的平衡、协调、优质、高效发展。

为了帮助贫困地区加快实施普及义务教育，实现义务教育均衡发展，在党中央、国务院的关怀下，1995—2005 年，国家实施了两期"贫困地区义务教育工程"，累计投入 199.6 亿元，新建中小学 7904 所，改扩建中小学 35079 所，添置教育仪器设备 41.6 万套，为近两万所农村中小学配备信息技术教育和远程教育接收设备。从 2001 年到 2005 年，国家实施了两期"全国中小学危房改造工程"，累计投入 112 亿元，涉及项目学校 60833 所，改造危房 7800 万平方米，3400 万名师生从危险校舍中搬进新校舍。2004—2007 年，中央财政投入 100 亿元，帮助西部地区新建、扩建一批以农村初中为主的寄宿制学校，工程覆盖了中、西部 953 个县，涉及项目学校 7651 所，满足了 195.3 万名新增学生的就学需求、207.3 万名新增寄宿生的寄宿需求。2004—2007 年，国家实施"农村中小学远程教育工程"，累计投入 110 亿元，配备光盘播放设备 40.2 万套、计算机教室和多媒体设备 4.5 万套，初步形成农村教育信息化的环境，实现优质教育资源共享。2006 年，国家开始实行农村义务教育经费保障机制，免除全部西部农村孩子的学杂费，惠及西部 4800 万名学生，约有 20 万名因贫辍学的孩子返回校园。自 2007 年春季起，免除全国农村学生学杂费，秋季免除全部农村学生的课本费，近 1.5 亿名学生受益。2007 年国家启动了"中西部农村初中校舍改造工程"，造投入 100 多亿元，重点支持大约 7000 所独立的农村初中

新建或改造学生宿舍、食堂和厕所等生活设施。国家实施的这些工程，改善了农村学校的办学条件，进一步缩小了经济发达地区和贫困地区义务教育的差距。

然而，由于种种原因，我国义务教育发展仍不均衡，其中城乡差异和区域内差异尤为显著。世界银行的一项研究指出：中国的多样性是异常显著的。它是一个地区之间、城乡之间发展极不平衡的大国。在中国，第三世界和第一世界并存。① 例如，就教育经费来讲，即便是北京市海淀区这样的经济发达地区，区域内部城乡之间的学校差距仍十分显著，农村小学的校均经费为城镇的 31.9%，农村初中的校均经费只占城镇学校的 83.4%，城镇完全中学的校均经费为农村学校的 3.5 倍。② 另据沈阳市政府教育督导室公布的教育经费执行情况，近年来，沈阳市的教育投入整体大幅上升，但沈阳市各县区对学校的投入存在极大的差异，最高的学校生均公用经费达到 580 元，最低的只有 8.8 元，相差近 70 倍。③ 就教师工资收入水平而言，据调查，2006 年全国农村小学、初中教职工人均年工资收入分别仅相当于城市教职工的 68.8% 和 69.2%。其中广东省小学、初中农村教职工人均年工资收入仅为城市教职工的 48.2% 和 55.2%。2006 年与 2005 年相比，分别有 13 个省、自治区、直辖市农村小学、初中城乡教职工工资收入差距有所扩大，不利于农村教师队伍的稳定。④

为什么会出现这种情况呢？我们可以从利益集团的视角来分析。詹姆斯·麦迪逊为利益集团下的定义："为某种共同的利益的冲动所驱使而联合起来的一些公民，不管他们占全部公民的多数或少数，而他们的利益是损害公民的权利或社会的永久的加总的利益的。"⑤ 利益集团有以下三个特征：一是为一个有组织的集团；二是集团成员具有共同或相

---

① ［法］卡尔·J. 达尔曼、让－艾立克·奥波特：《中国与知识经济：把握 21 世纪》，熊义志等译，北京大学出版社 2001 年版，第 12 页。

② 杨东平：《2005 年：中国教育发展报告》，社会科学文献出版社 2006 年版，第 125 页。

③ 谭晓刚：《高的 580，低的 8 块 8，沈阳教育投入不均相差 70 倍》，《时代商报》2005 年 9 月 24 日。

④ 同上。

⑤ ［美］诺曼·杰·奥恩斯坦、雪利·埃尔德：《利益集团、院外活动和政策制订》，潘同文等译，世界知识出版社 1981 年版，第 13 页。

似的利益或目标；三是为了共同的利益向政府机构提出要求或施加压力，使政策符合它的需要。按照利益集团的基本特征，可分为城市利益集团和农村利益集团。"在许多发展中国家，政府一方面是把政治和经济问题的糟糕的后果分散给最软弱无力的集团；另一方面安抚那些能够最有效地调动公众呼声的集团。这并非说政府一定这样做，但是，如果政治是可能的'艺术'，或者，民选政府一般都力图确保现有秩序的最平稳延续的可能性，那么，他们除了安抚那些最强有力、最能有效调动资源的人以外，几乎别无选择。"① 长期以来，我国实行"城市偏向"政策，直接导致了利益分配向城市人和经济发达地区集中，城乡差距不断扩大。蔡昉、杨涛认为："政府的目标和政策意愿不仅决定了城乡差异的程度，还决定了政策手段的形式。为什么中国在计划体制和经济改革两个时期都存在一种城市偏向？结论是：城市居民对政府形成一种压力，以保护其相对福利，作为传统体制的受益者，这一压力集团实际上构成中国城市偏向政策决定因素。制度障碍和利益集团互为因果，彼此强化，共同决定了城乡差异以及随着时间的周期性变化。"② 在义务教育领域，我国已经形成了一种以"城市为中心"和经济发达地区为重点的教育政策倾向，教育政策优先甚至只反映城市人和经济发达地区的利益，城市居民和经济发达地区的利益表达渠道和强度都远远高于农民和贫困落后地区，他们凭着政治压力上的优势而获得更多的、更优质的教育资源和利益。而农民和贫困落后地区则无力阻止那些对他们不利的政策的出台，无力改变义务教育资源分配上向城市人和经济发达地区倾斜的政策。

　　在农村中小学布局调整中，同样涉及不同利益集团的利益分配。一些地方在中小学布局调整中坚持"城镇偏向"的指导思想，重视区域内经济发达地区教育的发展，忽视偏远贫困地区教育的发展，形成了事实上的扶强不扶弱的有悖于社会公平的现状。客观地讲，农村中小布局调整对促进区域内（主要是县域、乡域）的义务教育均衡发展具有积极的作用。但是，我们在实地调查也发现，在一些偏远贫困地区，农村

---

　　① 闫威、夏振坤：《利益集团视角的中国"三农"问题》，《当代财经》2003 年第 5 期。
　　② 蔡昉、杨涛：《城乡收入差距的政治经济学》，《中国社会科学》2000 年第 4 期。

中小学布局调整不仅没有改善农村学校的办学条件，反而使部分初小或教学点等小规模学校的办学条件恶化，使得偏远贫困地区和发达地区学校之间的差距不但没有缩小，反而进一步拉大。究其原因，有以下几点：一是在同一县域内同样存在不同的利益集团，如县城居民利益集团、乡镇居民利益集团、农民利益集团。受"城镇偏向"价值观的制约，相对于县城居民利益集团和乡镇居民利益集团来说，生活在农村的农民是弱势群体，在利益表达中处于弱势地位，普遍缺少"话语权"；而县城居民和乡镇居民是强势群体，在利益表达中处于强势地位，在利益分配的博弈中，能充分表达自己的利益诉求并通过政策的制定使其需求得到最大的满足。因此，县镇居民和乡镇居民在义务教育资源分配中处于优势地位，如，在义务教育经费的分配中能得到较大的份额，而农民利益集团在义务教育资源分配中处于劣势，无法与县镇居民和乡镇居民竞争，其教育需求无法得到充分表达，更无法得到充分满足。

二是农村中小学布局调整始终坚持"城镇偏向"的原则。随着我国城镇化和现代化的快速发展，社会上出现了促进城镇化和现代化发展就是要取消农村学校，向城镇集中的错误观念。受"城镇偏向"错误观念和地方政府教育财政压力的影响，在学校布局调整过程中，一些地方不仅在学校设点上向县镇和经济发达地区靠拢，而且在经费和其他教育资源投入上也偏重区域内经济发达地区学校。那些位于乡镇地带的中心学校、县镇学校始终处于教育资源配置中的优势地位，大量优质教育资源、经费、优秀教师都向这里聚集；而那些位于偏远贫困地区的学校始终处于教育资源配置链上的最末端，地方政府没有将它们作为教育投入的重点，教育主管部门也没有在那里安排优质的师资和良好的教学设备，甚至任其"自生自灭"。

三是偏远贫困地区教育经费严重不足。就偏远贫困地区而言，撤并过小的初小及教学点，扩大中心学校的规模，创办寄宿制学校，追求生师比达到或接近国家标准等，这些措施的确有利于这些地区义务教育的发展，有利于提高这些地区的教育质量和教育水平，但这些措施的实施都需要一定的经费支撑。而偏远贫困地区拿不出大笔的资金来扩大中心学校规模，扩建新建学生宿舍、食堂，支付专职生活教师等费用。当然，国家可以通过财政转移支付、专项拨款等途径加大对农村贫困地区的资助，但是在"城镇偏向"思想的指引下，这些资金都投入到中心学校，而中心学校以下的初小及教学点最终成为"被遗忘的角落"。

农村中小学布局调整是一项长期发展的战略决策，需要长远的规划和稳定的经费支持。目前我国实行的是"以县为主"的教育管理体制，实质上就是县级政府承担起发展农村义务教育的主要责任。虽然农村义务教育经费保障机制让中央和省级政府承担了不少责任，但像教师工资等大部分教育投入还需县级政府承担。我国经济社会发展不平衡，东南沿海经济发达地区已经达到西方中等国家的水平，而中西部部分农村贫困地区至今还未脱贫。即使在同一省域或同一县域内，经济发达地区和贫困落后地区的差距也非常大，部分城市和县镇已经达到小康水平，而不少农村偏远地区生活依旧十分艰难。经济发达地区财力雄厚，有充足的资金投入到教育领域，这样可以保证学校布局调整有稳定的经费支撑，因而学校布局调整会科学规划，注重长远发展。而偏远贫困地区财力薄弱，没有多少资金投入到教育领域，农村学校布局调整严重缺乏经费支持，因而学校布局调整只能疲于应付，得过且过。近年来，尽管国家对贫困落后地区的扶持力度不断加大，但由于农村中小学布局调整是一项规模庞大的系统工程，需要大量的资金作为保障，还要不少后续资金来维持正常运转。国家的投入只占目前农村中小学布局调整所需经费投入的一部分，还有相当一部分经费需要地方政府配套投入。经济发达地区和偏远贫困地区的财力差别巨大，加上国家对贫困地区的教育投入有限，以及偏远贫困地区在利益表达中缺少"话语权"，因此，同一区域内经济落后地区和经济发达地区学校教育差别很大。

综上所述，由于各种利益集团存在，城市与农村、经济发达地区和偏远贫困地区经济社会发展水平不同，在农村中小学布局调整过程中，"城镇偏向"价值取向使得偏远贫困地区学校的教育发展需求得不到满足，其义务教育发展水平受到极大限制。长久下去，偏远贫困地区与经济发达地区的教育差距会进一步拉大。

五 忽视农村学校教师队伍建设

要促进义务教育均衡发展，必须提高教师质量，保证优质教师资源在学校间配置合理。国内外的经验反复证明，教育大计、教师为本。"我们无论怎样强调教学质量亦即教师质量的重要性都不会过分。"① 教师质量的高低直接决定学生受教育质量的高低，直接决定学校间义务教育的均衡水平。

有了好教师，才会有好教育。1966 年，国际劳工组织、联合国教科文组织发表的联合建议《关于教员地位的建议》中明确写道："教育工作应被视为专门职业（profession）。这种职业是一种要求教员具备经过严格而持续不断的研究才能获得并维持专业知识及专门技能的公共业务；它要求对所辖学生的教育和福利具有个人的及共同的责任感。"② 1986 年美国卡内基教育和经济论坛《国家为培养 21 世纪的教师做准备》中指出："美国的成功取决于更高的教育质量——取得成功的关键是建立一支与此任务相适应的专业队伍，即一支经过良好教育的师资队伍。"③ 教师对学生负有重大的责任，通过教育教学活动帮助学生发现和发展自身的潜力、特性和素质，还要通过教育教学活动帮助学生实现以个人需要为根本的自身完善和发展，同时帮助学生掌握适应社会和时代的知识和方法，促使他们成为社会和国家需要的人才。因此，教师是促进学生成长的重要力量，也是学校重要的人力资源。农村中小学布局调整不仅是对教育物质资源的有效整合，同时也是对学校人力资源的合理配置，它对学校布局调整能否顺利推进具有尤为重要的意义。但从目前农村中小学布局调整的状况来看，区域内物质教育资源得到较合理的配置，如校舍、图书、仪器设备等资源利用效率提高，农村中小学教师资源配置也取得了较好的效果，但还远远不能适应学校布局调整后农村义务教育均衡发展的需要。农村中小学布局调整后，农村学校尤其是村小、教学点等小规模学校师资水平与县镇学校差距拉大，部分学科教师严重短缺等，致使农村学校教育质量低下。究其原因，我们认为，农村中小学布局调整过程中

---

① 联合国教科文组织：《教育——财富蕴藏其中》，教育科学出版社 1996 年版，第 139 页。

② 筑波大学教育学研究会：《现代教育学基础》，钟启泉译，上海教育出版社 1986 年版，第 443 页。

③ 国家教育发展与政策研究中心：《发达国家教育改革的动向和趋势》，人民教育出版社 1987 年版，第 265—266 页。

忽视了教师队伍的建设，具体体现为，优秀教师、年轻教师大量流失；农村教师数量总体性超编和结构性短缺并存；农村学校教师工作负担加重；农村教师缺少在职培训机会。

第一，农村学校优秀教师和年轻教师大量流失。造成农村学校师资水平较差的主要原因是农村优秀教师和年轻教师的大量流失。王道俊、郭文安教授认为："教师流失有显性流失和隐性流失。显性流失是指工资较低、条件较艰苦的中西部或农村地区的教师，千方百计地设法调往工资较高、条件较好的东部地区或城市学校任教师或从事其他工作而形成的流失。隐性流失是指在岗教师因从事以增加个人经济利益为目的的第二职业或活动而挤压和削弱了他的本职工作所造成实质性流失。"① 这两种流失在我国中西部尤其是农村地区都十分突出，极大地影响了广大教师的专业思想和敬业精神，严重影响到中西部尤其是农村学校的教师队伍的稳定。

教师流失的主要原因是教师的工资待遇差。高尔基早就告诫我们，对教师的重要而紧张的工作估计不足，就会导致正直和有用的教育工作者放弃自己伟大的劳动，而去从事容易赚钱的工作。② 在我国中西部地区和农村地区，优秀教师流失的首要原因是教师工资待遇差。农村中小学布局调整后，农村学校教师工资待遇并没有改变，教师流失问题依然严重。虽然2006年颁布的《义务教育法》明确规定：教师的平均工资应当不低于当地公务员的平均工资水平，但由于农村教师工资主要由县级政府负责发放，经济不发达地区县级政府没有足够的财力将农村教师的工资水平提升到当地公务员平均水平，所以大多数农村中小学教师只领取了国家规定的工资，没有达到当地公务员平均工资水平。因此，大量优秀农村教师从工资低、条件艰苦的中西部地区或农村地区调往工资较高、条件较好的东部地区或城镇学校任教或从事其他工作；大量农村村小、教学点等学校骨干教师及优秀年轻教师则千方百计调往县镇学校或经济较发达的乡镇中心学校。有的教学点各方面条件太差，公办教师

---

① 王道俊、郭文安：《教育学》，人民教育出版社2009年版，第459页。
② 转引自中国教育学会教育学研究会编：《论人民教师》，人民教育出版社1981年版，第18—19页。

不愿去，只好聘请代课教师，致使学校师资水平降低，学校教学质量无法保证。农村教师的大量流失加剧了农村小规模学校的师资短缺，尤其流失的大多是优秀年轻教师、骨干教师，造成了农村学校师资配置严重不均衡，这无疑给义务教育均衡发展带来了非常不利的影响。

据我们课题组对中西部地区 6 省 24 个县（市）农村小规模学校的抽样调查，50% 的校长反映近年来有教师流失的情况，并且流失的主要是骨干教师和 35 岁以下的青年教师；有些地方由于教师大量流失，致使学校无法正常开课；有些村小甚至只剩下一个"留守"教师。另据国家教育督导团 2008 年对艰苦地区义务教育阶段学校的抽样调查表明，38.7% 的校长反映近 3 年有教师流失情况，其中，74.6% 的校长反映主要流失的是骨干教师，92.5% 的校长反映主要流失的是 35 岁及以下的青年教师。[①] 其中，教师工资待遇差是教师流失的主要原因。抽样调查显示，近 50% 的农村教师和县镇教师反映没有按时或足额领到津贴补贴。2006 年全国普通小学、普通中学（包括初中与高中）教职工平均收入为 17729 元和 20979 元，分别比国家机关职工平均工资低 5198 元和 1948 元。2006 年，全国有 273 个县（占区县总数的 8.5%）的小学教职工和 210 个县（占 6.5%）的初中教职工人均年收入低于 1.2 万元，人均月工资收入不足 1000 元。其中河南、陕西和山东尤为突出。小学教职工人均月工资收入低于 1000 元，占本省县数的比例分别为 34.1%、21.2% 和 18.2%；初中分别为 25%、20.7% 和 18%。[②] "义务教育能否均衡发展的关键是看教师队伍是否均衡，而教师队伍能否均衡看流动，教师流动能否实现关键在于教师收入分配制度的改革。"[③] 如果说经济社会发展不平衡是义务教育和义务教育阶段学校师资水平发展不均衡的主要原因，那么，这种经济社会发展的不平衡引起教师经济收入在城乡间和行业间的巨大差距，则是导致义务教育阶段学校教师无序流动的根本原因。因此，若想实现义务教育阶段学校师资的均衡配置，首先应该提高农村教师工资待遇。

---

① 国家教育督导团：《国家教育督导报告 2008（摘要）——关注义务教育教师》，《教育发展研究》2009 年第 1 期。

② 同上。

③ 王晋堂：《教育均衡发展重在规范教师工资待遇》，《人民教育》2008 年第 2 期。

　　同时，农村学校办学条件差也是导致优秀教师和年轻教师"待不住"、"留不下"的关键原因。正如本书第五章提到的那样，农村学校尤其是村小和教学点等小规模学校办学条件较差，教师的工作环境和条件无法与城市和县镇学校相比。据国家教育发展研究中心对农村中小学的抽样调查显示，在样本小学、初中，课桌残缺不全的分别占 37.8% 和 45.1%，实验教学仪器不全的占 59.5% 和 70.3%；教师或办公室有危房的分别占 23.3% 和 28.8%；教具、墨水、纸笔、粉笔不足的分别占 32.5% 和 55%。[1] 有些农村学校甚至连最基本的教职工食宿问题都难以解决，更不用说学校文化娱乐活动了。面对这样的工作条件，不仅优秀教师和年轻教师"待不住"，新聘用教师也"留不下"。近年来，国家想尽千方百计解决农村小规模学校师资问题，但效果不佳。

　　在我们的实地调查中，据江西省上饶县清水乡中心学校校长介绍，目前该中心学校下辖的村小的英语教师严重短缺，基本上没有英语专任教师。自 2006 年以来已经下派了 4 批大学毕业生去村小任教，但是下派的大学毕业生待不到半年就离开了，有些人宁可辞职外出打工也不愿去那里任教。为了缓解这一严峻的形势，该中心学校只好采取"走教"的形式。该校共有 5 名英语教师，他们一般每人负责 3 所初小英语教学，其中男生负责位置较为偏远的初小英语教学，女生则负责靠近中心学校附近村小的英语教学。他们一般要负责 5—6 个班级，每周有 3—4 天的时间在附近初小"走教"。该校校长认为这完全是无奈之举，农村小规模学校急需那些愿意长期在那里任教的大学毕业生。同样，我们在湖北省英山县的调查情况也证实了这一点。该县杨柳镇陈岩村位于鄂皖交界处，海拔 800 米。陈岩村陈岩小学是该镇的一个教学点，陈岩小学有 4 个年龄段的学生，分别是学前班、一年级、二年级和三年级。由于该小学位置偏远，交通非常不便，曾有 5 名大学毕业生去那里工作过，但不到半年就先后离开了。目前在该教学点任教的仍是该村的代课教师，已经在那里工作了 8 年。

　　2011 年我们在湖北省恩施市调研发现，该市属于我国中部山区，地势陡峭，大部分农村中小学位于偏远山区，交通尤为不便。因此，许

---

[1]　苗培周：《当前我国农村教育存在的问题及其应对》，《中国教育学刊》2005 年第 5 期。

多农村中小学骨干教师及优秀年轻教师都想方设法往城区调。目前在该市农村偏远地区教学点任教的清一色是"民转公"教师，平均年龄55周岁以上。而在乡镇中小学任教的大部分是年轻的"资教生"，这些"资教生"是刚刚从大学毕业的，没有教学经验，也没有教师编制，更没有长期在基层农村学校任教的打算。恩施市龙凤镇龙马教学点离最近的学校有30里，离乡中心学校有60里，该乡中心学校先后下派了5批大学毕业生去那里任教，结果没有一个人留下来，就是"特岗生"也在那里待不满3个月。目前该校仍有3名本村户籍的代课教师在那里任教，但他们近两年内都到了退休的年龄。我们在中西部地区6省24个县（市）的调查发现，农村初小和教学点普遍面临的最大问题是师资问题，如何保证农村小规模学校有一大批"待得住、留得下"的教师，是让地方教育当局非常棘手的一件事情。

此外，偏远地区农村教师存在隐性流失。有不少农村学校教师在农村偏远地区学校工作时，出勤不出力或"做一天和尚撞一天钟"，有的专门从事第二职业赚钱，还有的随意请假病休等，这些教师工作不积极，严重影响到农村偏远地区学校的正常发展。

优秀农村教师的"向上流动"和新聘用教师"留不下来"本就对师资力量薄弱的农村学校影响极大，在农村中小学布局调整过程中，不少地方政府还助推这种不合理的教师资源流动，加剧了学校间教师资源配置的不均衡程度。在学校布局调整过程中，不少地方政府将骨干教师和优秀年轻教师抽调到乡镇中心学校，而将年龄大、学历低、工作能力不强的教师"下放"到初小及教学点，导致初小、教学点优质师资更加缺乏。例如，2011年我们在江西省分宜县调研发现，该县在大规模的农村中小学布局调整中，撤并了所有农村初中，原来农村初中优秀年轻教师及骨干教师全部上调到城区学校，而那些年老体衰、工作能力不强的教师全部留在乡镇学校，那些"民转公"的教师全部"下放"到农村偏远地区初小及教学点等学校任教。可见，农村中小学布局调整后，在教师自身流动意愿和地方政府"城镇偏向"指导思想的双重作用下，村小和教学点等小规模农村学校的师资水平"被"下降。

第二，农村学校教职工基本编制标准偏低，农村中小学教师总体性超编和结构性缺编并存。我国目前的中小学教师编制标准是严格按照在校生人数确定的，规定城市、县镇和农村小学生师比分别为 19∶1、21∶1 和 23∶1，初中生师比为 13.5∶1、16∶1 和 18∶1。农村学校教职工编制低于城市，与城市相比，我国广大农村地广人稀、生源分散、学校规模较小、成班率低，目前这一编制标准不适应农村学校的实际情况，无法满足农村教育对教职工在数量和结构上的需求。随着近几年农村生源的不断减少，农村学校出现编制紧缺现象。根据教育部数据显示，2004 年至 2006 年，全国约有 10% 的县连续 3 年未补充公办教师，一些农村学校五六年没有录用新教师。表面原因是人员超编，实际上是因为原编制标准已经"老化"，不能准确反映农村学校对教师数量的需求。如，在现有编制标准下，小规模学校学生人数少，教师编制就少。这种情况下，如果要小规模学校同大规模学校一样开齐并开足国家规定的义务教育阶段课程，就非常困难。

以我们调查的江西省分宜县为例。目前江西省分宜县基础教育阶段省市核定编制数为 2188 人，实际在编在岗教师数为 2457 人。从总体来看，分宜县义务教育阶段学校教师不缺编，甚至还略有剩余。但从各个学校的具体情况看，存在严重的结构性缺编的问题。例如，该县目前有 13 所农村中心学校，三年级以上的农村小学生一律都在学校寄宿，但由于教师编制紧张，绝大部分学校均没有配备生活教师，只好由任课教师兼任。杨桥镇中心学校教师（包括校长等领导在内）周平均课时量高达为 19.48 节。同样由于缺少后勤编制，学校安保工作只能由学校在社会上聘请保安公司员工担任，而所需费用则由学校自行解决。此外，目前分宜县 88 个教学点中，教学点学生规模大部分在 50 人以下，还有不少 20 人以下的教学点，甚至还有几名学生的教学点。因为学生少，如果严格按照国家标准配备教师资源，学校就会无法开展正常教学活动。目前分宜县采取的措施是，教学点教师按照班级 1∶1.5 的标准配备教师，也就是说，一二年级教学点一般是配备 3 名教师。不仅如此，分宜县教师借调、停薪留职现象比较严重。例如，分宜县洞村乡共有 56 名教师编制，但目前正式在校任教的只有 40 名左右，其余的借调、停薪留职和生病不能上班等。为了顺利开展教育教学，前几年该乡不得不聘请了 10 名代课教师，每名代课教师的工资为 600 元/月。

目前农村中小学教师编制不合理还体现在农村学校教师学科结构性

短缺，农村学校严重缺乏音乐、体育、美术、英语和信息技术等学科教师，教学点等小规模学校无法开齐国家规定的课程。

第三，农村学校教师工作负担加重，影响学校教育质量的提高。农村中小学布局调整后，学校规模扩大，大班额出现；同时随着农村寄宿制学校的大量涌现，农村教职工短缺的状况更加严重，由此导致农村教师工作负担加重，教师疲于应付工作，无心也无力进行职业素养的提升，不利于学校教学质量的提高，应该在进一步的学校布局调整中引起高度关注。

（1）中心学校大班额出现，增加了教师工作量。农村中小学布局调整后，为了节约成本，扩大办学规模，农村和县镇中小学的超大班额现象非常普遍。这样的超大班额给农村教师带来了过大的压力和过多的工作量。根据2008年国家教育督导报告提供的数据，中部地区县镇初中学校的大班额问题尤为突出，大班额比例达到61.2%，超大班额比例为32.9%。湖北、海南、河南、安徽、陕西尤为严重，县镇初中超大班额比例分别为52.2%、48.3%、42.6%、42.3%和42.1%。我们对湖北恩施市的调查发现，乡镇中心小学和初中作为农村教育质量最好的学校，超大班额现象异常严重。小学一般每班有60余人，初中70余人，个别班级甚至高达92人。班级人数过多，无疑加大了教师的工作量，增加了教师的工作负担，不少教师疲于应付，并产生了职业倦怠。据接受访谈的教师介绍，由于班额过大，一个上午头都不抬也只能批改一个班的学生作业。

（2）农村小规模学校教师数量不足，在职教师工作量大。由于我国中西部地区农村小规模学校教师匮乏问题长期存在，为保证学校正常开展教学工作，学校在教学安排上优先安排语数外等主干课程的教师供给。在主干课程教师供给有限的情况下，学校就往往会通过压缩其他非主干课程的方式解决师资匮乏的问题，导致小规模学校教师的教学任务非常繁重。我们在中西部农村小规模学校调查发现，刚参加工作的教师要承担多门课程的教学任务，有些学校还要求他们跨年级教学甚至"包班"上课。据我们2009年对湖北省参与"农村教师资助行动"的大学毕业生进行的调查，他们大部分在乡镇普通初中任教，也有不少"资教生"在农村村小或教学点任教，他们平均每人要带3门课，最多的竟带了 5 门课。"资教生"每周至少要带 10 节课，最多的达 33 节课，平均 18 节课。除上课外，"资教生"平均还需花 3.5 小时用于学习其他教育活动。①

（3）农村寄宿制学校缺少专职生活教师，任课教师兼管学生寄宿生活，工作量超负荷。农村中小学布局调整后，农村寄宿制学校大量增加，甚至还出现了不少寄宿制小学。由于寄宿制学校没有专职的生活教师编制，导致很多农村中小学教师除了完成正常的教学工作外，还要承担学生的生活管理、学校治安等繁重的工作。我们调查发现，有些学校的男教师兼职当保安，负责晚间学校学生宿舍巡逻；女教师兼职当生活教师，照顾学生起居。他们通常从早上六点开始工作，一直忙到晚上寄宿生入睡以后才能休息。有时遇到有孩子生病发烧、想家等问题，他们通常整宿都不能睡觉，身体和心理都极度疲劳。例如，我们在湖北省英山县和恩施市农村中小学调查发现，除了极个别农村初中寄宿制学校有少量的生活教师（严格来说，他们不是专职的生活教师，是因为他们的年龄偏大，即将面临退休，学校处于照顾的原因而少安排一些课程，让他们兼任生活教师），大部分寄宿制学校没有专职的生活教师。特别是一些寄宿制小学，这里的教师编制本来就极为紧张，加上孩子年龄小，生活大都不能自理，这些学校的教师不仅要给学生上课，还要照顾学生日常生活，工作非常辛苦，基本上绝大部分时间都花在学生身上。我们在湖北、江西等省一些农村寄宿制小学实地调查时，当问到"目前你最大的压力是什么"时，绝大部分教师认为是"寄宿生的生活起居及安全"问题，因为他们除了正常的教学外，主要的精力就用在这些寄宿生身上，吃饭、午休、自习、睡觉等事情，甚至寄宿生的安全，都必须时刻放在心上，心理压力极大。

第四，农村教师缺少在职培训机会。农村中小学布局调整后，农村教师尤其是小规模学校教师仍然缺少在职培训机会。一方面，教学点等小规模学校教育经费不足，没有多余经费支持教师接受在职培训。教学点等小规模学校的办学经费和其他学校一样，按照学生数量来划拨的，

---

① 付卫东：《资教生参与"农村教师资教行动"的调查与思考》，《教师教育研究》2009 年第 3 期。

小规模学校学生人数少，教育经费就少，其学校日常运转都难以为继，根本拿不出钱支持教师去进修培训，当然也不可能有钱请校外优秀教师到学校来传授教学经验和进行教学指导。学校布局调整后，教学点在行政关系上隶属于中心学校，在经费和人员管理上的需求都需要经过中心学校批准。经济欠发达县的中心学校自身发展经费尚显不足，没有余力满足教学点额外教育经费的需求。另一方面，教学点等小规模学校教师教学任务繁重，教师无法脱岗接受在职培训。受教师编制限制，小规模学校教师编制少，为尽量开齐国家规定的义务教育学校课程，教学点教师多为包班上课，或是一个人教授多个年级多门课程。他们普遍工作量大，缺少足够时间和精力参加在职培训。即便有在职培训的机会，县里只选派少数骨干教师去参加，大量农村教师很少或没有进行过定期在职培训。对教学点这样的小规模学校来说，一位教师的专业水平就可能决定一所学校的教育质量，对小规模学校教师专业水平的忽视几乎等同于放弃在小规模学校接受教育的适龄儿童的未来。

第五，代课教师大量存在，学校教学水平难以有效保证。农村学校师资水平低的另外一个主要原因是，大量代课教师存在。其存在的原因是，一方面，农村学校教师总体性超编和结构性缺编并存，不得不聘用代课教师补充师资力量；另一方面，地方政府教育经费严重缺乏，低薪聘用代课教师可以节省教育开支。2008 年全国人大常委会审议的义务教育法执法检查报告指出，全国中小学仍有 37.9 万名代课教师，其中 81.8% 分布在农村学校。代课教师的收入一般仅为公办教师的三分之一，甚至五分之一。代课教师的素质难以保证，不利于农村学校教学质量提高。

总之，农村中小学布局调整存在这样或那样的问题，其原因是相当复杂的，但其主要原因是：偏重效率，忽视公平；偏重调整速度，忽视科学规划；偏重集中办学，忽视分散办学；偏重区域内经济发达地区义务教育的发展，忽视偏远贫困地区教育的发展；忽视农村教师队伍建设。

第七章　通过农村中小学布局调整促进
义务教育均衡发展的对策

　　持续了十多年的农村中小学布局调整主要采取了大量撤销小规模学校、大量建立寄宿制学校、学校布局向县镇集中的调整方式，由此导致了农村学生"上学远"、"上学难"问题和巨大的安全隐患。尤其是在我国中西部地区，农村中小学校和城市学校、县镇学校的教育差距进一步拉大，部分偏远贫困地区、山区、牧区社会弱势群体失去受教育机会等，可以说，农村中小学布局调整为了促进教育公平却同时制造了新的教育不公平。为了促进义务教育均衡发展，促进城乡一体化的发展，在我国农村，当务之急是要切实解决农村中小学布局调整过程中出现的突出问题，合理规划并办好每一所农村学校，做到保障每位农村适龄儿童、少年的受教育权利，缩小学校间教育差距，促进义务教育均衡发展。

一　坚持"公平优先、兼顾效率"的教育资源配置原则，保障每位适龄儿童、少年的受教育权利

　　农村中小学布局调整必然涉及公平与效率关系的权衡问题。公平是人们利益之间的平等交换和分配。人们利益之间的平等交换和分配，就是人们平等享有人权和公民权。因此，公平既是一种道德要求，又是社会进步的一种标志。每个社会都会追求公平，每个理性的政府都会在资源配置和社会分配上讲求公平，在教育资源配置上也不例外。

　　教育资源配置公平就是教育资源配置达到了人们利益之间的平等交换和分配的状态。教育既是个人利益之所在，又是集体、国家、民族、社会利益之所在。教育达到了人们利益之间的平等交换和分配的状态，

就是教育公平。教育领域中体现出的个人利益是与个人受教育权利相联系的。根据我国《宪法》第四十六条规定，中华人民共和国公民有受教育的权利和义务。《中华人民共和国教育法》第十八条规定，国家实行九年制义务教育制度。各级人民政府采取各种措施保障适龄儿童、少年就学。适龄儿童、少年的父母或者其他监护人以及有关社会组织和个人有义务使适龄儿童、少年接受并完成规定年限的义务教育。可见，中国公民不仅有权接受九年义务教育，而且这种权利是各级政府须予以保障的。为了强调人人享有这样的权利，《中华人民共和国义务教育法》第四条规定，凡具有中华人民共和国国籍的适龄儿童、少年，不分性别、民族、种族、家庭财产状况、宗教信仰等，依法享有平等接受义务教育的权利，并履行接受义务教育的义务。不仅如此，《中华人民共和国义务教育法》第十二条规定，适龄儿童、少年免试入学，地方各级人民政府应当保障适龄儿童、少年在户籍所在地学校就近入学。因此，根据以上法律法规，受到法律保护的适龄儿童、少年的受教育权包括以下几点内容：(1)适龄儿童、少年有权接受九年义务教育，各级政府应予以保障。(2)适龄儿童、少年接受九年义务教育不受任何外在因素限制，凡中国公民即可。(3)适龄儿童、少年享有就近入学的权利，各级政府应予以保障。即适龄儿童、少年平等享有受教育权利，他们有权接受大致不相上下的义务教育；就近入学是他们的教育权利。义务教育资源配置公平能保障每位适龄儿童、少年享有平等的受教育权利。

　　教育资源公平配置在概念上不同于教育资源配置公平。教育资源配置公平是指教育资源配置达到一种状态，即人们利益之间的平等交换和分配的状态。教育资源配置公平是结果。教育资源公平配置是过程，即达到人们利益之间的平等交换和分配的状态的过程。教育资源的政府公平配置，就是指政府通过教育行政、教育财政、教育金融等手段推进并最终实现教育资源配置公平的过程。政府推进并最终实现教育资源配置公平，具体来说，就是在教育资源配置上，保障每位适龄儿童、少年平等享有大致不相上下的义务教育的权利。这是政府的责任，也是每位适龄儿童、少年的正当权利。农村中小学布局调整的根本目的就是实现教育资源配置公平，促进义务教育均衡发展，促进教育公平。

　　针对教育资源配置，追求公平和效率的兼顾并不必然矛盾。在农村中小学布局调整中，与农村中小学布局调整相结合的撤点并校工作对经济条件好、交通便利的村镇具有积极的意义，主要表现在这些地方和学校的教育资源被优化，不仅提高了教育资源的利用效率，也为农村学生接受更优质的教育提供了条件，即追求公平和效率兼顾的目的达到了。但同时我们也看到，在部分地区和学校，对教育资源利用效率的过度追求损害了教育公平。这表现在那些最薄弱、最分散、最不经济的校点被撤并后，在这里上学的学生被集中到条件稍好的学校就读，这对他们来说，虽然可以增加接受优质教育的机会，但也由于上学路途较远等原因，出现了偏远贫困地区孩子"上学远"、"上学难"、"上学贵"的不公平现象。比起经济发达地区、交通便利地区、离校较近、家庭经济条件较好，这样地区和家庭的孩子，为了大多数适龄儿童、少年接受优质教育，偏远贫困地区的孩子和家庭付出了不该付出的代价，包括家庭经济负担加重和个人受教育权利的损害。此外，地方政府将大部分优质教育资源投入到交通便利、办学条件较好的学校，忽视小规模学校建设和发展，不利于在这些学校读书的学生的个人发展。在学校布局调整过程中，对效率的过度追求造成了偏远贫困地区学生不仅没有享受到学校布局调整的成果，相反，其接受的教育质量水平与其他地区差距进一步拉大。这对偏远贫困地区的农村居民来说是极大的教育不公，也会对社会安定带来隐患。

因此，在农村中小学布局调整过程中，一定要坚持"公平优先、兼顾效率"的教育资源配置原则，确保义务教育资源配置公平，以保障每位适龄儿童、少年的平等受教育权利。要实现这个目标，在学校布局调整的实践中，必须做到以下几点。

（一）坚持就近入学的原则

适龄儿童、少年受教育权利受到国家宪法的保护，是每位中国公民的人权和公民权。不仅如此，义务教育阶段就近入学权利也受到《义务教育法》等法律法规的保护。因此，农村中小学布局调整政策应该充分保障每位适龄儿童、少年义务教育阶段就近入学权利，这应是学校布局调整的底线。2010年中央"一号文件"《中共中央、国务院关于加大统筹城乡发展力度，进一步夯实农业农村发展基础的若干意见》中指出:"农村学校布局调整要符合实际,方便学生入学,保证学生安全。"《国家中长期教育改革与发展规划纲要(2010—2020年)》也指出:"适应城乡发展的需要,合理规划学校布局,办好必要的教学点,方便学生就近入学。"因此,在农村中小学布局调整过程中,各级政府,尤其是地方政府一定要端正思想认识,一定要将适龄儿童、少年就近入学放在重中之重的位置上,慎重撤并农村中小学。对于该撤并的学校要坚决撤并,但也要从各地实际情况出发,尤其是首先从满足适龄儿童、少年接受义务教育需要出发,对于不能撤并的学校,哪怕学生人数再少,也要保留下来。

不仅如此,广大农民群众对其年幼的子女上学也有就近入学的教育需求。就近入学有助于降低学生求学的交通安全、人身安全、辍学等各种风险,并减少因距离学校较远而增加的教育支出。同时,就近入学方便义务教育阶段学生接受家庭教育并和家人进行情感交流。义务教育阶段学生,尤其是低年级段学生,在情感和身心发展上都需要来自家庭的关爱,和父母及亲人的交流对他们心智的发展、健全人格的培养都有极大益处。学生的身心健康发展同样是学校教育的重要内容。

此外,从教育公平的角度来看,就近入学原则对于农村弱势群体教育权利的保障尤为重要。农村弱势群体虽然向往城镇优质教育,但受制于自身条件,无法"用脚投票"去追逐优质教育。因此,就近入学能保障农村弱势群体的受教育权,降低他们接受义务教育的门槛,避免因"上学远"、"上学贵"、"上学难"而失去受教育机会。农村中小学布局调整后,各种优质教育资源集中到县镇所在地、交通便利或繁华地区,对于这些优质教育资源的追逐会让弱势群体付出极大的成本和代价。所以,坚持就近入学原则也要求办好农村小规模学校,努力缩小学校间的差距,让弱势群体在家门口享受到较高质量的义务教育。

保障学生就近入学的关键是各地在农村中小学布局调整中根据当地情况确定合适的学校规模和服务人口及半径。我们认为,在农村中小学布局调整中,小学低年级,即1—3年级就读的学生应该在本村或者离家较近的学校走读上学,小学高年级段学生原则上也应该能走读上学,确实有需要住读的,才安排上寄宿制学校。初中生可以走读或者寄宿。

（二）建构教育补偿机制，对在学校布局调整中利益受损者进行利益补偿

正如第六章分析指出的那样，农村中小学布局调整增加了适龄儿童、少年的辍学风险，农民家庭新增教育支出，其实质是学校布局调整行为成本被转嫁给农民，而这些都是学校布局调整中本该是受益方的农民及其子女不该承受的责任和负担。对于这部分人群，政府应该予以补偿。农村中小学布局调整从整体上来说促进了区域内义务教育的发展，使更多的适龄儿童、少年享受到更为优质的义务教育，但这并不等同于少数人的利益没有受到损害。在学校布局调整中，少数人、部分社会弱势群体的受教育权利受到损害，产生了教育不公平。"正义是社会制度的首要价值，每个人都拥有一种基于正义的不可侵犯性。这种不可侵犯性即使以社会整体利益之名也不能逾越。因此，正义否认了一些人分享更大利益而剥夺另一些人的自由的正当性，不承认许多人享受的利益能够绰绰有余地补偿强加于少数人的牺牲。"① 因此，在农村中小学布局调整这一公共政策中利益受损的"少数人"应当获得一定的补偿。相关机构，尤其是各地方政府可以根据自身的经济条件和各地的实际情况出台相关政策，补偿在学校布局调整中利益受损者。这是政府保障适龄儿童、少年不因学校布局调整而失去受教育机会的责任。这些补偿可以是经济补偿，如寄宿、交通等费用的补助，家庭经济困难补助等；也可以是免费就餐、免费校车等。

（三）畅通农民意愿表达渠道，构建公正合理的学校撤并程序

农村学校的存在对于农民、农村社区都有特殊的功能和价值，农民对农村学校充满了感情。农村学校的布局调整关系着农民的切身利益，必须充分尊重农民的意愿。畅通农民意愿表达渠道，通过听证会等多种途径听取农民对学校撤并的意见和建议。构建"方案制订—论证—听取意见—公示—报批"的公正合理的学校撤并程序。因为生源太少或

---

① ［美］罗尔斯：《正义论》，何怀宏等译，中国社会科学出版社 2001 年版，第3—4页。

其他原因确实需要撤并的学校，当地政府一定要严格执行此程序。多数群众不同意的学校布局调整方案，不要强行执行。同时，不能将农村中小学布局调整成果当作地方政府官员的主要政绩。因为一旦将它与地方行政官员的政绩挂钩，就容易形成官员注重追求效率并以牺牲公平为代价的状况。"效率优先"一旦成为农村中小学布局调整的主要原则，就会出现盲目撤并中小学的错误倾向。相反，为了保障农民的利益，尤其是社会弱势群体的利益，应将政府提供的公共服务质量和老百姓的满意程度纳入到地方政府官员的政绩考核指标体系中，使得农民群众能从制度上制约地方政府的中小学布局调整行为。

总之，我们要让农村中小学布局调整造福于民，就不能让偏远贫困地区的孩子做出政策性的牺牲，必须坚持"公平优先、兼顾效率"的教育资源配置原则，合理进行农村中小学布局调整，促进义务教育资源的公平配置。

二　科学地进行学校布局规划

教育发展规划，又称教育事业发展规划，指国家或地方根据社会发展的需要和满足这种需要的可能而制定的未来一定时期教育事业发展的指导性文件。[①] 它是国家或地方组织调节和管理教育事业有计划按比例发展的基本形式和手段，是国民经济和社会发展规划的重要组成部分。教育发展规划一般是由各级政府或教育主管部门按照国民经济发展和社会发展的总体要求以及国家关于教育的重大决策，根据教育发展的客观规律而制定的。它具有科学性、权威性、可行性、连续性等特点，是广大教育工作者的行动纲领和共同奋斗的目标。

农村中小学布局规划是教育发展规划的重要内容之一，要建立一个符合我国基本国情的、能满足全国各地实际需要的农村中小学布局调整标准，是一件非常困难的事情。农村中小学布局调整标准的问题实质上就是一个多目标线性规划的问题，即在一定的条件下，如何安排教育要素资源、使学生上学距离最近、学校服务人口最多、教育资金投入最

---

① 肖昊：《教育经济学》，武汉大学出版社 2010 年版，第 320 页。

省、教育教学质量最高，学校布局调整次数最少。① 因此，农村中小学布局调整一定要充分考虑到各种约束性条件，对于科学规划农村学校布局具有重要的战略意义。

（一）物质性约束条件对科学规划农村中小学布局调整的影响

物质性约束条件包括自然地理条件和交通条件。自然地理条件，就是学校所在地的地形、气候、地理构造、水文等影响学校存废与存在方式的要素综合体。② 我们知道，自然地理条件直接影响人类社会的居住地选择，这样又会影响到居住人口的分布和密度，地形较为平坦的平原和丘陵地区居住的人口较多，而地形较为陡峭的山地和高原居住的人口自然较少；位置偏远的沙漠和海岛居住的人口较少，而交通便利的地方居住的人口肯定很多。同样，自然地理条件也直接影响学校的设立与撤并。我们知道，陡峭的山地、偏远的海岛和人迹罕至的森林肯定会延长学生上学的时间，这就比较适合分散的学校布局，可以在这些地区交通相对较为便利的地方设立寄宿制学校，这样可以方便学生上学，避免学生来回奔波，上学路程远，时间长，且很不安全。在平原地带，我们可以采用相对集中的学校布局，采用走读的方式。从自然气候来看，由于北方冬季十分寒冷，中小学生尤其是小学生年龄太小，长时间在天寒地冻的雪地里行走，会造成冻伤等一系列的问题，所以对于这些地方应采取就近入学或寄宿制的方式；在气候多变的海岛、西部沙漠地带和中西部高山地区，由于这里气候变化无常，中小学生尤其是小学生上学非常危险，因此也一定要采取就近入学或寄宿制的方式。从地理构造上看，对于那些位于地震多发地带的学校，必须毫无条件地进行搬迁，要把学生的生命安全放在重中之重的位置，将学校搬迁到受地震等影响较小的安全地带上。从水文自然条件来看，我国沿江沿海的一些地方，由于受季节性降水或潮汐的影响，江河湖泊会发生洪灾或决堤，潮汐会引起海啸或台风，所以在靠近江河湖泊或沿海的地区，要在地势相对较高的地

---

① 邬志辉：《中国农村学校布局调整标准问题的探讨》，《东北师大学报》（哲学社会科学版）2010 年第 5 期。

② 同上。

方设置中小学校点。

　　同样，交通条件也是农村中小学布局规划时着重应考虑的问题之一。交通条件的便利程度一般与交通方式、道路基本状况、地形特点和交通距离四个变量密切相关。从交通方式来看，可以步行、骑自行车、骑摩托、乘坐公交车或乘船等，步行和骑自行车相对安全一些，而骑摩托车、乘坐公交车或乘船相对来说要危险一些，但这些交通工具的便捷程度不一样，前者要慢一些，而后者却快捷多了。就道路状况而言，在我国中西部农村地区，既有路况较好的一级公路，也有一般的乡村公路，还有路况较差的乡村小道，不同的道路状况直接影响着中小学生上学的时间。通常情况下，地形越复杂、交通方式越原始、道路状况越差的交通条件，学生上学就越不便利。因此，我们可以将上述影响学生上学的四种变量综合为一项至关重要的指标——学生上学时间。学生上学时间长，意味着学生上学的地形较复杂、交通方式较原始、道路状况较差，同时还意味着学生上学交通费用高。所以，我们在进行中小学布局调整时，一定要注意学生上学的交通条件，在那些道路状况差、通车不便利、地形复杂（特别是容易发生泥石流、山体塌方、江河决堤、野兽出没等存在重大安全隐患）的地方要保留必要的教学点，方便学生上学。

（二）社会性约束条件对科学规划农村中小学布局调整的影响

　　社会性约束条件是指某一地区的经济社会发展状况、文化传统习俗、政府和百姓意愿等因素对农村学校存废及存在方式的影响和制约。[①] 农村学校布局调整的社会性约束条件主要包括人口条件、资金供给条件、民族文化宗教因素、社会治安条件和家庭意愿等。

　　人口的数量、结构和密度以及人口流动状况是影响我国农村中小学布局调整的重要因素。当前我国正处于人口急剧变动的社会历史时期，人口增长、城乡人口分布和以往任何一个时期相比有很大的不同，准确预测适龄人口变动趋势是科学地制定农村中小学布局规划的必要前提。

---

　　① 邬志辉：《中国农村学校布局调整标准问题的探讨》，《东北师大学报》（哲学社会科学版）2010 年第 5 期。

对人口进行预测通常有两种方法：年级升级比例法和队列构成法。① 这两种方式各有侧重，在实践中可以将两者有机结合起来，综合运用。根据目前对未来适龄人口的预测，未来我国小学和初中的适龄人口会大幅度减少，但并不是一味地减少，在某一个时期有可能会增加，基本是起伏不定。可见，我国未来适龄人口数量不是固定不变的，而是动态的、不断发展的。同时，由于我国人口流动越来越频繁，城镇化程度不断提高，我国人口分布格局正在发生重大变化，城镇人口和大中城市人口持续增加。据统计，未来 20—30 年，我国每年将有 1500 万—1800 万人口陆续移居城市，2015 年中国城镇人口将突破 8 亿。② 因此，在进行农村中小学布局规划时，一定要考虑到我国未来人口变化趋势以及人口流动的特点。

资金供给条件也是农村中小学布局规划的社会性约束条件之一。农村中小学布局调整常采用关闭原有学校、在异地新建学校，或者新建扩建寄宿制学校等调整方式，这些方式都对地方政府提出了较高的资金需求。③ 首先，在异地新建学校，或扩建寄宿学校需要一笔巨额的资金投入。近年来，为了保障中西部地区顺利实现普及九年义务教育和基本扫除青壮年文盲的目标，国家先后实施了"贫困地区义务教育工程"、"中小学危房改造工程"和西部地区"农村寄宿制学校建设工程"等一系列工程，并与世界银行贷款"西部地区基础教育发展项目"相结合，极大地改善了农村学校的办学条件。但是，尽管国家的投入力度很大，却无法满足我国中西部农村地区的实际需求。例如，根据 2006 年的数据计算，"农村寄宿制学校建设工程"中，平均每个项目县只能得到不到 5 所学校的建设资金，远远无法满足各地区的实际需要。而且，上述工程要求各地要按相应的比例进行配套，一般是中部地区按 1∶1，西部各省按 0.5∶1 进行配套，各省与项目县也要进行配套，并且层层要签订配套资金承诺书。如果配套资金无法落实，中央和省的专项拨款就无法到位，而越是贫困的县、乡、村、校，其配套资金的筹集越困难。对

① 石人柄：《人口变动对教育的影响》，中国经济出版社 2005 年版，第 202 页。
② 建设部：《2015 年城镇人口将突破 8 亿》，《楚天都市报》2007 年 8 月 3 日。
③ 柳海民、娜仁商娃、王澍：《布局调整：全面提高农村基础教育质量的有效路径》，《东北师大学报》（哲学社会科学版）2008 年第 1 期。

于那些基本上是"吃饭财政"、"教育财政"的国家级和省级贫困县而言,这些县(市)是根本没有多余的财力去支付这样一笔巨大的资金的。其次,学校布局调整后,为了优化教育资源配置,改善办学条件,这些学校必须要购买新的仪器设备、配置新的教育设施,需要高额的配套资金投入。最后,农村中小学布局规划必须考虑农民家庭支出。农村中小学布局调整后,离校较远的农民家庭每年需为子女上学额外支出交通费、伙食费和住宿费等。如果由政府支付超出学生上学法定距离而产生的相关费用,那么农村中小学布局调整将是一项十分昂贵的教育改革。美国学校撤并的倡导者起初也相信,学校规模过小会增加生均教育投入,合并学校可以降低办学成本。但是20世纪90年代美国西弗吉尼亚州的一项研究表明,政府宣称合并学校可为纳税人节约数百万美元的目标并没有实现,相反州政府在学校合并上的花费超过了十亿美元。①可见,在农村中小学布局规划时,一定要考虑到资金供给条件。如果没有充足的教育经费供给,那么政府实施的中小学布局规划目的也无法实现。

民族文化宗教因素也是农村中小学布局规划的社会性约束条件之一。在西方,学校布局最初起源于民众的宗教狂热。在教徒聚集地,教堂承担着教授信徒教义的任务,但随着市镇人数的发展,教堂越来越无法承担众多信徒的任务,遂设立学校。②可见,宗教对学校的影响是深远的。在我国,不同的宗教之间、同一宗教的不同教派之间存在信义的差别,他们均不愿意将自己的子女合并到其他教派子女的学校里。如果强行合并,会引起宗教冲突等一系列的问题。同时,我国是一个多民族的聚居地区,全国有56个民族共129种语言,每一种语言都是一个民族文化的遗传密码。每一个民族都愿意使用自己的语言进行教学,即使有些民族未来适龄人口大量减少,他们也不愿进行学校合并,希望保留自己的民族语言和文化特色。因此,在这些地方进行农村中小学布局规划时一定要慎重,要考虑到不同民族的生活习惯、宗教信仰和文化特

---

① 王强:《20世纪美国农村"学校合并"运动述评》,《外国中小学教育》2007年第8期。

② 邬志辉:《中国农村学校布局调整标准问题的探讨》,《东北师大学报》(哲学社会科学版)2010年第5期。

点，不能采取强制撤并的方式，这样会引起多种矛盾集中爆发，导致社会不和谐因素的产生。

社会治安条件也是农村中小学布局规划的社会性约束条件之一。学生安全是我们义务教育首当其冲的大事。目前我国农村人口持续减少，而城镇人口不断增加，规模较小的农村初小和教学点因学生减少被陆续撤并，而合并后的学校一般都在人口聚居的城镇或交通便利的地方，外来人口多，社会治安情况复杂，容易发生偷盗、抢劫等恶性事件。同时，一些学生在学校布局调整后，需要在校寄宿，由于学校教职工人手不够，有时会发生不法人员入校伤害学生的案例，有些走读生在上学途中也可能遇到被劫或侵害的事件等。因此，在进行农村中小学布局调整时，社会治安条件也是应着重考虑的因素之一。我们要把学生安全放在重中之重的位置，在进行学校布局调整规划时，社会治安条件不好的地方应该首先摒弃，新建学校或合并学校要选择社会治安环境好的地方，这样可以充分保证学生的安全。

村民意愿同样是我们进行农村中小学布局规划着重考虑的因素之一。农村中小学布局调整是事关我国 8 亿农民切身利益的大事，应该听取并充分尊重农民的意愿。我们很多村民对建在本乡本土的学校是有感情的，因为很多学校尤其是小学是本地村民自掏腰包建设起来的，甚至有不少村为了建校至今还负了不少债。学校建成以后，它往往成为地方文化体系的重要组成部分，通常是当地的标志性建筑，也是当地一任或几任本乡本土的村干部心中的丰碑，村民往往将学校作为本地特色的重要象征。而且，学校还是乡村的精神象征，具有超出实物的符号意义。我们在中西部地区农村学校调查时发现，很多地方在进行农村中小学布局调整时，没有或者很少征求村民的意见，一味地追求规模效益，没有考虑到村民对本乡本土学校的深厚感情，从而引发村民强烈反对甚至激烈冲突，有些地方的村民为了保住本村的学校，宁可花高价自行聘请教师在本校任教，甚至还有一些村民不断上访，引发一系列难以解决的矛盾，这显然违背了"以人为本，尊重民意"的公共政策制定理念。因此，在学校撤并之前，一定要通过村民代表大会、听证会等形式，充分听取本地村民的意见，并且要充分尊重大多数村民的意见，凡是多数村民不答应、村民撤并意愿不强的学校，在进行学校布局规划时一定要慎重，可以采取不撤并或等到条件成熟的时候再撤。这样，可以减少农村中小学布局调整的阻力，顺应广大村民的意愿和广大学生方便上学的诉求。

（三）教育性约束条件对科学规划农村中小学布局调整的影响

教育性约束条件是指学校布局调整要尊重教育规律和办学规律，充分考虑教育要素对学校布局的基本要求，使布局调整充分发挥提高教育质量和效益、促进学生身心全面发展的教育功能。[①] 教育性约束条件主要包括学生身心发展条件和家庭教育的功能等。

学生身心发展条件是农村中小学布局规划着重考虑的教育性约束条件之一。人的发展是整体性发展，但从不同的角度和层次可作出不同的分类：一是生理发展，包括机体的正常发育，体质的不断增强，神经、运动、生殖等系统生理功能的逐步完善；二是心理发展，包括感觉、知觉、注意、记忆、思维、言语等认知的发展，需要、兴趣、情感、意志等意向的形成，能力、气质、性格等个性的发展；三是社会发展，包括社会经验和文化知识的掌握，社会关系和行为规范的习得，成长为具有社会意识、人生态度和实践能力的现实的社会个体，能够适应并促进社会发展的人。从总体来看，人的发展十分复杂，是一个生活与生长并进的过程，是一个"给定"与"自我选择"、"自我建构"相互作用、相互转化的过程，它体现为个体内部生理、心理、社会文化与外显行为方式连续又较稳定的发展变化。[②] 从我们对中西部调查的实际情况来看，对于大多数农村中小学生来说，农村中小学布局调整意味着学生上学距离变远。一般而言，小学高年级学生和初中学生对于学校布局调整后家校距离变远尚能勉强适应，而小学低年级的学生却很难适应。值得注意的是，小学生正处于身体发育期，如果长时间行走会导致身体的疲劳或损伤，不利于他们身体的正常发育；小学生年龄小，在情感上正处于依赖期，需要父母和爷爷奶奶等长辈的呵护和照顾，长时间分离不利于他

---

① 邬志辉：《中国农村学校布局调整标准问题的探讨》，《东北师大学报》（哲学社会科学版）2010 年第 5 期。

② 王道俊、郭文安：《教育学》，人民教育出版社 2009 年版，第 28—29 页。

们情感的健康发展；小学生的生活自理能力差，自我控制能力非常弱，容易受到外界不良环境的影响，不利于他们养成良好的行为习惯和正确的社会习得等。以上中小学生身心发展的基本特点决定了我们在学校布局调整时一定要考虑到学生的身心发展特点，例如小学低年级学生就必须安排就近入学。美国学者卢瑶池和卢瑟·特威坦恩的研究表明，在学业成就方面，每天乘坐校车一小时的小学生比不乘坐校车者平均降低2.6分，高中生的学业成就平均降低0.5分。①

　　家庭教育也是农村中小学布局规划应着重考虑的教育性约束条件之一。家庭教育通常是指父母及其他年长者在家庭中对子女实施的教育，是我国整个教育事业中的重要组成部分。② 家庭教育在孩子成长过程中的作用不可小觑。首先，父母是子女的第一任教师，家庭教育在人的一生中起着奠基性的作用；其次，父母是子女终生的教师，家庭是最长久的教育场所；再次，教育子女是家长义不容辞的责任，家庭教育是家庭的基本功能；最后，家庭教育是学校教育的补充和助手，是整个教育工作中不可缺少的组成部分。家庭教育的主要任务是使儿童的身心得到健康成长，为接受学校教育打好基础，并在儿童入学后，配合学校在品德、智育和健康方面促进儿童正常发展，将来成为国家的建设者。家庭教育的内容包括培养卫生习惯，预防疾病，锻炼身体，培养尊敬老人、团结、友爱、诚实、礼貌、机智、勇敢、勤劳、简朴的优良品质，培养爱祖国、爱人民、爱劳动、爱社会主义等道德品质；进行感官训练，发展口头语言和书面语言，培养正当的兴趣和爱好，发展个性和求知欲等。家庭教育的方式多种多样，实践证明，父母及爷爷奶奶等长辈的言传身教、家庭环境及生活实践对学生的影响尤为重要。所以，我们在进行农村中小学布局规划时，一定要慎重考虑家庭教育的功能，对小学生尤其是年龄较小的小学生，家庭教育对他们的作用可能远远比学校教育的作用大。

　　总之，我们在进行农村中小学布局调整时，要进行科学规划，不仅

---

① Lu, Yao Chi, Luther Tweeten. "The Impact of Busing on Student Achievement," *Growth and Change*, Vol. 4, 1973.

② 张念宏：《教育学辞典》，北京出版社 1986 年版，第 364 页。

要考虑到自然地理条件和交通条件等物质性约束条件，也要考虑到人口条件、资金供给条件、民族文化宗教因素、社会治安条件和家庭意愿等社会性约束条件，还要考虑到学生身心发展条件和家庭教育等教育性约束条件。值得注意的是，这些不同的约束条件针对不同学校和地区会产生不同影响程度和影响形式，必须针对当地实际情况，充分考虑到这些约束条件，并赋予不同权重，我们才能做到科学规划。

三　既要重点支持集中办学，又应适当照顾分散校点

在教育资源有限或不足的条件下，撤并规模小、布局分散的农村学校，将教育资源集中以提高其利用效率，是我国实施农村中小学布局调整的重要原因之一。然而，教育理论和教育实践都指出，教育资源的集中并不等于教育资源的高效利用，学校规模大并不等于学校教育质量高。我们课题组的调查证明，学校布局调整前分散型办学造成的教育资源浪费在布局调整后集中资源办学的过程中同样存在。其原因在于：

首先，学校布局调整的时机如果把握不好，就会出现教育资源匮乏与闲置并存的结构性浪费。在农村中小学布局调整过程中，学校校点的重新布局需要较多的经费投入，新建学校不用说，即使是学校布局调整予以保留的学校，也必须增加教学、办公、学生活动等场地、学生宿舍、学生食堂等方面建设，否则就无法满足从其他校点集中过来的学生的学习和生活需要。可调查发现，有些县（市）、乡镇政府和教育主管部门对学校布局调整由理想蓝图变成真正现实所必备的人力、物力、资金等硬件条件估计不足，在基本办学条件尚不具备的前提下，便急忙把周边的一些校点撤并，结果，周边学校有的教育资源如学校校舍、运动场等因无法搬迁而被闲置和毁坏，而被政府定为集中办学的中心学校却因基础设施不完备而无法容纳更多的师生。这样，一方面是被撤并学校原有教育资源的废弃和浪费；而另一方面则是集中办学的学校人满为患，从而造成新的校点在学习、生活、管理上的混乱，使得预期中集中办学的优势并没有发挥出来，这必然会引发村民对学校布局调整的不满。

其次，集中办学和分散办学如果处理不当，就会出现教育资源的过

剩与紧张并存的供给性浪费。在农村中小学布局调整过程中，有些县（市）、乡镇政府及教育主管部门由于没有对学校覆盖范围内的适龄人口、村民意愿、地理位置等进行充分的论证就急忙进行学校布局调整，结果新学校建成后，却长期无法按计划完成招生任务，使校舍处于长期的空闲状态。而计划撤并的校点，由于群众不同意撤并，或者由于撤并而引发大量学生失学、辍学而只好继续办学，结果造成集中办学的学校在教育资源闲置状态下仍不断得到政府经费的补充和支持，而计划撤并的校点，普遍存在教育经费不足的问题；由于政府不再派遣公办教师前往这些学校任教，这些学校又不得不聘请一些文化程度低且不具备教师资格的人任教，结果造成这些学校的师资水平低下，教学质量不高，学生学业成绩受到影响等。在偏远地区，由于村民不放心让自己年幼的孩子到离家很远的中心学校上学，他们中的一些人宁愿让孩子失学在家也不把孩子送到邻村或集中办学的学校就读；有的自行聘请教师，利用学校布局调整后废弃的教学点临时办学。我们课题组对中西部6省（区）的调查发现，由村民自行聘请教师在教学点给孩子上课，在学校布局调整后的一些地方并不是个别现象。由此可见，一方面是学校布局调整后集中办学的学校出现生源不足，校舍、师资、教学仪器设备等教育资源的过剩或浪费；另一方面计划撤并但由于各种原因不能撤并的校点因长期得不到教育经费的补充而办学效益日益低下，维持学校正常运转的基本物质条件日益匮乏，并造成部分适龄儿童的平等受教育权利无法得到保障。这种反差极大的教育资源配置方式，应引起各级政府及教育主管部门的关注。

因此，在农村中小学布局调整过程中，既要考虑将有限的教育资源适当的集中，提高教育资源的利用效率，同时又要兼顾偏远贫困地区一些分散校点对教育资源的需求。在农村中小学布局调整过程中要正确地处理以村小、教学点为代表的分散办学与以中心学校为代表的集中办学之间的关系，不能采取非此即彼的做法，完全抛弃分散的小规模学校，更不能认为教学点等小规模学校和复式教学是过时的、被淘汰的办学模式。世界银行全民教育项目高级执行专家塞尔加·塞尼克认为："最小量的人口的需求也应得到满足，学校应靠近学生居住点，在农村地区，多年级同班上学和只有一个教室的小学是必要的，学校布局应该集中于以成本效益原则覆盖所有的孩子。"①

在世界各国尤其是各国农村地区，小规模学校都是极为重要的教育机构。道格拉斯·雷曼认为，世界发达国家在现代化发展和农村交通网络发达之前，其教育体系也很大程度上依赖于小型农村小学，如美国曾经有成千上万个"一师一校"的小学，至今仍有 463 个这样的学校。②印度的单一教师学校数量庞大，特别是地处偏远、人口分散的农村地区。单一教师学校的比例在农村为 31%，城市为 6%。③ 马来西亚曾对偏远地区的小规模学校进行过合并，但受农村人口分布散的限制，小规模学校在农村仍大量存在。1990 年规模在 150 人以下的小学占小学总数的 37%，但只占学生总数的 8.5%。同年，小规模学校的平均班级规模为 15.5 人，生师比为 12∶1。④ 由于分散的学校及教学点在广大农村地区将会长期存在，世界各国都采取一些措施使教育制度适合农村人口的需要，如"在古巴，为小规模农村学校设立巡回教学，在沙特阿拉伯，教师携带教学设备乘坐直升机来回上课，而在阿拉伯利比亚民众国，则大规模地使用预制的流动教室，以便利边远地区的教学。"⑤ 不仅如此，在一些国家山区村民的心目中，教学点等小规模学校不仅是孩子接受教育的场所，而且也是他们居住环境的文化中心，他们往往将学校与相关文化因素连接在一起。

所以，我们不能凭一时头脑发热，盲目撤并所有农村小学和教学点。考虑到未来适龄人口的波动与学生入学的实际困难，对我国广大的农村地区，尤其是学生居住分散的地区而言，村小和教学点这种办学模式是有效的。我们还必须根据当地的实际情况，综合学生、家长和学校教师的意见，在那些偏远贫困地区适当增设规模较小的小学和教学点，充分满足当地学生就近入学的需要。因此，我们既要支持重点办学，同时又

---

① 石人柄：《国外关于学校布局调整的研究及启示》，《比较教育研究》2004 年第 12 期。

② ［美］马丁·卡诺依：《教育经济学国际百科全书》，闵维方等译，高等教育出版社 1999 年版，第 503 页。

③ 王英杰等：《亚洲发展中国家的义务教育》，人民教育出版社 2003 年版，第 216 页。

④ 同上书，第 58 页。

⑤ ［瑞士］查尔斯·赫梅尔：《今日的教育为了明日的世界——为国际教育局写的研究报告》，王静等译，中国对外翻译出版公司 1983 年版，第 148 页。

要兼顾小规模学校的发展。对于被保留下来的教学点和村小等小规模学校，要采取倾斜性政策加以扶持，改善其办学条件，提高其教育质量。

（一）建立小规模学校经费保障机制

在我国，中小学教育经费的拨付是以学生数来核定的。教学点这样的小规模学校也是如此。小规模学校学生人数少，得到的教育经费就少，但从教学要求来看，必要的教学设施设备、学校管理、课程安排和教师投入等和大规模学校几乎是一样的。因此，比起大规模学校，小规模学校的单位学生成本更高。若要小规模学校产生和大规模学校一样的教育质量，则必须给小规模学校提供额外的资金支持，仅根据学生人数划拨的教育经费显然不能满足小规模学校的发展。然而，在实地调查中我们发现，在农村中小学布局调整中，教学点等小规模学校的建设和运行不仅没有得到额外的资金支持，而且在区域内教育资源配置的过程中始终处在最不利的位置。农村中小学布局调整以来，受制于县级财政供给能力不足和所隶属中心学校经费困境，教学点经费困境加剧，必要的经费投入严重不足。

改善教学点等小规模学校办学条件必须有足够的经费投入。在我国现行的教育管理体制下，针对农村教育的现状以及教学点等小规模学校存在的长期性和必要性，尤其是对弱势群体受教育权利保障的重要性，建立小规模学校经费保障机制显得尤为必要。那么，我们如何支持初小和教学点等小规模学校呢？

美国支持小规模学校的经验可以给我们重要的启示。例如，从20世纪70年代开始，美国开始了支持小规模学校的尝试和探索，甚至开始了对大规模学校的拆分和改造。到2002—2003学年止，美国有880万名农村学生，占全美4400万公立中小学学生人数的五分之一。[1] 而占全美国公立学校在校学生总数8.7%的学生就读于小型学校。由于入学学生数量有限、较小的生师比、较高的公共成本、其他一些单位学生营运成本以及一些限制经济规模的因素，对小型学校而言，如果它们想

---

[1] 杜屏、赵汝英：《美国农村小规模学校政策变化分析》，《教育发展研究》2010年第3期。

和大型学校一样，为教育计划提供相似的广度和质量的话，这将不可避免地产生比较高的单位学生成本。① 长期以来，美国人民已经认识并广泛接受以下的观点：几乎每个州都有小规模学校，应该为它们提供额外的资金。直到最近，美国州立法机构——大多以农村地区占主体——已经设立相应的条款来保护小规模及教学成本昂贵的学校和学区。比较有代表性的是，在财政投入公式中进行加权，以便分担教育小规模学校学生花费的较高成本。他们认为，在决定应该提供多少额外资源和服务为所有学生（不论其个人或环境障碍）带来合理公平的教育计划时，对所有学生进行加权是最好的解决途径。例如，美国犹他州使用了一个为有必要继续存在的小规模学校提供额外收入的公式模型。这种公式反映的理念是：既然在学生较少的学校存在着额外单位学生成本，为了给那些学生提供充分的教育，就应该为他们提供比正常规模学校更多的资源。在加权学生单位和日均在读学生数的基础上，该公式覆盖了所有不同等级的学校——从小学到六年制中学的教育计划。在小学阶段，一所学校有 1 个到 10 个学生时，日均注册学生将得到 30 个额外的加权学生单位，而当一所学校的学生数目达到 50 人时，额外的加权学生单位将增加到 54.805 个。在这一点上，当日均在读学生逐步接近正常学校规模时，额外加权学生单位逐渐减小，当学生数目为 160 人的时候，额外的加权学生单位就不再继续变化。在 1 年或 2 年制的中学里，上述原则继续成立，在 3 年、4 年或 6 年制的学校中也是如此。② 美国犹他州为小规模学校提供额外收入的公式模型，为小规模学校和偏远地区学校学生提供了充足的教育资源。事实上，根据《不让一个孩子掉队法案》，每个州都在考虑如何为那些不能达到所要求的成绩标准儿童补充一个加权因素。因此，美国犹他州为小规模学校提供额外收入的公式模型也是美国其他各州竞相模仿的榜样。

此外，2000 年 12 月，美国总统克林顿签署了"农村教育成就项目"（Rural Education Achievement Program）。2002 年 1 月小布什总统又

---

① Bass, Gerald R. "Isolation/Sparsity," *Journal of Education Finance*, Fall, 1990, p. 180.

② ［美］小弗恩·布里姆莱、鲁龙·R. 贾弗尔德：《教育财政学——因应变革的年代》，窦卫霖译，中国人民大学出版社 2007 年版，第 97 页。

对该项目进行了重新授权，向该项目拨款 1625 亿美元。① "农村教育成就项目"包括两个子项目：第一，小型农村学区成就项目（Small and Rural School Achievement，SRSA）。这个项目旨在帮助那些规模运营和农村特殊背景下存在问题的小型学区。SRSA 包含农村教育成就项目弹性化和小型农村学校补助项目两个子条款。农村教育成就项目弹性化的核心内容是指地方教育机构在规定项目范围内可以根据具体情况，灵活地变通使用联邦项目资金。小型农村学校补助项目条款不仅赋予地方教育机构在使用州项目下的公式拨款时具有更大的自主权，而且还直接向地方教育机构拨款，包括用于提高学生学业成就而进行的一系列的活动。但并不是所有农村学区都能获得此项资助。美国教育部对该项目的"农村学区"有这样的规定：日均出勤率低于 600 人，或者人口密度低于每平方英里 10 人的学区。如果学区满足以上两条中的任何一条，那么这个学区内所有的学校还必须位于地方编码法中的 7、8 两类地区范围内，即少于 2500 人的地区。②

根据美国支持小规模学校的基本经验，我们可以采取"加权拨款法"来保证农村村小及教学点等小规模学校正常运转。具体的做法是，学生人数在 50 人以下的小规模学校一律按照 50 人的标准进行拨款，这样可以保障人数少的小规模学校最基本的开支费用。同时，我们还可以采用"综合定额 + 专项补助"的拨款方式。"综合定额"是指在对农村中小学拨款时，不仅考虑到学生数量，还考虑到校园校舍面积、学校基础设施、学校规模和师资编制等反映学校实际运行成本的多种政策参数。为确保综合定额的公正性和合理性，应建立由政府、学校、社会共同参与组成的拨款中介组织，并从规模、质量和效益三个维度，对农村中小学进行合理评价。"专项补助"是专门用来解决农村偏远地区初小和教学点等学校的补助资金，因为"政策的制定者被告诫不要设计一个'平均'的政策用在不同条件之中，不同条件的学校可能有不同的需要，因此，需要区别对待"③。设立专项补助，有利于农村初小和教

---

① ESEA. "Good News and Bad News for Rural Schools," *Rural Policy Matters*, 2002, p. 1.

② http://www.ed.gov/programs/reapsrsa/index.html.

③ ［美］马丁·卡诺依：《教育经济学国际百科全书》，闵维方等译，高等教育出版社 1999 年版，第 118 页。

学点等小规模学校维持正常运转。同时，对初小和教学点等小规模学校的经费给予更大的自主权，他们可以根据自己的实际情况，灵活地安排上级教育主管部门下拨的经费。在国家政策允许的范围内，可以自由地根据自己的实际情况处理一些突出的问题，例如，招募并奖励教师，给予教师补贴，购买一些教学用品等。

（二）建立区域内小规模学校和大规模学校教育资源的共享机制

在我国，以教学点为代表的小规模学校办学条件都很差。大多数县级财政供给能力有限，要县级财政拿出一笔钱来下大力气改变小规模学校的办学条件，在短时期内无法做到。即使有倾斜性政策支持，小规模学校办学条件的改善只可能是一个逐步的过程。在这种情况下，实施区域内学校间教育资源共享能在一定程度上缓解教学点等小规模学校教育资源严重不足的困境。

教育资源共享可以是区域内大规模学校（中心学校）与隶属的教学点、村小或地理位置比较靠近的小规模学校就某些教育资源进行共享。在这种教育资源共享中，可由教学点等小规模学校向中心学校提出对某些教育资源使用申请，中心学校根据自身情况作出合理的安排，如关于教育资源使用时间的安排、人员的安排等。教育资源共享实施过程中产生的费用和人员需求，由上一级教育主管部门负责解决，中心学校主要负责协调、管理。

中心学校各种教学设备齐全，有些教学设备是教学中必须的但不是时刻都需要的，有很多时候这些设备是闲置的，这种教学设备就可以供作区域内学校间共享。比如 DVD 碟片、图书、地球仪、专门的课本或补充材料、学习某门课程才需要的学生用具等。体育场馆、实验室等也都可以共享。共享的模式可以是多种的。如对于可移动的教育资源，可由专人从中心学校送到教学点，教学点使用完后再由专人送回到中心学校。对于不便移动的教育教学设备，如实验室、大型设备、电脑、体育场馆、图书室等，则可由教学点教师带领学生到中心学校来使用。

总之，在我国广大农村地区，以大规模学校为代表的集中办学模式和以农村教学点为代表的分散办学模式是主要的两种办学模式。其中，集中办学模式能够满足学校服务范围内的适龄学生的教育需求，有利于提高教育资源的利用效率；分散办学主要适应于偏远农村或山区人口分散的客观情况，满足偏远贫困地区儿童的受教育需求。虽然目前我国农村地区分散办学仍然面临一些困难和问题，但这并不能抹杀分散办学对于偏远贫困地区农村教育发展的重要作用。因此，无论是集中办学还是分散办学，都是教育均衡发展进程中必不可少的元素，多元办学模式的发展是义务教育均衡发展的保障。

四　协调区域内经济发达地区与偏远贫困地区义务教育的均衡发展

在农村中小学布局调整中必须协调好经济发达地区和偏远贫困地区义务教育的均衡发展，进一步加大对贫困地区尤其是偏远贫困地区义务教育支持力度，促进义务教育均衡发展。具体的，我们认为，必须从经济投入、寄宿制学校建设、贫困生补助和"校车工程"等方面加大对偏远贫困地区义务教育的支持力度。

（一）　继续加大对偏远贫困地区的转移支付力度

在我国，受城乡二元格局制约，农村地区经济社会发展缓慢，县级财政普遍供给能力不足，但在公共支出方面，如义务教育经费投入，县级财政却承担主要责任。这种不合理的财权和事权之间的划分导致中西部贫困地区为代表的贫困县难以独立完成义务教育经费投入任务。据财政部统计，2002 年，中国赤字县的比例高达 73%，赤字问题占县级财政支出总量的 77%。根据政府高层部门对全国不同地区的定点检测数据推算，目前仅乡、村两级各类公共债务，每个县平均就有 2.55 亿元。① 为了缓解县级财政义务教育经费投入的巨大压力，中央政府和省级政府对中西部贫困地区采用义务教育经费转移支付，但同时各县级财政必须按比例拿出相应的资金予以配套，贫困地区县级政府很难拿出配套资金。在这种情况下，农村地区尤其是贫困地区义务教育发展面临极大的经费困境。

---

① 《数千亿县乡财政赤字成为中国新农村建设绊脚石》（http：//finance. sina. com. cn）。

为缓解贫困地区义务教育经费严重不足的状况，中央政府和省级政府应继续加大对贫困地区的转移支付力度。国际上义务教育转移支付模式通常有三种：一是通过一般性转移支付来平衡地方财力，间接地保证地方政府对义务教育投资力度。二是中央政府直接承担占据义务教育经费最大比例的教师工资部分。三是建立义务教育专项转移支付，直接规定下级政府必须将该项资金用于义务教育。在中国现行的财政体制背景下，一般性转移支付难以建立，所以第一种模式不适用于中国国情。第二种模式与中国政府目前规定的"以县为主"的义务教育管理体制相冲突，因此也不适用。也就是说现阶段中国义务教育转移支付可行的是第三种模式，即加大中央政府对义务教育各项转移支付份额，做到"专款专用"，以有效避免义务教育经费被地方政府层层挤占、挪用现象发生。为了保证偏远贫困地区义务教育的发展，就必须进一步加大对这些地区的教育投入，加大对这些地区的专项转移支付力度，大幅度减少甚至全额免除各县（市）转移支付的配套资金，保证这些地区拥有更多的教育经费，确保中小学布局调整拥有充足的资金。

（二）大力支持寄宿制学校建设

寄宿制学校可以初步解决学校布局调整后农村中小学生上学路程远的问题，还可以增强师生、同学之间的交往，提高农村中小学生生活自理能力，形成良好的行为习惯，对于他们的健康成长无疑具有积极的作用。寄宿制学校也为留守儿童接受较高质量学校教育提供了条件，为进城务工农民减轻了后顾之忧。《教育部、财政部关于报送中小学布局结构调整规划的通知》中明确指出："山区和其他交通不便的地区要积极创造条件，在考虑群众经济承受能力的前提下，举办小学高年级寄宿制学校。"因此，寄宿制学校建设尤为重要。针对农村中小学布局调整后寄宿制学校出现的问题，我们认为，当前在寄宿制学校建设和发展中要着力解决以下两个问题。

1. 加大对农村寄宿制学校的经费投入，加强寄宿制学校办学条件建设

从 2004 年教育部、财政部联合颁布了《西部地区农村寄宿制学校建设工程实施方案》起，西部地区 23 个省的 7000 多个农村寄宿制学校

建设得到了国家政策在财力、物力、人力上的支持，但其他地区的农村寄宿制学校的建设经费仍需要由各县级政府自行负责，不少县级政府财政供给能力不能满足农村寄宿制学校建设需要的大量经费投入，导致大量农村寄宿制学校办学条件无法满足寄宿生学习和生活的基本需求。可见，加大对寄宿制学校的经费投入是农村寄宿制学校建设的首要任务。

对农村寄宿制学校经费投入，中央政府和省级政府应担负起主要责任。一方面，中央政府在对义务教育投入时应该优先将义务教育阶段寄宿制学校的建设纳入教育发展总体规划中，进行专项预算，并列入中央专项转移支付项目中；另一方面，省市县也应该拿出一定比例的配套资金来支持农村寄宿制学校的建设，保证农村寄宿制学校办学条件能完全达到国家规定的寄宿制学校办学标准。同时，要适当提高农村寄宿制学校公用经费标准。原来的生均公用经费标准已远远不能满足现在学校的发展需求。这是因为，一方面，水电等物价的上涨使得学校有限的资金购买力下降；另一方面，新的教育内容和政策如新课程教材改革及现代化教学手段的广泛使用，小班化教学不断发展，杂费收入减少等使得学校公用经费开支多了很多项目。随着越来越多的学生在校寄宿，很多乡镇中心小学都变成了寄宿制学校，寄宿制学校因为学生的生活学习时间更多的在学校度过，学校的运转就需要更多的经费保障。但是，目前义务教育阶段寄宿制学校生均公用经费标准实际上依旧按照非寄宿制学校的标准拨付，这样就难免造成寄宿制学校办学经费不足、经费运转困难。因此，应适当提高这些寄宿制学校的生均公用经费水平，建议将小学寄宿制学校的生均公用经费标准提高至目前初中生均公用经费的标准，而初中寄宿制学校的生均经费标准也相应提高。教育公用经费标准的制定应当规范化、法制化；要实施教育经费收支的定期公示，接受社区居民和相关单位的监督，防止其被截留、挪用以确保公用经费落到实处。

2. 配齐寄宿制学校专职生活教师等后勤人员

目前农村寄宿制学校管理的突出问题是缺少专职的生活教师、保安人员、医务人员等寄宿制学校需要的后勤人员。农村中小学布局调整后，寄宿制学校大量增加，农村教师编制不足的问题显得更加突出。国家在中小学学校人员编制中没有专门针对寄宿制学校设置生活教师等后勤人员编制，因此，农村寄宿制学校一般要求任课教师兼任生活教师，由此增加了农村教师的工作负担，分散了教师的教学精力。学生管理工作占用了教师大量的教学研究时间，教师自主研修时间不足，教师素质提高缓慢，学校布局调整初期教师资源优化的优势没有得到持续发展。因此，国家在中小学校人员编制设定中要重新考虑农村寄宿制学校的实际需要，根据一定的标准，给寄宿制学校设置一定数量的生活教师等后勤人员编制，使得农村寄宿制学校都能配备专职生活教师、专职或兼职的安全保卫人员、具有从业资格的专职医务（保健）人员或兼职卫生保健教师等，减轻任课教师教学外的管理责任，专心教学，同时保证寄宿生的生活、住宿的质量达到应有的水平。

（三）加大对贫困学生和寄宿生补助力度

从 2007 年春季新学期开始，继我国西部和中部试点地区义务教育阶段免交学杂费后，全国所有农村中小学生也开始享受这一政策，至此，沿袭千年的历史在这里画上了一个圆满的句号。从此，农村孩子上学不交费。这是一项被认为在中国教育史上具有里程碑意义的改革。但是，即使如此，根据我们 2005—2008 年对中西部 6 个省（区）的调查，农村地区仍然有数量不少的学生完成九年义务教育面临着经费困难。这是因为，现在所免除的教育费用在整个家庭教育开支中仅仅占到非常小的比例。调查发现，现在一个农村小学生如果住校每年的教育开支大约是 800—1000 元，中学生如果住校每年的教育开支大约是 1500—2000元，实行义务教育经费保障新机制后，每个小学生年均减负 140 元，初中生为 180 元；如果是享受免费教科书的贫困生，小学生年减负 210元，初中生 320 元；如果是既享受免费教科书又享受生活费补助的，小学生则为 510 元，初中生 620 元。照此计算，家庭每年还要负担 500—1000 元的教育支出。对于农村富裕家庭来讲，负担这笔开支是没有问题的，但对于贫困家庭而言，仍然是非常沉重的负担。因此，针对偏远贫困地区和少数民族地区农民家庭贫困的现实和农村中小学布局调整后农民家庭经济负担加重的实际情况，我们认为，随着义务教育经费保障新机制在我国广大农村地区的全面推进，应进一步加大对农村贫困学生资助的力度，对这些学生从实行全免学杂费过渡到"义务教育全免费"，即不仅应当完全免收学杂费，而且还应免费给这些学生提供教科书、伙食、校服、交通补助等，以解决义务教育阶段农村贫困家庭学生面临的经费困难问题。

从现象上看，贫困是农村贫困地区的孩子能否及时就学、继续学业的问题，但从根本上讲，是贫困家庭的孩子能否享受教育权，关系到教育为什么人的问题。对于学校布局调整后农村义务教育阶段贫困生的资助，当前亟须解决三个问题：一是标准测定问题，即何为贫困生。在实践中，由于标准不明确，在一些地方往往出现该享受生活补助的学生没有得到补助，而不该享受生活补助的学生却得到了补助，这是极不合理的。因此，必须合理确定贫困生的标准，使确需资助的学生真正能够得到资助。二是补助额度问题。现在大多数贫困地区寄宿生的生活补助是每天2—3元，一年按在校时间200天计算，即400—600元，这是难以满足正处在生长发育中的中小学生的生活需要的，建议将生活补助额度由每天2—3元提高到4—5元，由每年的400—600元提高至800—1000元，以满足贫困生的最低生活需要。三是增加透明度，防止少数人暗箱操作，杜绝各种不正之风，让真正需要生活补助的贫困生享受到补助，感受到政府和社会的关爱。

寄宿生生活补助的经费来源方面，现行的政策是由县（市）级出资解决。应当肯定，这种分担机制有其合理的一面。它体现了义务教育经费保障新机制中确立的根据农村义务教育经费支出的不同内容，建立中央和地方分项目按比例分担的原则。但与此同时，应当看到，由于各地区的经济发展是不平衡的，总存在着一定甚至是比较悬殊的差距，那么在完全由县（市）承担寄宿生生活补助的机制下，不可避免地会出现一些经济贫困地区无力承担寄宿生生活补助的情况，加之越是贫困地区，需要补助的寄宿生就越多，这些地方政府负担就越重。这样一来，学校要么拿不到，要么不能按时拿到补助的情况就会发生。针对这种情况，在中西部一些贫困地区，由省级财政全额解决寄宿生的补助金是较为妥当的。这是因为，一方面，从这些地区的实际情况来看，寄宿生占的比重较高，需要补助的人较多，而绝大多数县级政府所拥有的财力不足以承担包括寄宿生补助在内全部义务教育职能，因而寄宿生的生活补助不宜完全由县（市）基层政府承担；另一方面，以人均财力为标准，这些地区所属的省级财力远远高于县（市）基层政府，让省级政府承担农村义务教育阶段寄宿生生活补助，不会对省级财政构成太大的压力；此外，省级政府管辖范围内的县（市）级政府数量不算太多，长期以来，大多数省份以下的政府间财政关系也都直接到县（市），有比较可靠的信息和预算基础，从具体操作与管理的角度来讲，让经济不发达的中西部地区省级政府承担农村义务教育阶段寄宿生的生活补助也具备可行性。当然，由于我国各地经济发展极不平衡，对贫困生的资助不要搞"一刀切"。比如，一些经济较发达的省份，县（市）财力雄厚，加之越是经济发达地区，贫困生的比重越小，由县（市）财政全额解决贫困生的资助问题有可能比由省级财政解决更好。

按照美国著名经济学家、诺贝尔奖获得者弗里德曼教授的观点，政府的职能主要有四个方面：一是提供国防和外交；二是提供公共产品；三是弥补市场失灵；四是为社会弱势群体提供基本保障。义务教育属于公共产品，应当由政府提供。公民有义务把适龄子女送到学校去接受教育，政府更有义务担负义务教育的全部费用。特别是对于老、少、边、山、穷地区，经济基础薄弱，地方财政十分拮据，老百姓的生活十分困难，对这样的地区，不仅应当完全免收学生的学杂费，而且还应免费给学生提供教科书、伙食、校服、交通补助费等。通过政府公共财政来解决农村中小学布局调整后义务教育阶段贫困家庭学生面临的经费困难问题，成本较为低廉，这是因为从全国范围来看，义务教育阶段学生面临经费困难问题的发生率已经非常之小。由于我国经济的快速发展，大部分地区义务教育阶段学生面临经费困难的问题已基本不存在，即使在经济欠发达的地区，学生因家庭贫困而完不成义务教育的现象也非常少见，只是在那些经济最为落后的偏远贫困地区这一问题才较为突出。但是，相对于我国目前的经济发展水平而言，解决这一问题并不困难。

发达国家的成功经验值得我们学习。法国政府针对学生家庭的具体困难，采取了一系列特别扶持的政策和措施。如设立助学金制度，据统计，1996—1997 年，享受国家助学金初中生为 102.8 万人，约占初中学生总数的 33%；为解决义务教育阶段离校较远学生的交通问题，法国实行交通补贴制度，中央财政负担 60%，省政府负担 40%，享受这种补贴的学生占全国中小学生总数的 20%；对贫困家庭学生实行教科书免费提供制度，并对其实行免费午餐补贴制度，1996—1997 年享受午餐补贴的中小学生达到 373.5 万人。① 英国 2006 年至 2007 年拨款1.2 亿英镑，2007 年至 2008 年拨款 2.15 亿英镑。这笔拨款的 50% 用于帮助那些学习英文和数学吃力的初中生达到国家规定的 4 级标准，35%用以解决贫困家庭的学生参加课外及各种活动。② 美国纽约州立大学教育与政策协会（Institute for Education and Social Policy）研究表明，小规模学校和大规模学校相比，有更高比例的需要特殊教育的孩子（8.3%到 4.1%）和贫困生（53.5% 到 38.8%）。③ 面对农村偏远地区小规模学校学生不少是贫困生的事实，美国对包括小规模学校在内的贫困儿童进行午餐项目资助。该项目要求学校和公共机构要提供免费食物给那些收入相当于贫困线 130% 或更低的家庭的孩子，还要求向那些收入高于贫困线 130% 但低于 185% 的家庭的孩子提供打折的食物。对于符合条件的学生每份打折食物收取的费用不能超过 24 美分。不仅如此，美国为包括小规模学校在内的农村偏远学校提供校车服务或给予一定的交通补贴，满足这些学校的特殊需要，避免这些学校学生因距离的限制而辍学。

在澳大利亚，联邦政府设立了农村寄宿制学校相关的补贴有：一是"偏远地区儿童补贴计划"。此项政策由联邦政府 1973 年设立，主要面向家住偏远地区无法在政府举办的常规走读学校就读的儿童，主要的指导思想是：处于偏远地区的家庭要为子女教育支付额外的费用，因此政府应给予适当的补贴，它包括"基本寄宿补贴"和"额外寄宿补贴"。二是"学生离家寄宿上学补贴"。所有接受"基本寄宿补贴"的学生均有资格享受"学生离家寄宿上学补贴"。三是"学生交通补贴"，为学生每学期开学和结束往返家庭和学校之间的费用补贴，在偏远地区的学生可以申请。据统计，因政府设立的农村寄宿制学校学生补贴政策惠及面宽，澳大利亚偏远地区有 60%—90% 的家庭从中受益，使这些家庭

① 法国教育部：Panorama du système. éducatif francis，1997。
② 龚爱国：《中外农村义务教育投资模式的比较和启示》，《外国教育研究》2007 年第2 期。
③ 朱秀艳：《美国小规模学校经济价值分析》，《外国教育研究》2004 年第 5 期。

为子女接受基础教育所承担的经济压力大大减轻。[①]

同样，发展中国家的较成功的经验也值得我们借鉴。例如，在印度1995 年独立日（8 月 5 日）之际，印度政府提出了全国初等教育营养资助计划。这一计划的中心内容是为全国小学提供免费午餐，重点实施对象是农村地区和落后地区的小学生。其做法是为全国所有一年级至五年级小学生每天提供有营养的 100 克免费熟食。实行计划的当年，政府开支约 44 亿卢比，涉及 378 个县的 3350 万名小学生，到 1998 年开支81.1 亿卢比，使全国 1.1 亿名初小学生受益。[②] 马来西亚于 1985 年实施了学校牛奶项目与附加食物的国家项目。它利用教育部的专款，为父母年收入不到人民币 4800 元（折合计算）的小学生提供营养补助，每年每位小学生得到的牛奶与食物资助折合人民币为 242 元。[③] 泰国政府自 1952 年始，每年拨专款建立学生午餐免费制度，这一制度实施后即得到一些企业的支持。在部分地区午餐不是全免的，但学生只交很少的钱，小学生每餐只需交 2 铢。[④] 埃及在偏远农村地区开设乡村学校、单班学校，对在这类学校读书的学生全部免费。[⑤]

根据发达国家和发展中国家的基本经验，结合我国农村的具体实际，我们建议，除了加大对贫困生的补助外，还应给予在学校就餐的学生一定的营养补助，例如牛奶补助和鸡蛋补助等。我国 1.3 亿名农村中小学生中，现在有 3000 多万名在学校住宿，另有一部分学生虽然不住校，但在校吃午餐。由于各地经济社会发展不平衡，农村义务教育保障水平低，历史欠账多，在一些地区特别是偏远贫困地区，农村学生的营养保障仍面临不少困难。为提高农村学生尤其是贫困地区和家庭困难学生健康水平，2011 年 10 月 26 日，国务院常务会议通过决议，决定实施农村义务教育学生营养改造计划。目前我们国家正在实施的农村中小

① 卢海弘、史春梦：《农村寄宿学生补贴政策比较研究——以澳大利亚等国为例》，《教育发展研究》2008 年第 19 期。

② 张乐天：《发展中国家农村教育补偿政策实施状况及其比较——中国、印度、马来西亚、尼泊尔四国案例分析》，《比较教育研究》2006 年第 11 期。

③ 同上。

④ 高如峰：《义务教育投资国际比较》，人民教育出版社 2003 年版，第 248 页。

⑤ 秦晓文等：《国际义务教育发展的基本经验》，《教育科学研究》2006 年第 9 期。

学生营养改造计划，在一些地方前期的探索中，一些较为突出的问题亟待解决。例如，有些地方家庭经济困难的学生生活补助没有落实，吃饭费用没有解决；有的寄宿制学校食堂建设落后，就餐条件差等。因此，各级政府要高度重视农村中小学生营养改造计划。营养补助的标准由省级政府统一制定，经费实行省级统筹，省市县按照一定的比例承担。各级政府要进一步加大对贫困地区农村中小学投入力度，确保每位农村孩子都能享受到国家政策，确保每位农村孩子都能健康快乐地成长。

在拓宽寄宿制学校经费来源方面，可以按照"政府主导、社会参与"的思路，适时出台或鼓励地方政府出台一些政策如免税等，拓宽寄宿制学校的经费来源。在政府投入为主的前提下，政府还应该考虑建立长效的激励机制，通过某些固定的渠道，如在教育基金下设专门的办公室，鼓励社会各界关注对农村寄宿生的资助，充分利用社会资源，有效补充政府的投入，为农村贫困寄宿生的资助提供更加充足和有效的保障。此外，在目前补助经费不足以满足学生实际需要的情况下，政府应通过各种政策鼓励农村寄宿制学校采取因地制宜的办法改善学生的生活条件，推广已有的有效、有益的典型经验，缓解贫困生生活费不足带来的困难。例如湖南省沅陵县在由县财政负担特困学生生活费的同时，采取收取粮食和少收伙食费的办法，确保一般农村家庭都能负担得起。①湖北省宜昌市夷陵区邓村乡中心学校因地制宜实行了"排菜制"，既确保了卫生，又保证了学生营养，减轻了家长的负担。②云南国水希望小学的经验是建成以"四区一棚一圈一塘"为主题的勤工俭学基地，用学生自己的劳动成果改善学生的生活。③云南玉龙纳西族自治县仁和乡为解决农村贫困生学习和生活困难方面的问题，将民政救济粮重点向学校倾斜，解决贫困学生的口粮问题。这些做法都具有相当的借鉴意义。政府决策部门一方面应该认真总结各地的实践经验，汲取精髓加以推广；另一方面应该从政策上对各地有效的经验加以扶持和激励，并给予

---

① 李祥松：《沅陵县农村寄宿制学校建设对永定区教育发展的启示》，《当代教育论坛》2006 年第 7 期。

② 廖发桥：《建设农村寄宿制学校的三要素》，《湖北教育》2007 年第 3 期。

③ 金德能等：《谱写农村寄宿制学校发展新篇章——云南国水希望小学办学情况调查与启示》，《云南教育》2007 年第 2 期。

必要的资金支持。

（四） 实施偏远地区义务教育 "校车工程"

我们课题组对中西部省（区）的实地调查表明，农村中小学布局调整后，学生上学最担心的问题为 "上学不安全"；采取的交通方式为 "步行、骑自行车、坐摩托车、与伙伴租车等"，其中租车的交通成本每月需要 100 元，学生家庭经济压力较大，一些学生由于家庭经济困难难以负担包车的费用，只能选择走路上学。受自然地理、经济社会条件的限制，偏远贫困地区学生上学交通的便利程度会直接影响适龄儿童能否顺利入学，甚至会导致适龄儿童隐性失学或辍学，直接危及义务教育的均衡发展。提供农村学校校车服务可以解决偏远贫困地区适龄儿童上学所需的交通工具，为偏远贫困地区适龄儿童安全又便利的上学提供有效的帮助。因此，基于校车对农村学生顺利上学、公平地接受义务教育以及均衡发展义务教育的重要作用，我国政府应将校车服务纳入政府的责任范围，规范校车管理，保证校车安全，将校车作为一种公共产品为农村教育发展服务。

在校车立法方面，美国的做法值得参考和借鉴。美国第一部校车法案于 1869 年在马萨诸塞州颁布。迄今为止，美国已经有 500 多部法律以及众多的规章被各州记录在册，用来管理校车产业的方方面面。在联邦政府颁布的 60 项关于汽车安全的标准中，有 37 项是专门为校车制定的。[①] 在财政支持方面，美国支持校车产业发展的重要形式是提供财政支持。统计显示，美国公立中小学超过一半的学生乘坐校车上下学，校车支出全部由财政负担，学生免费乘车。对于校车管理的问题，加拿大的校车运营系统凸显了政府主导、利益相关各方参加的运作机制。例如加拿大哈利法克斯学校在 2000 年颁布的校车政策中规定：学生交通服务由运营服务部统筹管理、协调员负责制定校车的相关规定，包括运输过程、线路、时间表和站点设置。[②] 美国已经形成了由联邦、州以及地

---

① 丁芝华：《美国的校车安全立法研究》，《道路交通与安全》2010 年第 1 期。

② The Halifax Regional School Board. Pupil Transportation Policy（Code：B009），http：// hrsbstaff. ednetns. ca/mcoughr/mccoughr/athletics% 20web% 20pag/B. 009 – pupil – tranportation. Pdf.

方政府三级共同管理的校车服务机制。联邦政府负责发布规章并制定校车安全标准，州政府负责日常管理（包括拨款、执法、监督），地方政府负责政策实施，学区是管理校车运行最小单位。校车公司按学区要求统一调度和管理校车，作为公共服务，学区每年都有义务发布校车标准、财务状况和线路信息。[①] 美国校车的运营方式是：一是购买式，即规模较大、资金充足的学区或学校会购买自己的校车，然后雇用专门的司机，成立专门的校车管理和运营机构，为全区或全校的学生提供校车交通服务。二是租赁式，一些规模小、资金不太充足的学校会选择租赁校车。学校与拥有校车的公司签订租赁协议，规定校车的使用时间和双方的权利和义务。三是招标承包式，它是一种更商业化的校车运营模式，学校或校区将一段时间内的学生交通任务和学生交通经费打包以后公开招标。[②]

　　从欧美等国校车发展历程看，立法、监管和财政保障是政府支持校车产业发展的主要方式。我们认为，第一，作为一种制度规范，校车立法有助于抑制和惩罚校车运行中的机会主义行为，有利于确立校车安全责任体系。我国要抓紧时间制定《中小学校车法》，在法律中明确校车优先地位，并对政府责任、安全监管、技术标准、财政支持和违法惩戒等予以明确。第二，加大省级统筹力度，实行"以县为主"的校车管理体制。《义务教育法》明确规定，义务教育本着"就近入学"的原则进行。由于农村中小学布局调整的推行，学生上学距离增加，政府理所应当为学生上学远负责，提供安全便利的交通工具并且分担一定的交通成本。因此，政府理应出资为各学校统一配备校车，所需资金可根据各地实际情况由各级政府按比例分担，校车属于公共财产。在事权下放和财权上收的体制下，应加大中央和省级政府转移支付力度，提高经济落后地区发展农村学校校车能力。同时，要根据教育发展的需要，拓展农村义务教育公用经费核算范畴，将校车费用纳入公用经费核算体系，并不断提高拨付标准。第三，相关部门研究制定一套校车制造标准，通过

---

① 雷万鹏、徐璐：《农村校车发展中的政府责任——以义务教育学校布局调整为背景》，《中国教育学刊》2011 年第 1 期。

② 赵慧君、韩晶、杨清溪：《美国中小学校车政策体系及其启示》，《外国教育研究》2011 年第 5 期。

招标形式委托相关企业生产，这样有利于从源头上为校车的质量把关。第四，校车的日常管理可委托当地交通部门结合学校的实际需要合理安排运营时间、路线等。司机由交通部门严格按照考核程序统一安排。校车的运营成本可根据各地的财力状况，由政府和学生家庭按比例承担，对于贫困家庭学生可实行免除交通费。我国教育主管部门应从教育公平的理念出发，认识到偏远贫困地区适龄儿童对校车需求的迫切性，将校车服务纳入教育决策重点，保障每位适龄儿童的受教育机会均等，这也是义务教育均衡发展的本质要求。

总之，要高度重视偏远贫困地区义务教育的发展，通过加大对偏远贫困地区义务教育转移支付力度、增加对寄宿制学校的投入、加大对贫困学生和寄宿生的补助力度和实施偏远地区义务教育"校车工程"等手段，科学地进行农村中小学布局调整，促进区域内义务教育均衡发展。

五　加强农村学校教师队伍建设，提升农村学校师资水平

探讨义务教育均衡发展与中小学布局调整的问题，教师资源的均衡配置是不能绕开的话题。如果说教育质量是义务教育均衡发展的核心内容，那么教师质量便是保证教育质量的核心要素。因此，在促进义务教育均衡发展背景下，提升农村学校师资水平一方面要求教师质量水平的提高；一方面要求教师资源在各学校间配置均衡。针对农村学校布局调整和义务教育均衡发展进程中的师资问题，我国各级政府和教育决策者应采取相应对策，加强教师队伍建设，提升农村学校师资水平。

（一）加强和完善中小学教职工编制管理工作

目前农村学校教师编制是按学生人数确定，不符合农村学校生源少、学校分布较散的特点，造成农村学校教师总体性超编和结构性短缺的并存，还有大量代课教师的存在。因此，在学校教职工编制方面，政府及教育主管部门应根据农村中小学特点制定特殊政策，适度倾斜，确保农村教师数量和结构满足农村教育需要，促进农村教育质量的提升。

1. 合理制定城乡学校编制标准。在城乡中小学教师统一编制标准基础上，各地应根据义务教育均衡发展的要求，充分考虑农村的实际情况，对农村、偏远、少数民族集中、教学点分散或成班率低的地区，在编制标准上适当倾斜，增加农村义务教育学校教职工编制。

2. 增加专业教师编制。目前农村学校普遍缺少音乐、美术、体育、英语、信息技术等学科的专任教师，各地应为农村学校增设专业教师编制。这样的专业教师编制不需要按学校平均分配，可根据乡镇学生总数科学合理配置，并由乡镇统一调配使用。如这些学科的专任教师可以为几所距离较近的学校共用，根据每个学校教学安排，实行巡回走教制，或集中授课制。

3. 教学和后勤编制分离。目前的中小学教师编制中，包括教师、职员、教学辅助人员和工勤人员。从科学的角度来看，应该将其中的比例再进一步细分，根据学校规模，明确规定各类人员所占的比例，比如学校工勤人员不应该占用中小学教师的编制，在后勤逐步社会化的今天，工勤人员应该从中小学教师编制中分离出来，学校的后勤职能可以由社会上专业公司承担。

4. 建立教师退出机制。农村学校存在一些年龄老化、知识结构老化的教师，他们中的一些人，即使经过在职培训也无法胜任新时期的教学工作。教育主管部门应采取相关措施，对达到一定年龄而教学效果被普遍认为比较差的教师，工资适当上浮，实行强制性退休，空出来的编制可使更多的优秀大学生补充进来。对于新进教师一律实行聘任制，从正式聘任之日起，其养老保险、失业保险、医疗保险等社会保险由聘用部门统一购买，所需资金由财政单列，金额纳入财政预算。彻底打破教师职业的终身制，这种灵活的用人机制有利于教师队伍的管理，同时也在一定程度上保障了教师队伍的质量，从根本上解决广大农村地区中小学教师"有编难补"的问题，切实保障编制紧张学校特别是农村寄宿制学校、教学点分散地区对教职工的基本需求。

（二）定向培养适应农村小规模学校特殊需求的本土优秀教师

农村中小学布局调整后，农村学校教学水平低的问题突出体现在农村偏远贫困地区学校和教学点这样的小规模学校上。这些学校办学条件差、师资力量薄弱，一直以来，这些小规模学校在教师选择方面处于被动接受的地位，分配来的教师不仅在专业能力和综合素质上水平较低，更难以满足农村小规模学校对教师教学能力的特殊要求。

内生发展模式强调以提升区域内部自我发展能力为目的，以当地人为发展主体，通过对本地区资源、技术和文化等的开发和利用，激发和培育本地区自我发展能力，并在强调提升本地区内部发展能力的同时，注重本地区自治和多元文化的保护。内生发展思想起源可以追溯到20世纪60年代末。日本学者鹤见和子在1969年指出，现代化的演化过程根据初始状态的不同可以大致分为两类："外发的发展"和"内发的发展"（土生土长的发展）；后者是在保护生态、注重文化的同时，建立良好的社会秩序，追求区域可持续发展。她在之后研究中进一步指出，区域经济的发展单靠外部投资是很难达到最终的发展目的的。"内生发展是指不同地区的人们和集团适应固有的自然生态体系，遵循文化传统，参照外来的知识、技术和制度，自觉地寻求实现区域发展目标的途径，在区域内部创造出理想的社会形态以及形成人们自觉参与区域发展的习惯。"① 随着内生发展理论研究逐步深入，内生发展模式在针对农村和经济欠发达地区的可持续发展的重要性日益显现。借鉴内生发展理论和模式，根据农村学校教师队伍现状和农村学校对教师专业素质需求的特征，我们认为，农村学校，尤其是小规模学校的长效发展不能仅依靠外援，不能等待上级"施舍"，而要有自主发展能力，必须拥有自己的"待得住、留得下"的优秀教师。变革农村小规模学校教师供给模式是可行的突破口，其具体做法是，与地方师范院校合作，为农村小规模学校定向培养属于自己的本土优质教师，在教师来源上保证小规模学校教师质量和数量。

我们在中西部农村小规模学校调查时发现，由于农村小规模学校师资数量严重不足，且部分学校代课教师还占有不小的比例，教师综合素质均不高。因此，教师要承担多门课程的教学任务，有些学校还要求他们跨年级教学甚至"包班"上课。我们实地调查中，江西省崇仁县教

---

① 王志刚、黄棋：《内生式发展模式的演进过程——一个跨学科的研究述评》，《教学与研究》2009年第3期。

育局负责人告诉我们，在农村初小和教学点，根本不需要名牌本科院校的大学毕业生，而是需要大量综合素质高、知识较为全面的毕业生。农村小规模学校迫切需要"全科型"教师，他们不仅能教语数外英等主干课程，音体美等非主干课程也能拿得起。针对当前农村小规模学校对教师数量和质量的现实需求，我们认为，定向为农村小规模学校培养本土优秀教师是一个行之有效的办法。具体做法是，依托地方师范院校，定向免费为当地农村小规模学校培养优质师资。定向免费师范生的生源是具有本村或本乡（镇）户籍的优秀初高中毕业生，上学前他们和地方教育主管部门签订合同，毕业后直接去签约的农村小规模学校任教。我们实地调查发现，具有正式编制的农村教师岗位对部分农村大学毕业生仍具有较强的吸引力，本地就业也为他们所看重。这些定向免费师范生由于是土生土长的本地人，毕业分配后回到自己的家乡，完全能适应农村基层学校的生活，不存在文化和生活环境不适应的问题，而且，他们下班后可以回家吃饭和休息，较好地解决了农村小规模学校的食宿难题。同时，由于是本乡本土人，他们拥有更多服务家乡教育的责任心和使命感。比起依靠外部的援助，这种做法使得农村小规模学校拥有"待得住、留得下"的优秀教师，具备了自主发展的条件和能力。

在实行定向免费师范生政策过程中，应在入口环节、培养环节、管理环节和使用环节等几个方面给予充分重视，既要保障定向培养的师范生在专业素质上满足农村小规模学校的实际需求，又要保障这些师范生最终能留在农村学校任教。

首先，采取一定的激励措施，确保优质的定向免费师范生生源。优质的生源是切实保证定向免费师范生政策顺利实施的根本前提。为农村小规模学校培养的免费师范生的生源主要是优秀初中毕业生，入学前他们同地方教育主管部门签订相关合同，上学期间免学费和生活费，可以享受一定数额的定向免费师范生奖学金，经过 5 年 "3＋2"（3 年中师加 2 年大专）形式的"全科型"学习，毕业后直接去签约的农村初小和教学点任教。

其次，实行"双导师"制和"全科型"教学，确保定向免费师范生能适应农村小规模学校的实际需求。培养环节对于定向免费师范生的成长来说至关重要。为了保证定向免费师范生理论和实践环节齐头并进，可以实行"双导师"制，即通过普通高校的学术功底扎实的理论导师和农村基层学校教学经验丰富的实践导师联合培养，对定向免费师范生的理论学习、教育科研、教育实践和教学活动等方面进行定期或不定期的指导，让他们毕业后既有扎实的理论功底，又有较为丰富的教学实践经验。同时，定向免费师范生的培养不分专业，采取"全科型"教学模式，除了要进行基础文化科目学习外，还要进行音乐、体育、书法、绘画等学科学习，他们毕业后要掌握基本的教育教学知识和技能，具备良好的学科知识结构，能较好地胜任农村初小和教学点多学科教学的现实需要。

再次，实行动态选择机制，保证定向免费师范生的培养质量。根据对 2007 年实行的教育部部属师范高校免费师范生就业意愿和实际就业情况的调查来看，免费师范生从签约到履约要经历一个较长的过程，其成长面临很多变数，特别是在接受高等师范教育过程中，随着其身心的成熟及经验的增长，才智水平与学习动机本身也会发生变化，并表现出不同的需求、感受和态度。[①] 因此，地方政府实施定向免费师范生政策时，要实行动态选择机制，允许定向免费师范生和非定向免费师范生在校期间进行二次选择。在实施师范生定向免费教育的中期阶段，对于那些报考动机不强、在校期间放松学习以及服务基层意识不强烈的定向免费师范生，省级教育主管部门要主动终止师范生定向免费教育协议，要求他们退还在校期间享受的免费费用，将他们转入非定向免费师范生专业学习。对于那些成绩优秀、综合能力强、有强烈服务基层学校意愿的非定向免费师范生则可以通过自愿申请，经过全面的素质考核后，允许他们转入定向免费师范生专业学习。同时，对免费师范生名额也进行动态管理，如果进行二次选择后出现剩余名额时，允许其他地方院校非免费师范生进行动态选择，从而保证优质的免费师范生生源。

最后，实行校长责任制，确保定向免费师范毕业生能"待得住、留得下"。定向免费师范生分配到农村小规模学校后，学校的管理显得非常重要。可以说，如何保证定向免费师范毕业生在农村小规模学校安

---

① 刘福才、周磊：《试析师范生免费教育政策的几个前提性假定》，《中国教师》2011年第 13 期。

心从教是顺利实施该政策的关键。在农村小规模学校优秀教师保留问题上，除了经济待遇是一个重要因素外，学校的办学理念和教学氛围、校长的管理风格和水平，以及学校对教师的人文关怀等也是决定教师去留的重要因素。因此，我们要实行农村小规模学校校长负责制，尽可能为免费师范生解决好工作和生活中出现的问题，在对定向免费师范毕业生的管理中体现出人文关怀。首先，要切实解决好他们的吃住行这样的基本生活工作问题，保证他们有一个较为稳定和便捷的工作、生活环境；其次，要妥善安排好他们的日常教学工作，校长要根据本校的实际情况，主动征求定向免费师范毕业生的意见，尽量发挥他们的学科特色和专业特长，既要适当地压担子，又不能给予他们太大的压力；最后，要让他们尽快融入校园文化，校长要结合本校的特色，主动安排一些课外文化娱乐活动，加强定向免费师范毕业生和本校教师之间的联系，让他们尽快融入农村学校的工作和生活环境中，并在与同校老师的相互交流和合作的过程中感受到集体的关怀和温暖。

（三）采取多种方式，提升农村学校在岗教师的教学和专业水平

针对当前大量农村学校在岗教师个人素质和专业能力低下，以及信息化社会对教师知识快速更新的必然要求，不断提高在岗教师教学和专业水平是加强农村学校教师建设的重要一环。加强在岗教师职业培训和继续教育并不只是教师个人的事情。对于教学点这样的小规模学校，一位教师的教学水平就可能决定一所学校的教育质量。教师在职培训和继续教育应该建立在地方教育主管部门、农村学校和地方高校的共同参与和实施的基础上，发挥地方政府在教师培训经费保障上的职能，挖掘地方高校在教师培训内容上的教学优势，保障在职教师培训和继续教育的持续、稳定的进行。

1. 充分发挥地方高校和数字教育资源的作用，为农村学校提供充足、有针对性的在岗教师职业培训

首先，按照教育部颁布的《关于大力加强中小学教师培训工作的意见》要求："今后五年，对全国1000多万名教师进行每人不少于360学时的全员培训；支持100万名骨干教师进行国家级培训；选派1万名优秀骨干教师海外研修培训；组织200万名教师进行学历提升；采取研

修培训、学术交流、项目资助等方式，促进中小学名师和教育家的培养，全面提升中小学教师队伍的整体素质和专业化水平。"① 各地方政府应该把在职教师培训经费足额纳入到预算中，并切实保证农村中小学每年公用经费预算总额中有不低于5%用于教师培训。

其次，在农村教师在职培训中，各地方政府应充分发挥地方高校的教学优势。地方高校不仅熟悉和了解地方经济社会发展和文化习俗，而且也了解当地农村小规模学校的实际情况，这些都有利于在职教师培训从内容到形式上的针对性和有效性，如针对农村小规模学校教师需求，在培训内容上安排讲授复式教学理论、方法和相关技术，管理复式班的技能技巧等，避免造成培训内容和形式脱离农村实际和农村教师需求的现象。地方高校和农村学校合作，不仅能够促进农村小规模学校在岗教师教育教学能力的提升，同时也在一定程度上影响农村教师的文化素养，有利于农村教育的长远发展。

特别值得一提的是，农村教师对数字教育资源的占有率和使用率对农村小规模学校教师自身的发展和学校教育质量的提高具有不可估量的作用。针对农村小规模学校地理位置偏远、师资短缺并且师资水平较低的实际，对数字教育资源的占有和使用，一方面可以提高教师专业水平；另一方面可以向学生提供优质的教学资源。利用数字教育资源，农村小规模学校教师在专业发展方面能变被动为主动，自主学习，丰富和拓展自己专业发展内容和空间，反思和研究自己的教学实践，增强专业发展的实效。同时，对于农村学校而言，教师不用脱岗就能进行知识更新和职业技能学习，不影响学校正常教学管理。数字教育资源全覆盖还能帮助各地区实现对农村小规模学校的网络支教。各地区可以将本地区优秀教学视频放在网络上，农村小规模学校教师通过远程教育网上的视频先进行学习和研究，然后有针对性地开展本班教学。在这个过程中，不仅农村教师提高了自己的教学能力，农村学生也受惠于"远方"优秀教师的课堂教学。对于无法开齐国家规定课程的农村小规模学校，可以利用数字教育资源提供的同步教学视频等开齐开好国家规定课程，满

---

① 《教育部关于大力加强中小学教师培训工作的意见》（http://www.gov.cn/gzdt/2011 - 01/06/content_ 1779454. htm）

足农村小规模学校教学需求。值得注意的是，无论是各种在职培训还是数字教育资源全覆盖，以及数字教育资源的开发和维护，都离不开各级政府尤其是地方基层政府的财力保障。在资金支持方面，各级政府应该以保障教育公平和社会公平为优先考虑因素，多方筹集资金，提供农村学校教师充足、有针对性的在职培训，落实农村学校数字教育资源的全覆盖。

2. 构建学校联合体，在学校联合体范围内实行教师资源校际交流和共享

学校联合体是由邻近村庄的若干所小规模学校和一所大规模学校或中心学校组成，联合体内设有一个中心委员会（通常设在中心学校），负责管理各学校事务。[①] 以地理位置和行政管理便利相结合，以某中心学校为核心，联合临近小规模学校建立学校联合体。在学校联合体范围内实行教师资源流动和共享制度，其目的是借助中心学校优秀师资力量就近支持和帮助小规模学校。根据韩国中小学教师流动的范围经验，教师流动的范围局限在道级行政区域内，一般距教师居住地不会超过90分钟的车程。日本基础教育公立学校教师流动地域一般以就近为主，绝大多数是在同一市、街区、村之间流动。学校联合体范围内实行教师流动和共享，可以克服由于城乡差异或地区差异给教师流动带来的阻碍，能切实有效地起到对小规模学校帮扶作用。

在学校联合体范围内，建立教师校际流动制度。如安排中心学校和小规模学校教师的定期岗位流动。定期调换中心学校和小规模学校教师的工作地点，小规模学校教师可以到中心学校任教，中心学校教师能到小规模学校任教，这样优质教师资源可就近支持薄弱学校，薄弱学校教师到大规模学校学习，提升其业务水平。在学校联合体范围内，建立"走教"和"送教"制度。如安排中心学校优秀教师定期到小规模学校传授教学经验或上示范课，或到小规模学校教学课堂听课、评教、指导等，通过"送教"的形式和小规模学校教师展开各种形式的教学互动，

---

① Hargreaves, Linda M. "Respect and Responsibility: Review of Research on Small Rural School in England," *International Journal of Educational Research*, Vol. 48, No. 2, 2009, pp. 117 – 128.

以帮助提高小规模学校教师的教学水平。针对农村中小学音、体、美、英语、信息技术学科教师缺乏的情况，安排这些科目的专任教师在学校联合体学校间有序"走教"。通过这些具体实践活动，能有效提升小规模学校教师教学水平，并在教师间的交流、互动中提升小规模学校教师的竞争意识，激发他们的教学活力和职业热情。

随着信息化社会对教师专业知识的要求加强，更由于农村小规模学校教育质量提高的迫切性和长期性，应该定期对教师教学和专业能力进行考核，如教师证年检制度、听课评课教学评比制度、在职培训习得书面汇报制度等。在我们提高教师的各种待遇，增加农村小规模学校教师应得各种权利和发展机会的同时，采取适当的方式定期考核教师教学和专业能力，提高教师间的职业竞争力，是有效提高教师队伍质量的保证之一，对于不合格教师实施退出机制。

（四）建立城乡教师定期交流轮岗制度，组织城镇重点中小学教师对农村学校进行帮扶

定期教师交流的重点是由城市向农村、由强校向弱校、由超编校向缺编校定期流动。在部分地区已有探索的基础上，尽快建立城镇教师到农村任教服务制度，并以此作为教师职务晋升和评优的重要条件；鼓励城镇教师到农村支教，鼓励他们当中的优秀者去最艰苦的地区工作；城镇重点中小学要不定期地委派有关学科教师到被帮扶的学校讲课、听课、指导备课和教学，形成"一帮一"、"一带一"的态势，尽快提高农村学校教师的教学业务能力，并且这种帮扶不应当是有偿的，而应把它看作是对广大人民群众长期关心、支持重点中小学发展的一种回报。如湖北省恩施市施州民族小学帮扶农村薄弱学校的做法就取得了很好的效果。该校是一所州市共建的城区小学，学校生源有40%是农村学生，由于集中投入，该校在践行教育发展城乡一体化的过程中发挥着重要作用。除了强化自身管理，提高本校教学质量以外，该校在促进城乡义务教育均衡发展中对农村学校进行"一对一"的帮扶。该市新塘中心小学是一所离市区60公里左右的乡镇小学，为了帮助新塘中心小学规范管理，提高教学质量，施州民族小学每年派5—7名优秀年轻教师到新塘中心学校支教，该校副校长也是从施州民族小学派过来的中层干部，通

过"送下去"的方式向农村小学提供先进的教学经验和教育管理理念。同时，新塘中心小学每年派 5—7 名教师到施州民族小学跟岗学习，一般教师和领导跟岗的时间在一周左右，另选派一名教师跟岗一年时间。到目前为止，新塘中心小学已经派教师 140 人次的跟岗学习，效果尤为明显。中层干部带来了新的管理方式，教师带来了先进的教育理念和教学方法，带动了农村学校的课程改革和管理方式改革。恩施市施州民族小学的做法，对于加快农村中小学教师队伍建设，促进城乡教师交流和义务教育均衡发展，具有十分重要的作用。

此外，还可根据需要推行政府购买教师岗位，让新补充教师先到最需要的农村学校工作；实施大学毕业生服务农村教育和大学毕业生青年志愿者行动计划，鼓励大学毕业生到基层、到农村任教、支教；推进高等学校留校青年教师、各级党政机关新进公务员到农村学校支教服务行动等。

（五）大力提高农村，特别是偏远贫困地区教师工资待遇，稳定农村教师队伍

农村中小学各方面条件差，教师工资待遇差，很难留住人才，骨干教师少。因此，要提升农村学校师资水平，关键是要稳定教师队伍，抑制中小学教师不合理的"逆向"流动，否则，加强农村中小学教师队伍建设就会落空。而要吸引大批优秀教师到农村任教，稳定农村教师队伍，调动农村教师的工作积极性，关键是要提高教师的工资待遇，改善教师的物质生活条件。联合国教科文组织 1966 年在给各国政府《关于教学人员地位的建议》中写道："应当承认，改善教师的社会及经济地位，改善他们的生活与工作条件、改善他们的就业条件和职业前途，是解决缺乏有能力、有经验教师的所有问题的最佳途径，是使完全合格的人进入教师职业或回到教师职业中来的最好办法。"[①] 为此：

1. 明确各级政府的责任，逐步建立省级统筹的义务教育阶段学校教师工资保障机制。根据我国的实际情况，借鉴其他国家的经验，要提高农村，特别是偏远贫困地区教师工资待遇，就必须进一步明确各级政

---

① 苏真：《比较师范教育》，北京师范大学出版社 1991 年版，第 448 页。

府的教育财政责任。从我国财政收入分配的格局和多年的实践看，义务教育阶段学校教师工资不能由基层政府负担。除经济发达地区外，义务教育阶段学校教师工资应实行省级统筹，让省级政府成为义务教育阶段学校教师工资待遇主要的负担者，其目的是尽可能通过上收义务教育事权，将地方基层政府负担义务教育阶段学校教师工资待遇的责任逐步上移至省级人民政府，省级人民政府可以在全省范围内按国家统一规定的编制标准和工资标准把对教师的工资福利支出采用专款的形式交由银行按月足额发放给教师。这样做，应该说不仅不会对义务教育阶段学校教师工资待遇产生管得过死的弊端，反而有利于防止基层政府或教育部门截留、挪用义务教育经费，拖欠教师工资，同时也有利于在全省范围内为中小学教师创造一个大体相近的工资福利条件，从而有利于贫困落后地区农村教师队伍的稳定和义务教育的均衡发展。

2. 建立农村中小学教师激励制度，鼓励优秀教师到偏远贫困地区学校任教。按《教师法》规定，在待遇上建立面向农村、边远和艰苦地区中小学教师优惠制度，以吸引和稳定教师在该地区任教。为此，应建立农村边远和艰苦地区中小学教师特殊津贴制度，对那些越是在地理位置偏僻、自然条件艰苦农村地区工作的教师，享受的特殊津贴应越高。以日本和韩国为例，日本针对偏远地区教育落后的状况，实施了偏远地区教师津贴，积极鼓励教师到农村偏远地区任教。他们的具体做法是，各都、道、府、县必须以特殊的勤务津贴的方式为处于偏远地区的公立小学、初中的教师及职员发放偏远地区教师津贴。偏远地区津贴每月实际支付额度由工资和抚养补贴的月额之和乘以偏远地区的偏远级别率得出。偏远地区的级别分为五级，一级率为8%、二级率为12%、三级率为16%、四级率为20%、五级率为25%。[①] 韩国为了改善教师待遇，提高教师地位，促进教育事业发展，1991年制定了为提高教师地位的特例法。该法律规定实行岛屿偏远地区教师津贴，凡是工作在岛屿、偏远地区的教员都可以享受，根据地理位置远近和偏远程度分为五类地区，A类地区教师每年可以享受23000韩元的岛屿偏远地区教师津

---

① 李文英：《战后日本振兴偏僻地区教育的措施及其启示》，《教育研究》2004 年第12 期。

贴；B 类地区每年可以享受 17000 韩元；C 类每年可以享受 12000 韩元；D 类每年可以享受 7000 韩元。[①] 借鉴国外的经验，省级政府应依据农村地理环境和条件恶劣程度对农村教师津贴进行适当分类，对不同类型地区的农村教师给予高低不等的教师津贴，形成合理的等差梯度，建立全省统一分类标准的农村教师补贴。这样做的好处是：一方面可以平衡统一省域内义务教育阶段学校教师收入；另一方面因为条件越恶劣、距离越偏远的农村学校教师补贴越多，可以激励更多的优秀教师到农村偏远地区任教，从而促进城乡义务教育均衡发展。此外，应健全医疗养老等社会保障制度，保证农村中小学教师安居乐教。

3. 改善农村学校教学与生活条件，提高农村中小学教师工作积极性。一些农村地区学校教师生活条件十分艰苦。大部分学校无宿舍，无食堂，外地教师均寄住在由教室改建成的集体宿舍中，生活配套设施缺乏，教师吃饭洗澡十分不便。要稳定农村教师队伍，政府和教育主管部门就必须重视改善农村教师的生活条件。如兴建教工宿舍，同时完善用水、用电和娱乐等生活配套设施，使教师有个良好舒适的生活环境。此外，还应大力改善农村中小学的教学条件，如添置计算机、建立多媒体教室和语音室等，缩小农村中小学与城市中小学在办学条件方面的差距，这也将极大提高教师工作的积极性并稳定农村教师队伍。

4. 正确面对农村教育的现实，妥善解决教学点代课教师的工资待遇问题。代课教师是我国教师队伍中的一个特殊群体，特别是一些偏远农村地区的教学点主要由代课教师支撑。他们在极为艰苦的条件下坚守农村义务教育第一线，兢兢业业，任劳任怨，弥补了农村中小学师资的不足，缓解了广大农村特别是偏远贫困地区义务教育师资的供求矛盾，实际上已成为支撑我国农村，特别是中西部农村贫困地区义务教育的重要力量。近年来，尽管国家采取了很多措施，试图逐步取消代课教师，但代课教师在我国中西部农村地区仍有相当的数量。所以，代课教师的存在是一个客观现实，要在短时间内取消我国教师队伍中这样一个特殊群体，既不可能，也不现实。因此，必须妥善解决农村中小学代课教师工资待遇问题。第一，必须正视农村代课教师在一定时期内仍将存在的

---

① 池青山等：《韩国教育研究》，东方出版社 1995 年版，第 88 页。

事实，尽快出台相应的政策和管理办法，及早制定农村代课教师的聘用标准、考核办法和辞退制度；第二，因地制宜，每年安排一定的教师编制，将多年在教学中兢兢业业、已取得大专学历和教师资格证的优秀农村代课教师转为公办教师，其余农村代课教师必须与其签订劳动合同，明确聘期、权利和待遇等；第三，将农村代课教师工资全额纳入政府财政预算，直接在农村税费改革固定性转移支付资金中列支，以解决农村中小学的后顾之忧，消除农村中小学教育乱收费的隐患；第四，努力提高农村代课教师的工资待遇，尽可能地与当地公办教师同工同酬，至少要达到当地最低工资标准；第五，应逐步将农村代课教师医疗、失业和养老保险等纳入社会保障范围，让他们安心从教。

总之，农村中小学教师队伍建设问题，既是涉及农村中小学布局调整的成果能否得到巩固的问题，又是涉及义务教育能否均衡发展的问题，这一问题如果得不到很好的解决，就难以保证偏远贫困地区的孩子在学校布局调整后能享受到较好的教育。当然，农村中小学教师队伍建设问题是一个复杂的系统工程，涉及社会的方方面面。但只要各级政府高度重视，社会各方共同努力，从一点一滴做起，问题就不难解决。

参考文献

中文著作类

1. 范先佐:《中国中西部地区农村中小学合理布局结构研究——基于对中西部地区 6 省区 38 个县市 177 个乡镇的调查分析》,中国社会科学出版社 2009 年版。
2. 范先佐:《教育经济学新编》,人民教育出版社 2011 年版。
3. 靳希斌:《教育经济学》(修订本),人民教育出版社 2001 年版。
4. 王善迈:《教育投入与产出研究》,河北教育出版社 1999 年版。
5. 黎民:《公共管理学》,高等教育出版社 2009 年版。
6. 李方:《现代教育科学研究方法》,广东高等教育出版社 1989 年版。
7. 黄宗智:《中国农村的过密化与现代化:规范认识危机及出路》,上海社会科学院出版社 1992 年版。
8. 赵中建编:《教育的使命——面向二十一世纪的教育宣言和行动纲领》,教育科学出版社 1996 年版。
9. 联合国教科文组织国际教育发展委员会编著:《学会生存——教育世界的今天和明天》,教育科学出版社 2000 年版。
10. 联合国教科文组织:《教育——财富蕴藏其中》,教育科学出版社 1996 年版。
11. 石鸥:《中国基础教育 60 年(1949—2009)》,湖南师范大学出版社 2009 年版。
12. 范国睿:《学校管理的理论与实务》,华东师范大学出版社 2003 年版。
13. 吴忠观主编:《人口科学辞典》,西南财经大学出版社 1997 年版。

14. 王英杰等：《亚洲发展中国家的义务教育》，人民教育出版社 1997 年版。

15. 谢安邦、谈松华主编：《全国义务教育学生质量调查与研究》，华东师范大学出版社 1997 年版。

16. 房淑云、窦文章：《区域教育发展理论探索》，山西教育出版社 1997 年版。

17. 张力：《面对贫困——中国贫困地区教育发展的背景·现状·对策》，广西教育出版社 1998 年版。

18. 联合国教科文组织，赵中建选编：《全球教育发展的研究热点》，教育科学出版社 1999 年版。

19. 联合国教科文组织：《全球教育发展的历史轨迹——国际教育大会 60 年建议书》，教育科学出版社 1999 年版。

20. 余永德主编：《农村教育论》，人民教育出版社 2000 年版。

21. 李慧勤：《教育脱贫研究》，云南教育出版社 2000 年版。

22. 杜育红：《教育发展不平衡研究》，北京师范大学出版社 2000 年版。

23. 谢维和：《教育活动的社会学分析——一种教育社会学的研究》，教育科学出版社 2000 年版。

24. 王善迈主编：《2000 年中国教育发展报告》，北京师范大学出版社 2000 年版。

25. 陈向明：《质的研究方法与社会科学研究》，教育科学出版社 2000 年版。

26. 杨东平主编：《中国教育蓝皮书（2009）》，社会科学文献出版社 2009 年版。

27. 上海财经大学公共政策研究中心：《2004 中国财政发展报告——中国农业、农村、农民政策研究》，上海财经大学出版社 2004 年版。

28. 邬志辉主编：《农村义务教育经费保障新机制》，北京大学出版社 2008 年版。

29. 方建移、何伟强：《家庭教育与儿童社会性发展》，浙江教育出版社 2005 年版。

30. 田家盛：《教育人口学》，人民教育出版社 2000 年版。

31. 冯增俊：《教育人类学》，江苏教育出版社 2001 年版。

32. 张新平:《教育组织范式论》,江苏教育出版社 2001 年版。

33. 沈有禄:《中国、印度基础教育比较研究》,人民出版社 2011 年版。

34. 范先佐:《人口流动背景下的义务教育体制改革》,中国社会科学出版社 2011 年版。

35. 王景英编:《农村义务教育整体办学模式与评价》,北京大学出版社 2008 年版。

36. 王道俊、郭文安:《教育学》,人民教育出版社 2009 年版。

37. [美]雷蒙德·E.卡拉汉:《教育与效率崇拜:公立学校管理的社会影响因素研究》,马焕灵译,教育科学出版社 2011 年版。

38. 王强:《美国农村教育发展史》,宁夏人民出版社 2009 年版。

39. [美]埃尔查南·科恩、特雷·G.盖斯克:《教育经济学》(第 3 版),范元伟译,格致出版社、上海人民出版社 2009 年版。

40. 洪银兴等编著:《公共财政学》,南京大学出版社 2003 年版。

41. 风笑天:《现代社会调查方法》(第三版),华中科技大学出版社 2005 年版。

42. 张人杰主编:《国外教育社会学基本文选(修订本)》,华东师范大学出版社 2009 年版。

43. 金其铭等编著:《乡村地理学》,江苏教育出版社 1990 年版。

44. [美]菲利普·库姆斯:《世界教育危机》,赵宝恒等译,人民教育出版社 2000 年版。

45. 于建嵘:《岳村政治——转型期中国乡村政治结构的变迁》,商务印书馆 2001 年版。

46. 王善迈、袁连生主编:《2001 年中国教育发展报告》,北京师范大学出版社 2002 年版。

47. 中国教育与人力资源问题课题组:《从人口大国迈向人力资源强国》,高等教育出版社 2003 年版。

48. 国家教育发展研究中心编著:《2006 年中国教育绿皮书——中国教育政策年度分析报告》,教育科学出版社 2006 年版。

49. 李书磊:《村落中的"国家":文化变迁中的乡村学校》,浙江人民出版社 1999 年版。

50. 马戎、[加]龙山主编:《中国农村教育问题研究》,福建教育出版社 2000 年版。

51. 郭建军主编：《农村教育城市化战略实践探索》，山东大学出版社 2007 年版。

52. 吴春霞、郑小平：《农村义务教育及财政公平性研究》，中国农业出版社 2009 年版。

报纸杂志类

53. 韩清林：《基础教育均衡发展方略的政策分析》，《国家高级教育行政学院学报》2002 年第 4 期。

54. 刘宝超：《关于教育资源浪费的思考》，《教育与经济》1997 年第 3 期。

55. 许诚：《我国基础教育投资现状及效益分析》，《教学与管理》1995 年第 5 期。

56. 《关于中国教育经费问题的回顾与思考》，《人民日报》1998 年 9 月 3 日。

57. 昌泽斌：《超前性　合理性　效益性　有序性——关于农村中小学布局调整的实践与思考》，《教育科学》1995 年第 1 期。

58. 孙家振：《调整学校布局　优化资源配置——关于农村义务教育阶段学校布局调整的实践与思考》，《山东教育科研》1997 年第 1 期。

59. 葛敬义：《实现规模办学　提高办学效益》，《教育理论与实践》1992 年第 5 期。

60. 翟博：《两会视点：农村费改税，教育咋应对》，《中国教育报》2001 年 3 月 12 日。

61. 田汉族、曾贱吉：《论税费改革对农村义务教育经费投入的影响及对策》，《中国教育学刊》2001 年第 3 期。

62. 范先佐：《税费改革后农村义务教育面临的问题及对策》，《华中师范大学学报》（人文社会科学版）2004 年第 6 期。

63. 潘光一、钟院生：《解决义务教育经费的错位问题关键在于完善公共财政体制》，《教育发展研究》2003 年第 1 期。

64. 季旭东：《调整教育事业布局　优化学校内部管理　提高办学整体

效益》,《教育财会研究》2001 年第 5 期。

65. 孙维胜、滕越:《城市化进程与教育结构调整》,《当代教育科学》2003 年第 1 期。

66. 孙艳霞:《农村中小学校布局调整的得失》,《人民教育》2004 年第 22 期。

67. 肖正德:《中小学网调整若干问题探讨》,《现代中小学教育》2002 年第 3 期。

68. 麦昭阳:《调整学校布局 优化资源配置 加快农村基础教育的发展》,《计划与市场探索》2002 年第 5 期。

69. 杨延宝:《当前农村小学布局调整存在的问题及思考》,《基础教育研究》2004 年第 Z1 期。

70. "新三片地区基础教育发展水平研究"课题组:《广西农村基础教育调研报告》,《教育研究》2003 年第 4 期。

71. 徐吉志:《对当前农村小学布局调整的深思》,《当代教育科学》2005 年第 23 期。

72. 叶宏、柳波:《评析我国农村教育资源整合现状》,《湖湘论坛》2005 年第 2 期。

73. 胡彦杰:《当前农村中小学布局调整中存在的问题与对策》,《当代教育论坛》2005 年第 6 期。

74. 李勇、谢立国:《调整学校布局 提高办学效益 推进素质教育》,《中国民族教育》2002 年第 2 期。

75. 包宗顺:《农村义务教育:问题、成因与对策——基于苏北农村的调查与分析》,《唯实》2005 年第 Z1 期。

76. 庞丽娟、韩小雨:《农村中小学布局调整的问题、原因及对策》,《教育学报》2005 年第 4 期。

77. 郭晓东:《农村义务教育"分级管理"体制问题探析》,《教学与管理》2003 年第 31 期。

78. 何文明、廖宗怡:《让山区孩子同享一片天》,《人民之声》2002 年第 4 期。

79. 甘元亮:《学校布局调整"三原则"和"三结合"》,《中小学管理》2002 年第 2 期。

80. 谢泽源、卢敏：《对农村小学布局调整的几点思考》，《基础教育研究》2005 年第 10 期。

81. 翟博：《教育均衡发展：现代教育发展的新境界》，《教育研究》2002 年第 2 期。

82. 周峰：《试论基础教育均衡发展的若干问题》，《教育研究》2002 年第 8 期。

83. 翟博：《教育均衡发展：理论、指标及测算方法》，《教育研究》2006 年第 3 期。

84. 王保华：《目标定位　措施到位　方式创新——义务教育相对均衡发展的对策》，《教育研究》2002 年第 2 期。

85. 曾天山：《促进义务教育均衡发展的基本思路》，《教育研究》2002 年第 2 期。

86. 丁麦秋：《制约农村教育均衡发展的四大瓶颈及对策思考》，《当代教育论坛》2005 年第 2 期。

87. 杜育红：《学校布局结构调整的战略意义》，《人民教育》2005 年第 2 期。

88. 王湛：《努力促进基础教育均衡发展》，《人民教育》2002 年第 9 期。

89. 李连宁：《要从教育发展战略上思考和促进基础教育的均衡发展》，《人民教育》2002 年第 4 期。

90. 华国荣：《推进区域教育的均衡发展的策略与实践》，《教育发展研究》2003 年第 1 期。

91. 雷万鹏、徐璐：《农村校车发展中的政府责任——以义务教育学校布局调整为背景》，《中国教育学刊》2011 年第 1 期。

92. 范先佐等：《义务教育均衡发展与农村教学点的建设》，《教育研究》2010 年第 9 期。

93. 范先佐：《农村中小学教师队伍建设刍议》，《当代教育论坛》2008 年第 4 期。

94. 贾勇宏：《农村学校布局调整过程中的利益冲突与协调》，《教育发展研究》2008 年第 7 期。

95. 贾勇宏：《农村中小学布局调整何以引发冲突——基于广西 Y 县 Z

镇的一起个案分析》，《江西教育科研》2007 年第 12 期。

96. 贾勇宏：《教育政策执行中的村民与地方政府利益博弈——以中西部 6 省区农村中小学布局为例》，《教育科学》2008 年第 2 期。

97. 江凤娟：《基层官员教育政策执行行为分析——基于 X 省 A 县中小学布局调整政策执行的调查》，《教育学术月刊》2011 年第 4 期。

98. 苏德、王渊博：《布局调整政策的目标及完善对策——以云南省陇川县 L 校和 M 校为个案》，《三峡大学学报》（人文社会科学版）2011 年第 2 期。

99. 周芬芬：《地方政府在农村中小学布局调整中的执行策略——基于模糊—冲突模型的分析》，《教育与经济》2006 年第 3 期。

100. 王丰、张春兰：《农村学校布局调整过程中的利益博弈研究》，《四川教育学院学报》2010 年第 12 期。

101. 杨勇：《冲突论视角下的中小学布局调整》，《当代教育科学》2009 年第 1 期。

102. 雷万鹏：《义务教育学校布局：影响因素与政策选择》，《华中师范大学学报》（人文社会科学版）2010 年第 5 期。

103. 国家教委、国家民委：《关于加强民族教育工作若干问题的意见》［EB/OL］，http：//www. b2b99. com/laws/Bm/Jy/4787. htm，2009 - 10 - 21。

104. 国务院：《关于深化改革加快发展民族教育的决定》［EB/OL］，http：//www. moe. edu. cn/edoas/website18/89/info1089. htm。

105. 《国务院关于进一步加强农村教育工作的决定》国发〔2003〕19 号［EB/OL］，http：//www. shanghai. gov. cn/shanghai/node2314/node2319/node2404/node11123/node11130/userobject26ai880. html。

106. 《西部地区农村寄宿制学校建设工程实施方案》［EB/OL］，中华人民共和国财政部网站：http：//www. mof. gov. cn/jiaokewensi/zhengwuxinxi/zhengcefabu/200805/t20080524_ 34597. html，2009 - 10 - 21。

107. 蒙山野：《建立完全寄宿制农村小学势在必行》，《基础教育研究》2002 年第 S1 期。

108. 马斌：《渐进理想教育的有效探索——欠发达农村小学寄宿制的实

践及其意义》，《教育发展研究》2003 年第 11 期。

109. 向卫国：《举办寄宿保育制小学是提升农村教育水平的有效途径——沅陵县乡村小学办学情况的调查与思考》，《湖南教育》2005 年第 13 期。

110. 梁朝辉等：《成效突出的极速管理——记龙胜各族自治县小学低龄寄宿管理》，《广西教育》2005 年第 Z4 期。

111. 陈建平：《农村小学寄宿制对学生综合素质发展影响的调查与研究》，《基础教育研究》2004 年第 11 期。

112. 王景、张学强：《当前我国农村义务教育阶段寄宿制学校发展的问题研究》，《教育科学》2010 年第 3 期。

113. 王艳东、王慧娟：《农村寄宿制小学的现状分析》，《教育实践与研究》2006 年第 11 期。

114. 郑磊、卢珂：《转学对学生成绩的影响：来自中国西部农村的证据》，《教育学报》2011 年第 2 期。

115. 吴昊：《关于西北民族地区农村寄宿制学校建设的几点思考》，《西北成人教育学报》2011 年第 3 期。

116. 王伟：《寄宿制学校有关亲情缺失的研究》，《科教导刊》2011 年第 2 期。

117. 卢珂、杜育红：《农村学校布局调整对学生成绩的影响——基于两水平增值模型的分析》，《清华大学教育研究》2010 年第 6 期。

118. 范先佐：《布局调整后的寄宿制学校建设问题》，《教育管理》2007 年第 6 期。

119. 百度－阳高吧［新闻］，http：//tieba. baidu. com/f？ kz＝158680636。

120. 万明钢、白亮：《"规模效益"抑或"公平正义"——农村学校布局调整中"巨型学校"现象思考》，《教育研究》2010 年第 4 期。

121. 和学新：《班级规模与学校规模对学校教育成效的影响——关于我国中小学布局调整问题的思考》，《教育发展研究》2001 年第 1 期。

122. 王海英：《农村学校布局调整的方向选择——兼谈农村学校"撤存"之争》，《东北师大学报》（哲学社会科学版）2010 年第 5 期。

123. 艾文珍：《我国农村中小学布局调整的规模经济分析》，《基础教育》2010 年第 1 期。

124. 王玉国、翟慎娟：《农村学校布局调整的认识、省思及政策建言》，《江苏教育》2011 年第 14 期。

125. 《"撤点并校"挥别"一刀切"》，《中小学管理》2010 年第 3 期。

126. 高学贵：《农村学校布局调整的效应及对策分析》，《中国教育学刊》2011 年第 5 期。

127. 白中军：《农村教育资源的使用要走出"多重浪费"的误区——论区域农村教育资源的使用效益问题》，《泰安师专学报》2002 年第 4 期。

128. 阮荣平、郑风田：《"教育抽水机"假说及其检验》，《中国人口科学》2009 年第 5 期。

129. 熊春文：《"文字上移"：20 世纪 90 年代末以来中国乡村教育的新趋向》，《社会学研究》2009 年第 5 期。

130. 王晓慧：《农村中小学布局调整的三个问题——一种教育社会学分析的视角》，《长春市委党校学报》2011 年第 1 期。

131. 浦善新：《中国建制镇的形成发展与展望（一）》，《小城镇建设》1997 年第 3 期。

132. 谢维和：《简论基础教育的价值和学校的责任》，《教育研究》1997 年第 5 期。

133. 魏向赤：《关于教育扶贫若干问题的思考》，《教育研究》1997 年第 9 期。

134. 贾明德等：《陕西贫困地区义务教育可持续发展的深层问题及对策探析》，《西北大学学报》（哲学社会科学版）1998 年第 2 期。

135. 田英喜：《谈农村集中办学的现实意义及实施构想》，《教育探索》2000 年第 3 期。

136. 《着眼长远　促进学校布局调整》，《江苏教育》1998 年第 6 期。

137. 杜晓俐、王贵福：《关于学校布局与规模的思考》，《教育探索》2000 年第 5 期。

138. 杨东平：《对我国教育公平问题的认识和思考》，《教育发展研究》2000 年第 9 期。

139. 梁春涛：《关于小班化教育的几点思考》，《天津教育》2000 年第

2 期。

140. 唐曙光：《农村中小学布局的问题与对策》，《教学与管理》2000
     年第 12 期。

141. 王海川：《统筹兼顾 优化配置 做好学校布局调整工作》，《天津
     教育》1999 年第 1 期。

142. 裴永全：《农村贫困地区基础教育的特点与对策》，《基础教育研
     究》2001 年第 3 期。

143. 阎立钦等：《推进我国义务教育可持续发展的若干思考》，《教育研
     究》2001 年第 4 期。

144. 刘然、程路：《当前农村义务教育面临的新问题》，《人民教育》
     2001 年第 5 期。

145. 王敏等：《大手笔干了大事情——宿迁市中小学布局调整工作纪
     实》，《江苏教育》2002 年第 3 期。

146. 林立：《关于中等师范学校布局调整的思考与实践》，《云梦学刊》
     2001 年第 3 期。

147. 殷建义：《有效盘活资源 促进教育发展》，《江苏教育》2002 年
     第 5 期。

148. 缪舜：《浅析学校布局调整中教育资源的管理工作》，《教学与管
     理》2002 年第 5 期。

149. 刘大宇：《教学资源及其合理配置》，《教学与管理》2002 年第
     34 期。

150. 罗家俊：《对农村中小学布局调整的思考》，《云南教育》2002 年
     第 7 期。

151. 张扬生：《浅论教育公平和均衡发展》，《江苏教育学院学报》（社
     会科学版）2003 年第 5 期。

152. 王劲松、汪明：《基础教育均衡发展与对策》，《青年教师》2010
     年第 1 期。

153. 王斌泰：《着力推进基础教育均衡发展》，《求是》2003 年第
     19 期。

154. 申仁洪：《教育均衡发展的困境与对策》，《华南师范大学学报》
     （社会科学版）2003 年第 2 期。

155. 顾月华：《基础教育均衡发展的实质及其实施》，《教育发展研究》2004 年第 5 期。

156. 徐咸章：《稳步推进中小学布局调整》，《甘肃教育》2002 年第 9 期。

157. 夏伦勤：《教育：可持续发展的基础》，《中国教育报》2002 年 9 月 28 日。

158. 施德威：《农村中小学校布局调整的实践与探索》，《江苏教育》2002 年第 19 期。

159. 王哲先、于艺偎：《西部少数民族地区学校布局调整与寄宿制学校建设现状、问题与建议》，《中国教师》2009 年第 5 期。

160. 袁桂林：《农村寄宿制学校的问题及解决策略》，《中小学管理》2009 年第 6 期。

161. 严鸿和、朱霞桃：《寄宿制学校对农村"留守儿童"教育影响的调查》，《现代中小学教育》2006 年第 1 期。

162. 范先佐：《关于农村"留守儿童"教育公平问题的调查分析及政策建议》，《湖南师范大学教育科学学报》2008 年第 6 期。

163. 万明钢、白亮：《教育公平、教育资源整合的路径反思——对农村地区寄宿制学校的重新解读》，《教育理论与实践》2009 年第 25 期。

164. 陈新阳、王一涛：《农村中小学布局调整中的寄宿制学校分析——以广西荔浦县为案例分析》，《高等函授学报》（哲学社会科学版）2008 年第 1 期。

165. 张传武：《农村寄宿制学校办学模式新探索》，《人民教育》2006 年第 23 期。

166. 中央教育科学研究所课题组：《贫困地区农村寄宿制学校学生课余生活管理研究——基于广西壮族自治区都安县、河北省丰宁县的调研》，《教育研究》2008 年第 4 期。

167. 王远伟：《农村寄宿制中小学的问题与思考——以内蒙古三个旗为例》，《新课程研究》2007 年第 3 期。

168. 周大平：《税费改革中的农村义务教育审视》，《河南教育》2002 年第 10 期。

169. 张益禄：《布局调整：加快农村教育发展的奠基工程》，《河北教育》2003 年第 10 期。

170. 陈仁麟：《教育规模与学校布局调整》，《基础教育参考》2003 年第 10 期。

171. 刘茗、雷彦兴：《试论农村义务教育财政管理体制的改革》，《当代教育论坛》2003 年第 7 期。

172. 李茂林等：《高效而坚实的跨越——安化县调整中小学布局解秘》，《湖南教育》2003 年第 19 期。

173. 张克俭、冯家臻：《农村基础教育投入保障机制问题——基于陕西省相关调研的思考》，《教育发展研究》2005 年第 21 期。

174. 张忠福：《农村中小学布局调整工作的重点》，《教学与管理》2005 年第 25 期。

175. 孙百才、常宝宁：《西部农村义务教育实施"两免一补"的政策效应分析》，《教育与经济》2008 年第 3 期。

176. 王东：《关于义务教育阶段教师资源均衡配置问题的思考》，《大连教育学院学报》2008 年第 2 期。

177. 朱正林：《教育不均衡形成的原因及其解决思路》，《上海教育科研》2004 年第 1 期。

178. 董世华：《寄宿制学校：实现山区县域义务教育均衡发展的最佳选择——基于湖北、江西两省 6 个山区县（市）的调查数据》，《现代教育管理》2011 年第 10 期。

179. 袁桂林等：《中国分城乡学龄人口变动趋势分析》，《教育科学》2006 年第 1 期。